Howard Lipke

EMDR und andere Ansätze der Psychotherapie – ein integratives Modell

Ausführliche Informationen zu weiteren Büchern aus dem Bereich EMDR sowie zu jedem unserer lieferbaren und geplanten Bücher finden Sie im Internet unter

www.junfermann.de – mit ausführlichem Infotainment-Angebot zum JUNFERMANN-Programm

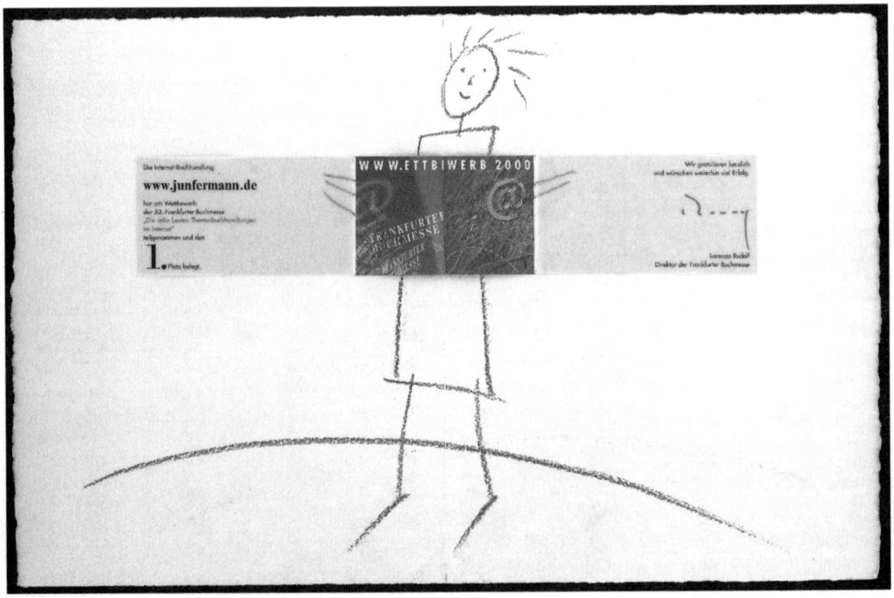

www.junfermann.de: 1. Platz im Wettbewerb
»Beste Themenbuchhandlung im Internet«

Howard Lipke

EMDR
und andere Ansätze der Psychotherapie – ein integratives Modell

Theoretische und klinische Empfehlungen mit Schwerpunkt auf traumatischem Streß

Aus dem Amerikanischen von Theo Kierdorf
in Zusammenarbeit mit Hildegard Höhr

Junfermann Verlag • Paderborn
2001

Originaltitel: *EMDR and Psychotherapy Integration. Theoretical and Clinical Suggestions with Focus on Traumatic Stress*
Erschienen bei CRC Press LLC, Boca Raton, Florida
Übersetzung aus dem Amerikanischen: Theo Kierdorf, in Zusammenarbeit mit Hildegard Höhr

Satz: SpaceType, Köln

Die Deutsche Bibliothek – CIP-Einheitsaufnahme
Lipke, Howard:
EMDR und andere Ansätze der Psychotherapie – ein integratives Modell: Theoretische und klinische Empfehlungen mit Schwerpunkt auf traumatischen Streß / Howard Lipke
[Übers.: Theo Kierdorf, in Zus.arbeit mit Hildegard Höhr].
Paderborn: Junfermann, 2001

Einheitssacht.: EMDR and Psychotherapy Integration. Theoretical and Clinical Suggestions with Focus on Traumatic Stress<dt.>
ISBN 3-87387-467-9

ISBN 3-87387-467-9

Inhalt

Gewidmet
in Liebe und Dankbarkeit
meinen Eltern
Shainey und Leonard Lipke

Danksagung

Zunächst möchte ich meinen Klienten danken, die Kriegsveteranen sind. Ich bin ihnen dankbar für ihren Einsatz und ihre Bereitschaft, sich für unser Land aufzuopfern. Ich empfinde es als eine Ehre, daß sie bereit waren, mir ihre Gedanken mitzuteilen, und ich habe durch ihre Offenheit sehr viel lernen können. Dieses Buch ist aus unserer gemeinsamen Arbeit erwachsen, und es wird vielen anderen zugute kommen. Ich möchte weiterhin den vielen Teilnehmern meiner EMDR-Ausbildungen danken, denn auch von ihnen habe ich viel gelernt. Ihre Bereitschaft, sich mitzuteilen und von ihren Klienten zu lernen, entspricht den höchsten Ansprüchen unseres Berufs.

Meine Dankesschuld gegenüber Francine Shapiro ist unermeßlich. Ich hoffe, beim Lesen dieses Buches wird klar, daß es sich dabei im Grunde um einen Kommentar zu ihren innovativen Entwicklungen handelt, die Tausenden von Menschen geholfen haben. Mein besonderer Dank gilt auch Phil Casella, dessen Bereitschaft, eine frühere Version des Manuskripts zu lesen, zur Verbesserung der Darstellung entscheidend beigetragen hat. Auch William Zangwill habe ich viel zu verdanken; er hat sowohl meine zahlreichen Erläuterungen über sich ergehen lassen als auch das Manuskript gelesen und mir einen sehr aufmerksamen Kommentar dazu gegeben. Steve Silver möchte ich danken, weil sein beträchtlicher Wissens- und Erfahrungsschatz einer späteren Version des Manuskripts zugute gekommen ist. Charles Figley danke ich für seine Ermutigung zur Veröffentlichung und für seine grundlegenden Beiträge zu fast jedem Aspekt der aktuellen Bemühungen um eine adäquate psychologische Betreuung von Traumaüberlebenden. Ebenso dankbar bin ich Bob Tinker und Herb Fensterheim für ihre nützlichen Anregungen zu jenen Abschnitten dieses Buches, die zu schreiben mir am schwersten gefallen ist.

Kathryn Conover hat das Manuskript auf eine sehr einfühlsame und professionelle Weise lektoriert; sollten trotzdem noch irgendwelche Fehler darin verblieben sein, ist dies ganz gewiß nicht ihr anzulasten. Außerdem möchte ich Barbara Norwitz, Christine Andreasen und den Mitarbeitern von CRC danken, die mir als oft verwirrtem Erstlingsautor äußerst verständnisvoll geholfen haben.

Abgesehen von den bereits erwähnten Personen, die alle in irgendeiner Form direkt an der Fertigstellung meines Manuskripts beteiligt waren, werde ich der Arbeit und dem Einfluß vieler anderer im Laufe des Textes Anerkennung zollen.

Auch meiner ganzen Familie sowie meinen Freunden und Kollegen möchte ich an dieser Stelle ausdrücklich meine Dankbarkeit bekunden, denn sie alle waren ebenfalls in vielerlei Hinsicht am Entstehungsprozeß dieses Buches beteiligt und haben mich in meinem Vorhaben, es zu schreiben, unterstützt. Leider wäre eine Aufzählung all dieser Menschen zu umfangreich – und gleichzeitig nicht lang genug, wie meine Schwester sagen würde, und ich glaube, ich müßte ihr da recht geben. Ich kann nur hoffen, daß die Mitglieder meiner Familie und diejenigen unter meinen Freunden und Kollegen, die hier nicht namentlich erwähnt wurden, mir vergeben werden. Da meine Beziehungen zu vielen dieser Menschen mit bestimmten Organisationen in Zusammenhang stehen, kann ich hier zumindest diese erwähnen: Ich möchte den Mitarbeitern der *Stress Disorder Treatment Unit* und der psychologischen Abteilung des *North Chicago DVA Medical Center* danken, außerdem der Fakultät und den Studenten des *Graduate School Department of Psychology* der *St. Louis University* der Jahre 1971-1976 sowie den Mitarbeitern, Facilitators und Trainern des *EMDR Institute* sowie den Teilnehmern der EMDR-Studiengruppe von Chicago.

Zum Schluß danke ich meiner Frau Lynn und unseren gemeinsamen Kindern Nora und Aaron, die noch Teenager waren, als ich mit der Arbeit an diesem Buch begann. Sie haben mich oft sagen hören: »Ich muß an dem Buch arbeiten« oder mich bei der Arbeit an irgendeinem anderen Projekt beobachtet und mich danach wieder liebevoll aufgenommen.

Vorwort

Meinen ersten Besuch in einer Einrichtung der *Veterans Administration* machte ich nach der Veröffentlichung meines ersten Buches, *Stress Disorders among Vietnam Veterans: Theory, Research, and Treatment* (Figley 1978). Es handelte sich um ein medizinisches Zentrum in Indiana, das auf die Behandlung psychischer Probleme von Kriegsveteranen spezialisiert war. Ein Mitarbeiter der Einrichtung erklärte mir, er sehe ihre Aufgabe mehr darin, sich »um die Armen zu kümmern« als in der Sorge für diejenigen, die »im Kampf gelitten« hätten.

Ich hielt diesen Ansatz für richtig, obwohl er beinhaltete, daß sich die Nation um die gesundheitlichen Probleme ihrer Armen unter dem Deckmantel der eigentlich für Veteranen bestimmten Dienste kümmerte. Mir leuchtete nicht ein, weshalb wir uns so sicher sein konnten, daß die Hilfe, die wir anzubieten hatten, derjenigen eines normalen Hausarztes überlegen sein sollte. Zu jener Zeit, Ende der siebziger Jahre, waren nur wenige Therapeuten mit kriegsbedingter PTBS vertraut. Als diagnostische Kategorie wurde dieser Begriff erst 1980 durch die damals neueste Auflage des *Diagnostic and Statistical Manual of Stress Disorders* eingeführt. Nachdem unsere in Gesprächen mit Vietnam-Veteranen gesammelten Erkenntnisse in Buchform erschienen waren, veröffentlichten wir *Strangers at Home: Vietnam Veterans since the War* (Figley & Leventman 1980). In jenem Jahr wirkten wir innerhalb der VA am Aufbau des *Readjustment Counseling Program* mit, und das *Vet Center Program* wurde ins Leben gerufen, das sich zu einem der erfolgreichsten Programme in der Geschichte der VA entwikkelte, weil es versuchte, für die Veteranen ein wenig mehr zu tun, als ein normaler Hausarzt hätte tun können.

Doch selbst aufgrund der Erkenntnisse, die wir in den siebziger und achtziger Jahren sammelten, teilte einer meiner Kollegen, der seit vielen Jahren Veteranen behandelt, seine Klienten in drei Gruppen ein. Seinen Beobachtungen zufolge besserte sich bei einem Drittel der Behandelten, Gruppe A, der Zustand, bei einem weiteren Drittel, Gruppe B, trat eine Verschlechterung ein, und beim letzten Drittel, Gruppe C, veränderte sich nichts. Wie mußte man sich fühlen, wenn man Tag für Tag versuchte, Klienten von den Gruppen B und C fernzuhalten oder ihnen zu helfen, in die Gruppe A zu gelangen, die Gruppe derjenigen, deren Zustand sich signifikant verbesserte? Bei Therapeuten, die in diesem Bereich arbeiten, tritt oft ein Ermüden der Fähigkeit mitzufühlen ein, eine Form von Burnout, verbunden mit der resignativen Überzeugung, daß es bestimmten Klienten niemals wesentlich besser gehen wird.

EMDR hat guten Therapeuten neue Hoffnung gegeben, die wie Dr. Howard Lipke etwas an der bisherigen Situation der Kriegsveteranen ändern wollen. Sie haben herausgefunden, daß EMDR die bisher gültige Drittelregel grundlegend verändert. EMDR ist gründlicher erforscht worden als jede andere Form der Traumabehandlung, und die positiven Resultate der EMDR-Arbeit sind das schlagende Argument dafür, daß diese Behandlungsform in Zukunft bevorzugt werden sollte.

Nun liegt uns dieses wundervolle Buch von Dr. Lipke über EMDR und die Bedeutung dieser Methode für die Psychotherapie im allgemeinen sowie für die Behandlung von Traumata im besonderen vor.

EMDR wurde vor ca. zwölf Jahren von Francine Shapiro in einem Artikel in der Zeitschrift *Journal of Traumatic Stress* vorgestellt, deren Herausgeber ich damals war. Mich verblüfften damals die im negativen wie im positiven Sinne stark emotional gefärbten Äußerungen von Kritikern zu dieser ersten kontrollierten Studie über EMDR. Zwei von ihnen waren der Ansicht, ein Behandlungsansatz, bei dem Therapeuten ihre Hände vor dem Gesicht ihrer Klienten hin- und herbewegten, müsse völliger Unsinn sein. Zwei andere Kritiker waren schon damals von den Ergebnissen der EMDR-Arbeit begeistert und beeindruckt. Mittlerweile sind über vierzigtausend Therapeuten in der Anwendung von EMDR ausgebildet worden. Offenbar ist diese neue Methode wesentlich schneller von einem großen Kreis von Praktikern akzeptiert worden als jeder andere neue psychotherapeutische Ansatz. Den Hauptgrund hierfür sehe ich darin, daß Francine Shapiro es verstanden hat, ihre klinischen Beobachtungen in Form eines verständlichen praktischen Ansatzes zu vermitteln. Dabei werden, nachdem geklärt ist, mit welchen Geschehnissen aus seinem Leben sich ein Klient auseinandersetzen will, alle Aspekte der Auswirkungen des betreffenden Erlebnisses in die Arbeit einbezogen.

Dr. Lipke gewährt den Lesern seines Buches einen tiefen Einblick in seine immense Erfahrung mit der EMDR-Arbeit und hilft ihnen, ihre eigenen Paradigmen mit dem neuartigen Ansatz in Einklang zu bringen. Er beschreibt, was er durch die klinische Anwendung von EMDR insbesondere im Hinblick auf die Behandlung von Kriegsveteranen gelernt hat.

Im Mittelpunkt des Buches steht das von Lipke entwickelte Vier-Aktivitäten-Modell (*Four Activity Model*), eine Ergänzung zu Francine Shapiros (1998) AIP-Modell der beschleunigten Informationsverarbeitung (*Accelerated Information Processing*). Damit hat der Autor einen Rahmen für das Verständnis psychotherapeutischer Arbeit im allgemeinen und für die Integration von Shapiros Theorie über die Verarbeitung dysfunktionaler Erinnerungen und der bisherigen Formen psychotherapeutischer Arbeit geschaffen. Des weiteren werden im Text durch die EMDR-Arbeit gewonnene wichtige klinische Erkenntnisse sowie die Theorien und Erkenntnisse zahlreicher anderer psychotherapeutischer Ansätze beschrieben. Das vorgestellte Modell liefert zahlreiche Anregungen für die Anwendung von EMDR in der therapeutischen Praxis. Lipke kann bei alldem auf seine fast dreißigjährige klinische Erfahrung mit traditionellen Behandlungsmethoden und auf seine über zehnjährige Praxis in der Anwendung und Vermittlung von EMDR zurückgreifen. Das Buch ist nicht als Einführung in die EMDR-Theorie und -Praxis zu verstehen, sondern eher als Erläuterung der Arbeit mit dieser Methode in einem umfassenderen therapeutischen Zusammenhang.

Was Lipke all jenen, die mit traumatisierten Klienten arbeiten, zu bieten hat, wird den Lesern schnell klar werden. Das Buch wird ihnen zu erkennen helfen, was heute für Klienten – Veteranen oder nicht –, die unter den Auswirkungen traumatischer Erlebnisse leiden, getan werden kann.

Charles R. Figley, Ph.D.
Herausgeber der Buchreihe »Innovations in Psychology«

Einleitung

Im Jahre 1972 arbeitete ich als Graduate-Student im zweiten Jahr am *St. Louis Veterans Administration Hospital.* Ich hatte damals nur mit einem Klienten zu tun, der sich als Vietnam-Veteran bezeichnete. Im weiteren Verlauf meiner beruflichen Arbeit erklärten mir viele Vietnam-Veteranen – meist in einem äußerst unfreundlichen Ton –, der Grund, weshalb sich nur so wenige von ihnen um Hilfe bei der Lösung ihrer psychischen Probleme bemühten, sei, daß die meisten nach ihren Erfahrungen in Vietnam mit Regierungsinstitutionen nichts mehr zu tun haben wollten. Viele, die sich an das Hospital wandten, tauchten dort schon bald nicht mehr auf, weil sie die Institution als uneffektiv, beängstigend oder gar feindselig empfanden. Einigen Veteranen war dort gesagt worden, sie sollten den Krieg doch einfach vergessen, andere wurden behandelt, als seien sie schizophren, verrückt oder schlicht drogenabhängig. (Fast keiner von denen, die mir dies erzählten, war tatsächlich schizophren, es sei denn, sie hätten an einer Art von Schizophrenie gelitten, die nicht an Denkstörungen und einer Abstumpfung des Affekts zu erkennen gewesen wäre.)

Teilweise weil in der Institution, in der ich arbeitete, so wenige Kriegsveteranen zur Behandlung kamen, und teilweise aufgrund mangelnder Kenntnisse der Klinikmitarbeiter (nicht Mangel an Mitgefühl) gab es in dieser Institution keine Ausbildung, die sich spezifisch mit der Behandlung der Probleme heimgekehrter Kriegsteilnehmer befaßte. Deshalb mußte ich bei der Arbeit mit meinem ersten Klienten improvisieren. Er litt unter Alpträumen, weil einer seiner Freunde von einem vermeintlichen vietnamesischen Zivilisten getötet worden war. Ich forderte ihn auf, den Vorfall in Form einer Geschichte zu beschreiben, und versuchte dann, ihm mit Hilfe einer Variante der systematischen Desensibilisierung zu helfen, mit seiner Erinnerung zu leben. Ich bat ihn, seine Beschreibung Szene für Szene zu lesen und jedesmal, wenn er das Gefühl hatte, daß seine Anspannung größer würde, eine Entspannungsübung anzuwenden. Ich erinnere mich, daß er die Behandlung nach einer oder zwei Sitzungen abbrach. Es war nicht zu erkennen, ob die Behandlung ihm auch nur eine ansatzweise Linderung gebracht hatte. Mein erster Versuch, einen Kriegsveteranen zu behandeln, war ein völliger Fehlschlag.

Im Laufe meines weiteren beruflichen Werdegangs arbeitete ich später an einer psychiatrischen Ambulanz der Veterans Administration (VA) sowohl mit einzelnen Kriegsveteranen als auch mit Gruppen von Klienten dieser Population. Im Jahre 1987 wurde ich Leiter eines der wenigen existierenden intensiven stationären Behandlungsprogramme für die psychologische Arbeit mit Kriegsveteranen. Man berief mich in diese Position aufgrund meiner Erfahrung in dieser Art von Arbeit und in Anerkennung dessen, daß ich »an der Reihe« sei – also nicht, weil meine Erfolgsquote bei der Behandlung kriegsbedingter psychischer Probleme merklich gestiegen war. Ich möchte hier die Hilfe, die meine Kollegen und ich Patienten zuteil werden ließen, keineswegs herabwürdigen. Ich glaube durchaus, daß unsere Klienten durch ihre Teilnahme an Einzel- und Gruppensitzungen einen gewissen Trost fanden, daß sie von dem, was sie durch diese Arbeit lernten, profitierten, und daß die Krisenintervention ihnen geholfen hat, doch muß der Ehrlichkeit halber festgestellt werden, daß es nur bei einer verschwindend kleinen Minderheit zu einer deutlichen Besserung der Symptome kam.

Meine damalige therapeutische Orientierung ist wohl am treffendsten als eklektisch mit Schwerpunkt im Bereich der kognitiven Verhaltenstherapie zu beschreiben. Mit dem Programm für die Behandlung stationärer Patienten verhielt es sich ähnlich. Die Einzel- und Gruppenbehandlung umfaßte die Rational-Emotive Therapie, Assertivitätstraining, Expositionstechniken, Aufklärung über das Wesen der Symptome (Psychoedukation) und die Vermittlung von Entspannungsmethoden. Die Interventionen der Therapeuten während der täglich stattfindenden unstrukturierten Gruppen- und Einzelsitzungen schlossen Interpretationen im Sinne der bereits genannten therapeutischen Perspektiven sowie psychodynamischer Ansätze ein. Außerdem wurden verschiedene Psychopharmaka verordnet, aber keine leichten Beruhigungsmittel und starke nur sehr selten.

Durch diese Arbeit festigte sich in mir die Überzeugung, daß wir zwar eine Verschlechterung der allgemeinen Funktionsfähigkeit aufhalten konnten, unsere Psychotherapie jedoch nur relativ wenig zur Auflösung der bei den Kriegsveteranen schon lange bestehenden PTBS-Symptome beizutragen vermochte. Das Beste, was wir diesen Menschen zu bieten hatten, war jener heilend wirkende Faktor, der auf Irv Yaloms (1987) bekannter Liste unter dem Begriff Universalität aufgeführt wird: das Wissen darum, daß sie mit ihrem Elend nicht allein waren und daß andere ähnlich Schmerzhaftes durchlebt hatten. Tatsächlich waren viele der Klienten, die an unserem stationären Programm teilnahmen, fest davon überzeugt, daß sie mit ihrem Schmerz allein seien. Sie hielten sich für ungewöhnlich verrückt, schwach und/oder feige, weil sie nach ihrer Entlassung vom Militär unter Problemen wie Flashbacks, Ängsten und Wut litten. Die Erkenntnis, daß andere unter den gleichen Problemen litten, war für sie mit einem Gefühl echter Erleichterung verbunden, auch wenn ihre Probleme dadurch keineswegs gelöst waren. Wenn ich mit Veteranen Gespräche über eine eventuelle stationäre Behandlung führte, wies ich sie darauf hin, daß sie im Fall der Teilnahme an unserem Programm und infolge der dadurch initiierten zunehmenden Selbstkenntnis einerseits mit beträchtlichen psychischen Unannehmlichkeiten rechnen müßten und andererseits nicht erwarten könnten, daß es durch die Behandlung zu einer nennenswerten Besserung ihrer Symptome kommen werde.[1]

Es dauerte nicht lange, bis ich diese Art der Arbeit – die Konfrontation mit den Wut-, Schuld- und Traurigkeitsgefühlen der Klienten, mit den schrecklichen Kriegsgeschehnissen (selbst nach so langer Zeit) in Verbindung mit unseren beschränkten Hilfsmöglichkeiten – als äußerst belastend empfand. Bald litt ich selbst mehrmals wöchentlich unter Schlafstörungen, und ich grübelte fast ununterbrochen über die problematischen Aspekte des Behandlungsprogramms. Außerdem glaubte ich aus verschiedenen Gründen, ich dürfte mich dieser Verpflichtung nicht entziehen.

Im Jahre 1990, als ich bereits drei Jahre Leiter jenes stationären Behandlungsprogramms war, erhielt ich von einem Freund und überragenden Kollegen, der die neueste Fachliteratur stets genau verfolgte, Kopien zweier Artikel von Francine Shapiro (1989*a*, *b*) über eine neue Methode der Psychotherapie, die PTBS-Klienten angeblich in einer einzigen Sitzung zu einer deutlichen Linderung ihrer Symptome zu verhelfen vermochte. Die Methode hatte den Namen EMD. Mein Freund schrieb: »Ich dachte mir, dieser Artikel könnte dich interessieren. Es muß eine der merkwürdigsten Methoden sein, die jemals für die PTBS-Behandlung erfunden worden sind! Daß Wolpe sie für vertrauenswürdig hält (siehe die Anmerkung des Herausgebers) [Wolpes Kommentar als Herausgeber zu Shapiros Artikel] ist noch merkwürdiger. Vielleicht funktioniert es ja tatsächlich!« (5/11/90) Ich selbst vermutete damals, daß die neue Methode wahrscheinlich eher merkwürdig als effektiv sei. Doch überwog schließlich meine Bereitschaft, EMD ernst zu nehmen, meine Bedenken gegen die unerklärliche Vorgehensweise und die an die unglaubwürdigen Behauptungen von Fernsehtherapeuten erinnernden Erfolgsmeldungen.

Zu der Entscheidung, mich eingehender mit EMD zu beschäftigen, gelangte ich aus verschiedenen Gründen:

1. **Unsere damaligen klinischen Resultate:** Der Zustand der Klienten, die wir im Rahmen unseres Programms behandelten, besserte sich durch die Anwendung der bisher benutzten Methoden nicht erkennbar. Die einzige uns bekannte vielversprechende Methode war eine sehr strukturierte direkte therapeutische

Exposition, die wir in der Einzeltherapie einsetzten. Doch trotz ihrer verbürgten statistisch signifikanten positiven Auswirkungen bei einigen Kriegsveteranen (Keane *et al.* 1989) benutzten wir sie nicht regelmäßig, weil weder unsere eigene klinische Praxis noch die wissenschaftlichen Untersuchungen anderer eine so hohe klinische Signifikanz erkennen ließen, daß die aversive Wirkung der Methode dadurch aufgewogen worden wäre.

2. **Veröffentlichte Untersuchungen:** EMD wurde erstmals im Rahmen einer zwar mit Mängeln behafteten, aber immerhin kontrollierten Untersuchung in einer Fachzeitschrift vorgestellt (Shapiro 1989*a*). Außerdem erschien im *Journal of Behavior Therapy and Experimental Psychiatry* eine Fallbeschreibung (Shapiro 1989*b*) mit einer Anmerkung des Herausgebers, des verehrungswürdigen Joseph Wolpe, der bestätigte, daß EMD einem Klienten geholfen hätte, bei dessen Behandlung sich die erprobten verhaltenstherapeutischen Methoden, deren Wegbereiter Wolpe gewesen war, als nur sehr begrenzt wirksam erwiesen hatten. Zwar war dies nur eine einzige Erfolgsgeschichte gewesen, doch hatte EMD damit einen sehr wichtigen Test bestanden: Die Wirksamkeit der neuen Methode war aufgrund dieses Behandlungserfolgs vom Urheber einer allgemein anerkannten konkurrierenden Behandlungsmethode bestätigt worden.

3. **Die Bestätigung der Untersuchungsergebnisse:** Da Francine Shapiro die Adresse der Institution angegeben hatte, in deren Rahmen sie mit Kriegsveteranen arbeitete, konnte ich einen Mitarbeiter dieser Einrichtung kontaktieren. Dieser war selbst Kriegsveteran und hatte sich als Versuchsteilnehmer zur Verfügung gestellt. Er bestätigte, daß die neue Methode ihm bei der Bewältigung seiner kriegsbedingten Probleme sehr geholfen hätte. Außerdem setzte ich mich mit einem hochangesehenen Kollegen in Verbindung, der im Gebiet der San Francisco Bay arbeitete, wo auch Francine Shapiro praktizierte. Er berichtete, daß Francine Shapiros Reputation nicht anzuzweifeln sei.

4. **Persönliche Erfahrung:** Ein Kollege, Dr. Al Botkin, stellte sich als Versuchsperson zur Verfügung, und wir benutzten die neue Methode, um ihm zu helfen, eine Angst zu überwinden, die sich auf eine Situation bezog, in der ein Mitglied seiner Familie fast verletzt worden wäre. Nach einer oder zwei Serien von Augenbewegungen war die Angst, die Al stets empfunden hatte, wenn er an diesen Vorfall dachte, verschwunden.

5. **Die in diesem Bereich klinischer Arbeit existierenden Standards:** Die Beschreibung dieses Faktors erfordert eigentlich ein Buch für sich; im hier gesteckten Rahmen müssen die nächsten Abschnitte genügen.

Es ist besonders interessant, die im Jahre 1989 – als Francine Shapiro EMDR erstmals vorstellte – gültigen Standards mit denjenigen zu vergleichen, die sich nur wenige Jahre später durchgesetzt hatten, als Kritiker Forschungsergebnisse in Frage stellten, wenn bei den Untersuchungsteilnehmern keine psychophysiologischen Veränderungen nachzuweisen waren (DeBell und Jones 1997). Nachdem ich die beiden erwähnten Zeitschriftenartikel gelesen hatte, fing ich aufgrund des so erworbenen Wissens an, Klienten EMD-Behandlungen anzubieten. Zu jener Zeit hielten selbst akademische Kritiker von EMD es für angebracht und sinnvoll, in bestimmten klinischen Situationen neuartige Methoden anzuwenden. Herbert und Mueser (1991) schrieben im Rahmen ihrer Kritik an der Ausbreitung von EMDR:

> Die starke Ausbreitung von EMDR erscheint in Anbetracht des Mangels an adäquater wissenschaftlicher Unterstützung für die Technik als verfrüht. Verhaltenstherapeuten haben eine solche wissenschaftliche Grundlage stets als Voraussetzung für die Anwendung klinischer Strategien gefordert, gleichzeitig jedoch anerkannt, daß die Erfordernisse der klinischen Praxis kompetente Kliniker zuweilen dazu zwingen, auch unerprobte Methoden zu benutzen, und daß die Weiterentwicklung der klinischen Praxis Innovationen erforderlich macht. (S. 173)

Zwar läßt das nachfolgende Loblied der beiden Autoren auf die damals gebräuchlichen Methoden erkennen, daß sie weder die Literatur über PTBS-Behandlungsmethoden noch die Studien über die Resultate von EMD-Behandlungen besonders gut kannten, doch immerhin konzedierten sie, daß selbst akademisch orientierte Verhaltenstherapeuten den Einsatz »ungeprüfter« Methoden in gewissen Fällen akzeptierten. Wie flexibel selbst die Standards der Verhaltenstherapie gehandhabt wurden, zeigte sich, als der australische Psychologe Gary Fulcher 1994 in einem Vortrag anläßlich der AABT-Konferenz in Atlanta darauf hinwies, daß die Methode der Systematischen Desensibilisierung zehn Jahre lang ausschließlich aufgrund der Ergebnisse von Fallstudien in Gebrauch gewesen sei. Überdies ist außerhalb des Bereichs der Verhaltenstherapie die Psychoanalyse als gebräuchlichste Behandlungsmethode akzeptiert worden, ohne daß ihre Wirksamkeit *jemals* im Rahmen einer kontrollierten Untersuchung überprüft worden wäre.

Alle meine Supervisoren waren stets einverstanden, wenn ich verhaltenstherapeutische oder psychodynamische Methoden benutzte sowie auch solche aus dem Repertoire der Gestalttherapie, der Hypnose oder dergleichen, deren Wirksamkeit bei der Behandlung der betreffenden Population in keinem einzigen Fall im Rahmen einer kontrollierten Studie überprüft worden war. Kriegsbedingte PTBS wurde zu jener Zeit meist mit Hilfe prozeßorientierter und mit Expositionsmethoden arbeitender Gruppentherapien behandelt. Interessant erscheint mir, daß seit der Zeit, als ich mit der Anwendung von EMD begann, bis heute immer noch keine kontrollierte Studie vorliegt, in der diese Art von Gruppentherapie isoliert und im Hinblick auf ihre Effektivität bei der Behandlung kriegsbedingter PTBS untersucht wurde. EMD(R)-Kritiker monierten noch einige Jahre, nachdem Shapiro angefangen hatte, die von ihr entwickelte Methode zu lehren, daß sie Ausbildungen anbot, ohne den von ihnen definierten Effektivitätsstandards zu genügen (Herbert und Mueser 1995). Dies ändert jedoch nichts an der Tatsache, daß sie zu der Zeit, als sie EMD anzuwenden und zu lehren begann, den damals gängigen, ausgesprochen dürftigen Standards für die klinische Praxis und Ausbildung in einer Methode psychotherapeutischer Arbeit weit voraus war.

Ich möchte nun auf die Umstände zurückkommen, unter denen ich mit der Anwendung von EMDR begann. Bei Berücksichtigung aller Faktoren erschien es mir ethisch verwerflicher, die Wirksamkeit von EMDR *nicht* selbst zu erproben, als dies zu tun. Deshalb boten wir die neue Behandlung zunächst Klienten an, deren 60- oder 90-Tage-Programm sich dem Ende näherte. Wenn EMD tatsächlich so gute Ergebnisse zu erzielen vermochte, wie berichtet wurde, wollten wir ihnen die Möglichkeit geben, davon zu profitieren. Die Ergebnisse der EMD-Sitzung, die mit den ersten fünf dieser Klienten durchgeführt wurde, erschienen in der Zeitschrift *Psychotherapy* (Lipke & Botkin 1993): Bei unserem ersten Klienten stellten sich sehr schnell Erfolge ein, ähnlich denjenigen, über die Francine Shapiro selbst berichtet hatte. Der Veteran hatte während des gesamten Behandlungsprogramms aktiv an der Arbeit teilgenommen. Er war offensichtlich gut für eine Veränderung motiviert, und er hatte in seinem Umgang mit seiner Wut erhebliche Fortschritte erzielt. Doch wenn er über seine schwerwiegenden traumatischen Erlebnisse nachdachte, geriet er jedesmal in eine so starke emotionale Erregung, daß er dies kaum zu ertragen vermochte. Am stärksten belasteten ihn der Verrat eines amerikanischen Offiziers und die Schuldgefühle, die er hatte, weil er sich vorwarf, daß er im Kampf nach einer Explosion in unmittelbarer Nähe nur sehr langsam hatte reagieren können – *zu* langsam, wie er meinte. Nach einer zwanzigminütigen EMD-Behandlung konnte dieser Veteran ruhig über das Erlebte sprechen, er schien sein damaliges Verhalten nun in einem anderen, realistischeren Licht zu sehen, und er machte sich keine heftigen Selbstvorwürfe mehr. Für den Offizier, der ihn verraten hatte, konnte er zwar nach wie vor keine positiven Gefühle aufbringen, doch geriet er nicht mehr in Wut, wenn er über ihn sprach.

Dieser Klient war drei Monate lang therapeutisch behandelt worden, ohne daß sich an seiner Traumareaktion auch nur das Geringste verändert hatte, doch nach einem zwanzigminütigen Gespräch und einer anschließenden insgesamt etwa dreiminütigen Serie von Augenbewegungen waren seine Symptome offensichtlich aufgelöst. Dieses Resultat ließ sich mit den konventionellen Theorien nicht erklären. Hätte der Klient nur uns zum Gefallen behauptet, daß es ihm besser ginge, wäre er der erste und einzige Teilnehmer unseres Programms gewesen, der jemals so etwas getan hätte. Falls die Resultate auf die Anwendung von Methoden der kognitiven Verhaltentherapie, der Hypnose oder anderer herkömmlicher Behandlungsverfahren zurückzuführen waren, auf die EMDR sich angeblich reduzieren ließ, so mußte ich plötzlich auf unerklärliche Weise zu einem erfahrenen und erfolgreichen Praktiker der betreffenden Methoden geworden sein. Waren die Resultate auf Reizüberflutung zurückzuführen, dann mußte ich plötzlich in der Lage gewesen sein, in etwa siebeneinhalb Sitzungen weniger, als bei Anwendung dieser Methode normal, mit derselben ausgezeichnete Ergebnisse zu erzielen, und dies, ohne daß ich den Klienten angespornt oder ihm geholfen hätte, sich nach der Sitzung zu entspannen. Doch so wundervoll es erscheinen mag, daß der besagte Klient in so kurzer Zeit ein solches Resultat erreichte, der Erfolg eines anderen Klienten ist noch bemerkenswerter.

Dieser andere Veteran war ein ruhiger Mensch, der weder in der Einzel- noch in der Gruppentherapie viel sprach. Anders als der Erstgenannte hatte er in letzter Zeit keine Arbeitsstelle gehabt, und er litt unter schwerwiegenderen allgemeinen Anpassungsproblemen und unmittelbar auf das Kriegstrauma zurückzuführenden Schwierigkeiten. Seine schlimmste traumatische Erfahrung hing mit dem Tod einiger Zivilisten zusammen, für deren Wohlergehen er sich verantwortlich gefühlt hatte. Im Laufe der EMD-Sitzung kam es bei ihm, ebenso wie bei dem zuerst Genannten, zu einer Verstärkung der Angst. Er geriet plötzlich in Panik und forderte mich auf, die Behandlung abzubrechen. Daraufhin verließ er mit einem anderen Klinikmitarbeiter den Behandlungsraum, um sich zu beruhigen. Nach seiner Rückkehr sagte er, er habe gemerkt, daß er sich wohler fühle, wenn ihm die traumatische Erinnerung erhalten bliebe, und als ihm dies klar geworden sei, habe er Angst bekommen. Er glaubte, er habe ein »spirituelles Abkommen« abgeschlossen, demzufolge es an seiner Familie gerächt werde, wenn er nicht mehr unter dem Unrecht leide, das er seiner eigenen Überzeugung nach anderen angetan hatte.

Die Vorstellung, daß es eine Verpflichtung sein kann zu leiden und daß Leiden manchmal mit einem sekundären Gewinn verbunden ist, ist sicherlich – und insbesondere im Hinblick auf die Arbeit mit Kriegstraumatisierten – nicht neu. Ich hatte allerdings noch nie erlebt, daß ein Kriegsveteran diesen Zusammenhang so spontan, klar und präzise beschrieb, und ganz sicher hatte ich das von diesem speziellen Klienten nicht erwartet. Nun mag meine Verblüffung über die in meinen Augen erstaunliche Entwicklung in den beiden geschilderten Fällen auf meine Unerfahrenheit oder meinen Mangel an klinischen Fähigkeiten zurückzuführen sein, doch selbst wenn einer dieser beiden Mängel die Erklärung dafür wäre, daß diese Behandlungsresultate mir als so neuartig und erstaunlich erschienen, so wäre es doch zumindest bemerkenswert, daß EMD rückständige Kliniker zu erziehen vermag.

Dies ist die Entstehungsgeschichte meines Interesses an EMDR. So wie meine Klienten den maximalen Nutzen aus unserem stationären Behandlungsprogramm zogen, als sie sich zu Beginn dieser Behandlung über die Universalität ihrer Probleme klar wurden, lernte auch ich das Wichtigste über EMDR in der ersten Woche, als ich feststellte, daß sich die intrusiven Aspekte von PTBS mit Hilfe dieser Methode häufig schnell und effektiv auflösen lassen und daß diese Auflösung auch ein tieferes und zuverlässigeres Verständnis der Elemente ermöglicht, die nach einem traumatischen Erlebnis Schmerz erzeugen. Leser, die selbst schon mit EMDR gearbeitet haben, werden wahrscheinlich ebenso wie ich feststellen, daß das meiste von dem, was sie über die Methode jemals lernen werden, empirischen Charakters und schnell zu erkennen ist, daß aber auch das, was danach noch zu lernen bleibt, äußerst interessant ist.

Deshalb beschäftigt sich das vorliegende Buch mit dem, was ich über EMDR und seine klinische Anwendung – insbesondere bei der Behandlung von Kriegsveteranen – gelernt habe. Außerdem beschreibe ich darin, was ich im Zuge meiner Bemühungen, die Funktionsweise von EMDR zu verstehen, über Psychotherapie im allgemeinen herausgefunden habe. Diese zweite Lektion hat in dem von mir so genannten *Vier-Aktivitäten-Modell* (VAM) *der Psychotherapie* ihren Ausdruck gefunden, das auf einem von Francine Shapiro (1998) als *beschleunigte Informationsverarbeitung* (*Accelerated Information Processing* – AIP) bezeichneten Konzept aufbaut. Dieses beinhaltet, daß man eine erlernte Psychopathologie als dysfunktional gespeicherte Information – die unter anderem die Form von Gedanken, Emotionen, Empfindungen und Verhaltensweisen annimmt – verstehen kann und daß sich diese weitaus schneller modifizieren läßt, als die meisten

Psychotherapeuten es bisher für möglich gehalten hätten. Das Vier-Aktivitäten-Modell versucht zu erklären, wie psychotherapeutische Aktivität am effizientesten zur Verarbeitung dysfunktional gespeicherten Materials und damit zur Lösung psychischer Probleme genutzt werden kann.

Schließlich beschäftigt sich mein Buch auch damit, was mich die Praxis der Psychotherapie im allgemeinen über EMDR gelehrt hat. Schon in ihren ersten Beschreibungen bezeichnet Francine Shapiro EMDR als integrative Methode, die auf den Erkenntnissen basiere, welche durch langjährige Erfahrung mit psychodynamischen, verhaltenstherapeutischen und humanistischen Methoden in der klinischen Arbeit gewonnen worden seien. Ich werde diese Beziehung im vorliegenden Buch zu beschreiben versuchen, und ich werde auch spezifische therapeutische Empfehlungen geben, die auf dem Wissens- und Weisheitsschatz älterer therapeutischer Methoden, philosophischer Ansätze und religiöser Einsichten basieren. Das Buch beginnt mit einer Darstellung von EMDR, beschreibt dann, wie EMDR mit anderen Methoden zu einem umfassenden Modell psychotherapeutischer Arbeit integriert werden kann, und setzt sich schließlich mit den praktischen Problemen der Integration psychotherapeutischer Arbeit im allgemeinen auseinander.

Die zweite Hälfte des Buches konzentriert sich auf die konkrete Beschreibung und Erläuterung von Beispielen, die größtenteils meiner eigenen klinischen Praxis in der Behandlung von Kriegstraumata entstammen. Ich hoffe, meine Leser werden erkennen, daß sich diese Interventionsbeispiele leicht auf andere Probleme übertragen lassen, die in dysfunktionalem Lernen ihren Ursprung haben.

Ich möchte ausdrücklich darauf hinweisen, daß dieses Buch keine Einführung in EMDR ist. Francine Shapiro (1998) hat das in dieser Hinsicht maßgebende Werk selbst geschrieben. Ich hoffe allerdings, darin die grundlegenden Informationen über EMDR zu vermitteln, die für die Auseinandersetzung mit den Möglichkeiten und Problemen der Integration erforderlich sind. Ganz sicher reicht das hier über EMDR Gesagte nicht aus, um die sachkundige Anwendung der Methode zu erlernen. Die adäquate Anwendung von EMDR kann nur durch eine entsprechende formelle Ausbildung und ein anschließendes Praktikum unter Supervision erlernt werden. Manchmal nehmen erfahrene Psychotherapeuten diese Feststellung negativ auf, weil es lange üblich war, selbst komplexe neue Methoden nach dem bloßen Lesen von Zeitschriftenartikeln oder gar ausschließlich auf Mund-zu-Mund-Propaganda hin auszuprobieren. In früheren Zeiten mag dies akzeptabel gewesen sein, heute ist es das jedoch ganz sicher nicht mehr.

Aufgrund meiner durch die Ausbildung von Hunderten von EMDR-Praktikern gewonnenen Erfahrung weiß ich, daß Kliniker selbst nach mehrstündiger Anleitung im Praktikum mit ihren Klienten weiter reden, obwohl eigentlich längst der Zeitpunkt für die Anwendung der Augenbewegungen gekommen ist, und daß sie immer wieder versuchen, ihre Klienten zu führen, obwohl sie ihnen eigentlich folgen sollten.

Francine Shapiro hat das verbindliche Handbuch für die EMDR-Arbeit selbst geschrieben. Ich werde hier jedoch neben einigen Erweiterungsvorschlägen auch einige geringfügige Veränderungen der ursprünglichen EMDR-Protokolle befürworten. Dies ist nicht als Kritik an Frau Shapiros Arbeit zu verstehen, sondern als Ausdruck eines normalen Wachstumsprozesses, der durch die laufenden Beobachtungen zahlreicher Kliniker bei der Arbeit mit unterschiedlichen Populationen initiiert und inspiriert wird.

Ein großer Teil dieses Buches ist in der ersten Person geschrieben. Ich verwende oft Formulierungen wie: »Ich bin der Ansicht ...« Ich kann nur hoffen, dadurch nicht den Eindruck zu erwecken, daß ich mich für den einzigen halte, der die vorgetragenen Gedanken jemals gehabt hat, denn mir ist völlig klar, wieviel von dem Geschriebenen in erheblichem Maße dem Einfluß meiner Vorgänger und Kollegen zu verdanken ist. Für die Beschreibung in der ersten Person habe ich mich nicht entschieden, um zum Ausdruck zu bringen, daß ich für meine Leistungen Anerkennung erwarte, sondern weil ich keine falsche Autorität beanspruchen möchte. Mir ist bewußt, daß das, was ich schreibe, meine Gedanken sind, die auf den Einflüssen basieren, denen ich unterliege, und daß es sich dabei möglicherweise nicht um offenbarte Wahrheit handelt.

Nachdem ich mich in dieser Einleitung mit all den Themen befaßt habe, die im Titel dieses Buches anklingen, sowie mit anderen Dingen, die zu klären ich für notwendig hielt, komme ich nun zum letzten Wort des Titels, dem scheinbar so unverfänglichen Wort *Psychotherapie*. Ich fühle mich nicht wohl dabei, den Begriff Psychotherapie zur Beschreibung meiner beruflichen Tätigkeit zu verwenden: dem Zusammentreffen mit Menschen, denen ich meine fachkundige Hilfe anbiete. Dies Psychotherapie zu nennen mißfällt mir so sehr, daß ich schon mit dem Gedanken gespielt habe, dem Vorbild eines bekannten Pop-Musikers zu folgen und meine Tätigkeit durch ein Symbol und verbal als »die Aktivität, die früher unter dem Namen Psychotherapie bekannt war« zu bezeichnen. Natürlich wirkt sich das, was ich tue, auf die Gesundheit meiner Klienten aus, und natürlich leiden viele von ihnen unter Krankheiten, manchmal unter solchen, die mit Beeinträchtigungen des Gehirns und der Stoffwechselfunktionen verbunden sind. Trotzdem halte ich das medizinische Modell, demzufolge Krankheiten durch eine Therapie geheilt werden, ebensowenig für die beste Beschreibung meiner Tätigkeit, wie ich der Meinung bin, daß sich das heute von Architekten und Klempnern für die Installation sanitärer Einrichtungen bevorzugte hydraulische Modell am besten durch Konzepte wie Krankheit, Diagnose, Therapie und Heilung beschreiben läßt – wobei anzumerken ist, daß die moderne Klempnerarbeit für die Erhaltung unserer Gesundheit zweifellos Wichtigeres geleistet hat als alle unsere Krankenhäuser zusammen.

Ich stimme mit jenen Kollegen überein, die der Meinung sind, daß »Psychotherapie« in erster Linie eine erzieherische und beratende Tätigkeit ist. Ich empfehle demzufolge meinen Klienten auch, mich als einen Berater anzusehen, der geübt darin ist, seine Ansichten über philosophische, emotionale, das Verhalten betreffende und zwischenmenschliche Probleme zum Ausdruck zu bringen und ihnen diesbezüglich Hilfe anzubieten, ebenso wie ein Rechtsanwalt dies bei juristischen Problemen tut. Leider akzeptieren einige meiner Klienten diese Art von Beziehung nicht, sondern ziehen es vor – oder fühlen sich vielleicht dazu gedrängt –, in mir jemanden zu sehen, der ihnen gegenüber Autorität hat, statt jemanden, den sie engagiert haben, damit er eine bestimmte Arbeit ausführt. Natürlich ist diese Haltung ein Teil ihres Problems und, um es noch einmal zu wiederholen, nichts, was man mit gutem Grund für medizinisch geboten erachten könnte.

Trotz dieser Vorbehalte werde ich im Text dieses Buches die Begriffe *Psychotherapie* und *Psychotherapeut* benutzen. Ich hoffe aber, daß in naher Zukunft ein Wort gefunden und allgemein akzeptiert wird, das nicht mit den gleichen Konnotationen verbunden ist. Meiner Meinung nach vermitteln die Begriffe *Beratung* und *Berater* das Gemeinte; deshalb benutze ich sie manchmal im Wechsel mit *Psychotherapie* und *Psychotherapeut*. Allerdings wird der Begriff Beratung heute hauptsächlich benutzt, wenn es um die Arbeit mit Ehepartnern und die berufliche Begleitung und Weiterbildung geht. Die mir bislang am passendsten erscheinende Bezeichnung lautet *emotional-philosophischer Berater* – sicherlich keine besonders griffige Formulierung.

Das Buch mag einigen Lesern insbesondere in Anbetracht der doch recht umfassenden Thematik – der Integration aller psychotherapeutischen Methoden – als relativ dünn erscheinen. Dem möchte ich entgegenhalten, daß es mir hier in erster Linie darum geht, einen Betrachtungsrahmen zu entwickeln und einige klinische Anregungen zu geben. Hingegen fehlt es mir ebensosehr an Talent als auch an Zeit, die skizzierten Ideen vollständig auszuarbeiten; ich fühle mich lediglich in der Lage, jeweils soviel zu einem Thema zu sagen, daß mit einer gewissen Plausibilität eine Richtung angedeutet wird. Ich hoffe, daß Leser, die in dem, was ich zu sagen habe, einen gewissen Wert erkennen, sich mit den betreffenden Aspekten gründlicher beschäftigen werden.

Abgesehen von der Mühe, die mir die Fertigstellung auch nur dieses relativ dünnen Buches bereitet hat, war mein größtes Problem beim Schreiben das des Respekts vor der Privatsphäre meiner Klienten. Ich verstehe Beratung als eine zwar eingeschränkte, aber doch sehr intime Beziehung: Eingeschränkt ist sie, *weil* sie einen so intimen Charakter hat. Da die normalerweise geltenden Grenzen der Selbstoffenbarung in einer Therapie erweitert werden, muß der Kontakt zwischen Klient und Therapeut zeitlich und räumlich eingeschränkt werden, um zu verhindern, daß die beiden Beteiligten völlig in die Beziehung absorbiert werden. Wenn ich nun hier darüber berichte, was ich in solchen intimen Beziehungen erfahren habe, so können dadurch, selbst wenn die Vertraulichkeit nicht verletzt wird, unangenehme Gefühle aktiviert werden, weil eine Überschreitung dieser Grenze sehr leicht möglich ist. Ich hoffe, daß meine Klienten, auch wenn sie in den unscharfen und bewußt modifizierten Beispielbeschreibungen nicht wiederzuerkennen sind, sich darüber freuen, daß etwas von dem, was wir gemeinsam erarbeitet haben, möglicherweise auch noch anderen Menschen zugute kommen wird.

1

Wissenschaftliche Evidenz und EMDR

Eine Kurzbeschreibung von EMDR (*Eye Movement Desensitization and Reprocessing*) muß folgende Punkte umfassen:

1. EMDR ist eine psychotherapeutische Methode, die Elemente zahlreicher anderer psychotherapeutischer Methoden auf eine spezifische Weise organisiert.
2. Die ursprünglich entwickelte und auch heute noch übliche EMDR-Praxis sieht vor, daß der Therapeut den Klienten dazu veranlaßt, seine Augen in zeitlich begrenzten Sequenzen hin- und herzubewegen, wobei er den Fingerbewegungen des Therapeuten folgt.
3. Shapiro berichtet in ihren ersten Artikeln über die Auflösung seit langem bestehender behandlungsresistenter psychischer Probleme in einer einzigen Sitzung. Spätere wissenschaftliche Untersuchungen bestätigten, daß sich durch EMDR-Behandlungen schnell positive Resultate erzielen lassen.

Durch meine öffentlichen Vorträge über EMDR habe ich herausgefunden, daß im Anschluß an die in den obigen drei Punkten enthaltene grundlegende Information eine ins Detail gehende Darstellung, die alle Zuhörer zufriedenstellt, praktisch unmöglich ist. Wenn Fachleute hören, daß der Therapeut den Klienten bei dieser Form der Psychotherapie zur Ausführung von Augenbewegungen auffordert, möchten einige wissen, wie genau diese Augenbewegungen initiiert werden, bevor sie bereit sind, weitere Informationen zu diesem Thema aufzunehmen. Andere fordern ebenso vehement und mit dem gleichen Recht eine empirische Begründung für die Plausibilität der in den obigen drei Punkten enthaltenen Behauptungen über EMDR, bevor sie die Mühe einer intensiven Beschäftigung mit der Materie auf sich zu nehmen bereit sind. Eine dritte Gruppe von Zuhörern beharrt darauf, daß alle diese Behauptungen ihr als theoretisch denkbar und plausibel erscheinen müssen, bevor sie bereit sind, sich auf ausführlichere Erläuterungen einzulassen. Diese drei Arten von Information in ein Gespräch einzubeziehen ist wesentlich leichter, als das gleiche in einem Buch zu versuchen. Im Rahmen eines öffentlichen Vortrags kann man jederzeit Nebenbemerkungen machen, den Stimmcharakter verändern und durch Gesten Informationen auf mehreren Kanälen gleichzeitig übermitteln. Mit Hilfe des unmittelbaren Feedbacks, das man bei einer solchen Veranstaltung von den Zuhörern erhält, läßt sich leicht feststellen, welcher Aspekt der Botschaft als erster eingehender erläutert werden muß, und außerdem kann man ein reales Publikum so genau einschätzen, daß man die Möglichkeit hat, zuerst auf die ausgeprägteste gegnerische Position einzugehen. (Wenn man fest verwurzelten Ansichten entgegentritt, kann dies durchaus stärkere Reaktionen zur Folge haben.)

Beim Schreiben hingegen muß man sozusagen blind eine Entscheidung über die beste Vermittlungsstrategie treffen, und diese läuft gewöhnlich darauf hinaus, daß man sich den Empirikern beugt und zunächst zu demonstrieren versucht, daß es überhaupt der Mühe wert ist, sich mit EMDR zu beschäftigen. Diese Vorzugsbehandlung verdienen die Skeptiker insofern, als der Teil unserer Natur, der viel behauptet und wenig zu beweisen vermag, nur zu oft und zu leicht den Sieg davonträgt. In Kapitel 2 werde ich mich mit den theoretischen Grundlagen der EMDR-Methode beschäftigen und danach in die Einzelheiten gehen, was den Ausgangspunkt für die Beschreibung meines integrativen Modells psychotherapeutischer Arbeit bildet.

Wissenschaftliche Studien über EMDR

Die weitaus meisten Studien über EMDR beziehen sich auf die Behandlung der posttraumatischen Belastungsstörung (PTBS). Ich werde meinen Überblick über die Psychotherapieforschung auf diesen Bereich konzentrieren. Die betreffenden Studien stützen meiner Meinung nach die Aussage, daß EMDR die effektivste Methode zur Behandlung der psychischen Nachwirkungen von Traumata ist. Ich werde nicht versuchen, die Behauptung zu verteidigen, daß EMDR die gewünschten Resultate gewöhnlich in einer oder zwei Behandlungssitzungen zu erreichen vermag. Meiner Meinung nach hat jener in einer einzigen Sitzung erzielte Erfolg, über den Francine Shapiro in ihrer ersten kontrollierten Untersuchung berichtet, mehr Mißverständnisse und mehr vom Wesentlichen ablenkende Kritik hervorgerufen als jeder andere Aspekt von EMDR.

Im Rahmen ihrer ersten kontrollierten Studie über die Wirkung von EMDR behandelte Francine Shapiro 22 Klienten, die ihr überwiegend von anderen Therapeuten empfohlen worden waren, allerdings auch einige, die sich selbst um die Teilnahme bemüht hatten – Berater der an dieser Arbeit beteiligten Institutionen, die an unaufgelösten Traumata arbeiten wollten. Ich möchte an dieser Stelle ausdrücklich darauf hinweisen, daß Shapiro in ihrem ursprünglichen Bericht schreibt, die Klienten, die sie im Rahmen der Studie behandelt habe, hätten eine *einzelne Trauma-Episode* in einer Sitzung aufzulösen vermocht. Diese Testanlage kann und sollte auch nicht wiederholt werden. Als Frau Shapiro die von ihr neu entwickelte Methode zunächst gemäß den zu damals gültigen Standards anwandte, unterzog sie EMDR keiner gründlichen Beurteilung und Erklärung. Sie sah keinen Grund zu der Sorge, daß andere Probleme auftauchen könnten, denn ihrer Erfahrung nach war dies nicht geschehen. Außerdem wandte sie EMDR in der ambulanten klinischen Praxis bei Klienten an, deren Therapeuten überzeugt waren, daß sie gefahrlos mit einer ihnen unbekannten Therapeutin und einer neuartigen Behandlungsmethode konfrontiert werden konnten.

Als ich EMDR erstmals ausprobierte, hatte ich nicht die Erwartung, Shapiros spektakulären Erfolg wiederholen zu können. Ich hoffte nur herauszufinden, ob die von ihr behaupteten Resultate glaubwürdig waren. Meine Klienten litten unter Mehrfachtraumatisierungen. Sie wurden stationär in einer Institution behandelt, der sie mit großem Mißtrauen gegenüberstanden. Eine fälschliche Diagnose geistiger Normalität durch den behandelnden Therapeuten konnte zur Folge haben, daß diese Menschen ihren Anspruch auf staatliche Unterstützung einbüßten, was wiederum ihr persönliches Überleben und das Wohl ihrer Familie gefährdet hätte.

Obwohl mir klar war, daß meine Klienten sich von denjenigen, die Francine Shapiro zuerst behandelt hatte, stark unterschieden, fordern einige unerfahrene Kollegen, die Klienten mit ähnlich komplexen Problemen behandeln oder die nur sehr geringe Fähigkeiten in der Anwendung von EMDR haben, im Rahmen einer Beurteilung der Zuverlässigkeit von EMDR gewöhnlich ebenso schnelle Resultate, wie Francine Shapiro sie bei den Behandlungen im Rahmen ihrer ersten Studie erzielte. Ein solches Beispiel ist das von Jensen (1994), der – vermutlich aus christlicher Nächstenliebe – mit Klienten, die unter chronischer kriegsbedingter PTBS litten, jeweils zwei EMDR-Sitzungen durchführte. Er berichtet über zwar geringfügige, aber dennoch signifikante Veränderungen bezüglich der mit der anvisierten traumatischen Erinnerung verbundenen subjektiven Belastung, jedoch nicht über Veränderungen bezogen auf eine umfassende Beurteilung der geistigen Gesundheit des Klienten. Im übrigen wandte Jensen EMDR nicht sachgerecht an. Trotzdem gefiel er sich, ebenso wie die Herausgeber der angesehenen Zeitschrift *Behavior Therapy*, in der Versicherung, seine Studie zeige, daß EMDR zur Behandlung von PTBS ungeeignet sei.

Ebenfalls in der Zeitschrift *Behavior Therapy* wird berichtet, daß Devilly, Spence und Rapee (1998) bei Kriegsveteranen, die bereits seit Jahren intensiv behandelt wurden, durch EMDR in nur zwei Sitzungen positive Ergebnisse erzielten, und dies sogar bezogen auf bestimmte umfassende PTBS-Messungen. Obwohl diese Resultate bei einer schwer behandelbaren, vielfach traumatisierten Population mit chronischer Symptomatik erzielt worden waren, kamen die Autoren dennoch zu dem Schluß, daß die Wirksamkeit von EMDR nicht belegt sei. Bei mehrfach traumatisierten Kriegsveteranen mit starker chronischer PTBS-Symptomatik ist kaum zu erwarten, daß sich ihr Gesundheitszustand innerhalb von einer oder zwei Sitzungen dramatisch bessert, auch wenn die Sitzungen erfolgreich verlaufen.

Ich möchte nun die Beschäftigung mit inadäquaten Effektivitätstests für EMDR beenden und mich Versuchen der Beurteilung dieser neuen Methode zuwenden, die ich für aussagekräftiger halte.

Die ideale Strategie zur Beurteilung der relativen Effektivität psychotherapeutischer Methoden ist die des direkten Vergleichs. Die Untersuchungsteilnehmer werden zu diesem Zweck nach dem Zufallsprinzip der Behandlungsgruppe oder einer Kontrollgruppe zugeteilt, und zusätzlich werden noch weitere Kontrollen durchgeführt, beispielsweise eine blinde und standardisierte Beurteilung der Resultate. Zum Entstehungszeitpunkt dieses Buches liegen mehrere vergleichende Studien über EMDR vor, die zahlreichen Kriterien guter Forschungsarbeit entsprechen. Vaughn und Kollegen (Vaughn *et al.* 1994) stellten beim Vergleich einer EMDR-Behandlung mit einer Expositionsbehandlung und der Wirkung einer Entspannungsmethode für alle Behandlungsarten positive Resultate fest. Allerdings zeigte sich, daß EMDR zwei signifikante Vorteile aufwies, denn erstens nahm diese Behandlung wesentlich weniger Zeit in Anspruch (die Expositionsbehandlung erforderte die tägliche Ausführung von Hausaufgaben), und zweitens hatte EMDR einen günstigeren Einfluß auf die intrusiven Symptome.

Carlson und Kollegen (Carlson *et al.* 1998) behandelten Veteranen mit chronischer kriegsbedingter PTBS zwölf Sitzungen lang mit EMDR oder Biofeedback. Die mit EMDR behandelten Teilnehmer der Studie berichteten über klinisch und statistisch signifikante Verbesserungen nach der Behandlung sowie bei einer Follow-up-Untersuchung, und sie erzielten bei fast allen Messungen signifikant bessere Resultate als die mit Biofeedback behandelten. Als Meßverfahren wurde unter anderem die *Mississippi Scale for Combat-Related PTBS* benutzt, deren Wert von anfänglich 118 auf 95 nach der Behandlung und bei Follow-up-Untersuchungen sank. Hingegen lagen die Werte der mit Biofeedback behandelten Teilnehmer vor der Behandlung bei 120, fielen danach auf 115 und lagen zum Zeitpunkt der Follow-up-Untersuchung ungefähr bei 113. Der akzeptierte Entscheidungspunkt für eine PTBS-Diagnose mit Hilfe dieses Tests, der durch Veränderungen des subjektiven Befindens der Untersuchungsteilnehmer nicht beeinflußt wird, liegt bei 107 (Keane, Caddell & Taylor 1988). Die Resultate des *Beck-Depressions-Inventars* lagen bei der mit EMDR behandelten Gruppe zunächst bei 20, sanken nach der Behandlung auf unter 10 und waren auch zum Zeitpunkt der Follow-up-Untersuchung noch bei diesem Wert. Die Resultate bei der mit Biofeedback behandelten Gruppe fielen von 23 vor der Behandlung auf 16 danach und stiegen dann bis zur Follow-up-Untersuchung wieder auf 18. Für beide Behandlungsgruppen wurden bei psychophysiologischen Messungen signifikante Verbesserungen festgestellt. Carlson schloß daraus:

> Verglichen mit anderen Behandlungsmethoden wurden im Hinblick auf EMDR nach der Behandlung bei Messungen mittels Selbstbericht, psychometrischer Methoden und standardisierter Interviews signifikante Behandlungsergebnisse festgestellt. Anders als bei der anderen Behandlungsgruppe blieben diese Resultate bei einer drei Monate später durchgeführten Follow-up-Untersuchung im allgemeinen erhalten. (S. 3)

Zu den standardisierten Meßverfahren, welche die positiven Auswirkungen der EMDR-Behandlung bestätigten, zählen die *Mississippi Scale for Combat-Related PTSD*, das CAPS-Interview, das Messungen bezüglich des Wiedererlebens von

Kriegtraumata, des Vermeidungsverhaltens und des Arousal beinhaltet, sowie Angst- und Depressionsskalen. Bei einer auf Vermeidungssymptome konzentrierten Messung (einem Abschnitt der *IES-Scale*) und bei den physiologischen Indizes für Arousal erzielten die unterschiedlich behandelten Gruppen keine deutlich unterscheidbaren Resultate.

Marcus, Marquis und Sakai (1997) verglichen EMDR mit einer Standardversorgung, wie sie PTBS-Klienten als individualtherapeutischer Komponente der Behandlung in einer psychiatrischen Klinik zuteil wurde. Die Untersuchungsteilnehmer wurden nach dem Zufallsprinzip den verschiedenen Behandlungsgruppen zugeteilt und jeweils vor der Behandlung, nach drei Sitzungen und nach Abschluß der Gesamtbehandlung von einem unabhängigen Testpsychologen untersucht (oder am Ende der Studie, also nach einem halben oder ganzen Jahr, sofern sie die Behandlung nicht abschlossen). Es wurden zahlreiche standardisierte Messungen durchgeführt, und die mit EMDR behandelten Teilnehmer erreichten nach der Behandlung signifikant bessere Werte. Außerdem trat die Besserung bei ihnen signifikant schneller ein als bei der mit Standardmethoden behandelten Gruppe. Die mit der *Impact of Events Scale* festgestellten Meßergebnisse lagen bei der EMDR-Gruppe vor der Behandlung bei 46, nach drei Sitzungen bei 25 und nach Abschluß der Behandlung bei 18; die mit Standardmethoden behandelte Gruppe erzielte zu den entsprechenden Zeitpunkten Durchschnittswerte von 49, 47 und 35. Die Werte des *Beck-Depressions-Inventars* lagen für die EMDR-Gruppe zu den angegebenen Zeitpunkten bei durchschnittlich 19, 13 und 8, bei der mit Standardmethoden behandelten Gruppe bei 22, 20 und 15. Nach drei Sitzungen erfüllten noch 16 der mit EMDR behandelten Klienten die PTBS-Kriterien des DSM-IIIR, die 16 übrigen nicht mehr. Unter den mit Standardmethoden behandelten erfüllten noch 23 die PTBS-Kriterien, und nur 6 entsprachen ihnen nicht mehr. Nach Behandlungsabschluß waren bei nur noch 7 Teilnehmern der EMDR-Gruppe die PTBS-Kriterien erfüllt, bei den 24 übrigen nicht mehr, und bei der mit Standardmethoden behandelten Gruppe ergab diese Messung einen ebenso starken Anteil von Teilnehmern, die weiterhin die PTBS-Kriterien erfüllten, wie derjenigen, bei denen dies nicht der Fall war, nämlich jeweils 16. Zwar hat diese Studie den Nachteil, daß die Kontrollbehandlungen nicht standardisiert waren, doch weist sie andererseits den wichtigen und selten gegebenen Vorteil auf, daß die Bemühtheit der Therapeuten um Methodentreue, die mittlerweile als wichtige Variable von Ergebnisstudien angesehen wird, eine nur beschränkte Rolle darin spielt (Lubarsky *et al.* 1997).

Scheck, Schaeffer & Gillette (1998) arbeiteten mit Klientinnen im Alter von 16 bis 25 Jahren, die von ortsansässigen kommunalen psychiatrischen Institutionen ausgewählt worden waren. Kriterien für die Teilnahme an der Studie waren dysfunktionale Verhaltensweisen wie sexuelle Promiskuität, Fortlaufen von Zuhause, Suchtmittelabusus und eine von den Betreffenden aus eigenem Antrieb berichtete traumatische Erinnerung. 90 Prozent der Teilnehmerinnen hatten sich als Opfer körperlicher oder emotionaler Mißhandlungen in der Kindheit bezeichnet. 77 Prozent erfüllten die diagnostischen Kriterien für PTBS. Die insgesamt 60 jungen Frauen wurden im Hinblick auf ihre belastendsten Erinnerungen jeweils zwei Sitzungen lang entweder mit EMDR oder mit einer unterstützenden Therapie nach Carl Rogers, dem sogenannten aktiven Zuhören, behandelt. Die Zuordnung zu den beiden Behandlungsgruppen erfolgte nach dem Zufallsprinzip. Zum Vergleich der Behandlungsergebnisse wurden zahlreiche standardisierte Messungen durchgeführt. Alle Messungen der EMDR-Gruppe wiesen vor und nach der Behandlung signifikante Unterschiede auf und überragen diejenigen der mit aktivem Zuhören Behandelten deutlich. Zwei Messungen wurden nach 90 Tagen wiederholt. Die Durchschnittswerte nach dem *Beck-Depressions-Inventar* lagen bei der EMDR-Gruppe vor der Behandlung bei 21, nach der Behandlung bei 6 und zum Zeitpunkt der Follow-up-Untersuchung bei 5. Die entsprechenden Durchschnittswerte der mit aktivem Zuhören behandelten Gruppe lagen bei 26, 16 und 14. Die Werte der *Impact of Events Scale* lagen bei der EMDR-Gruppe bei 48 (vor), 24 (nach) und 16 (Follow-up), bei der mit aktivem Zuhören behandelten Gruppe bei 49, 35 und 26. Die Resultate der Teilnehmerinnen, die alle PTBS-Kriterien erfüllten, unterschieden sich nicht signifikant von den Werten derjenigen, die diese Kriterien nicht vollständig erfüllten.

Ausgehend von einem anderen Design haben Silver, Brooks & Obenchain (1995) bei einer Gruppe schwer behandelbarer Patienten (Veteranen mit chronischer kriegsbedingter PTBS) eine statisch signifikante Überlegenheit von EMDR gegenüber einer entspannenden Biofeedback-Behandlung festgestellt. Außerdem zeigte die Studie von Silver *et al.*, daß EMDR den Resultaten mehrerer Messungen zufolge effektiver war als ein Entspannungstraining. Eine Stärke dieser Studie liegt darin, daß die Vergleiche retrospektiv angestellt wurden, so daß keine Erwartungseffekte entstanden, wie sie prospektive Studien gewöhnlich kennzeichnen. (Natürlich beinhaltet dies andererseits, daß die Untersuchungsteilnehmer nicht nach dem Zufallsprinzip verschiedenen Gruppen zugeteilt werden konnten, was wiederum eine Schwäche dieser Untersuchung ist.)

Eine andere Möglichkeit, Vergleiche zwischen EMDR und anderen Methoden anzustellen, besteht darin, das Urteil von Therapeuten auszuwerten, die sowohl mit EMDR als auch mit anderen Methoden gearbeitet haben. Natürlich weist dieses Evaluationsverfahren gewisse Schwächen auf, es verfügt jedoch über Stärken, wie sie sonst nur bei sehr kostspieligen und zeitaufwendigen Studien zu finden sind. Eine Begründung für den Nutzen einer Untersuchung des Urteils von Therapeuten über eine Behandlungsmethode wird in der Arbeit von Strupp & Hadley (1977; Strupp 1996) erwähnt. Die Autoren nennen drei sinnvolle Perspektiven, aus denen sich die Effektivität einer psychotherapeutischen Methode beurteilen läßt: das Urteil des Klienten, das gesellschaftliche Urteil und das des Therapeuten. Ein weiterer Wert, der demjenigen der Studie von Silver (1995) ähnelt, liegt darin, daß der Vergleich zwischen verschiedenen Behandlungsverfahren im Rahmen psychotherapeutischer Arbeit im klinischen Setting angestellt wird und deshalb in hohem Maße generalisierbar ist. Offensichtliche Nachteile dieser Vorgehensweise, insbesondere was die Kontrolle über die Auswirkungen von Erwartungen angeht, erfordern die zusätzliche Durchführung von Laboruntersuchungen. Liegen derartige Untersuchungen jedoch vor und ist die grundsätzliche Effektivität einer Behandlung auf diese Weise festgestellt worden, kann die Befragung von Klinikern eine Fülle von wichtigen Informationen liefern.[1]

In der für uns relevanten Therapeutenbefragung wurden die ersten 1.295 von Francine Shapiro in EMDR ausgebildeten Kliniker spätestens sieben Monate nach Abschluß ihrer Ausbildung interviewt. Der ausführliche Fragebogen, der auf positive und negative Auswirkungen in vielen Bereichen einging, wurde von 407 Angeschriebenen beantwortet, also von 31 Prozent. Nach einem Erinnerungsschreiben wurden schließlich 10 Prozent derjenigen, die nicht geantwortet hatten, nach dem Zufallsprinzip ausgewählt und angerufen; 35 Therapeuten (39 Prozent) dieser Stichprobe schickten daraufhin die Fragebögen ausgefüllt zurück. Somit gingen in die Ergebnisse dieser Untersuchung entweder direkt oder über die Zufallsstichprobenbildung die Ansichten von 58 Prozent der Population ein. Der größte Anteil der Antwortenden, 49 Prozent derjenigen, die den ausgefüllten Fragebogen auf das erste Anschreiben hin zurückgeschickt hatten, waren staatlich lizenzierte klinische Psychologen. Von denjenigen, die auf die zweite schriftliche Aufforderung reagierten, gehörten 29 Prozent dieser Kategorie an, und weitere 29 Prozent waren lizenzierte Ehe- und Familienberater.

Einige Fragen wurden in einer standardisierten Form gestellt, wobei drei Antwortmöglichkeiten angeboten wurden: »öfter«, »genauso oft« oder »weniger oft«. Auf die Frage »Wie oft haben Ihre EMDR-Sitzungen verglichen mit anderen Behandlungsverfahren allgemein positive therapeutische Auswirkungen gehabt?« bezeichneten von den 354 Teilnehmern, die auf das erste Anschreiben hin reagiert hatten, 76 Prozent EMDR als häufiger positiv und 4 Prozent als weniger oft positiv bezeichnet. Unter den Respondenten des zweiten Anschreibens bezeichneten 70 Prozent EMDR als öfter wirksam und 4 Prozent als weniger oft wirksam als andere Methoden. Eine ähnliche Frage über »allgemeine negative Nebenwirkungen« beantworteten von 326 Respondenten des ersten Anschreibens 8 Prozent, diese träten bei EMDR »öfter« auf als bei anderen Methoden, wohingegen 46 Prozent angaben, sie träten bei EMDR »weniger oft« auf. Von denjenigen, die auf das zweite Anschreiben reagierten, antworteten 4 Prozent, negative Nebenwirkungen träten bei EMDR »öfter« auf, und 30 Prozent äußerten, dies passiere bei EMDR »weniger oft«.

EMDR ist häufig mit *Flooding* und dem Implosionsverfahren verglichen worden, obwohl es sich in beiden Fällen um völlig andere Methoden handelt. (Bei einer EMDR-Behandlung wird der Klient nach der Definition des Ziels aufgefordert, einfach dem, was in seinem Bewußtsein auftaucht, zu folgen, wohingegen er bei den herkömmlichen Expositionsverfahren aufgefordert wird, ständig auf bestimmte Stimuli zu fokussieren.) Deshalb wurden diejenigen unter den Teilnehmern der Umfrage, die zuvor mit »imaginativen Expositionsverfahren« [beispielsweise *Flooding* oder Implosion] gearbeitet hatten, aufgefordert, die Wirkung von EMDR und der Expositionstechniken hinsichtlich der Effektivität, der Belastung für den Klienten und der Belastung für den Therapeuten zu vergleichen. In diesem Fall standen vier Antwortkategorien zur Verfügung: »bei EMDR öfter«, »gleiche Belastung«, »bei EMDR weniger« und »unterschiedlich«. Hinsichtlich der Effektivität wählten von 91 Befragten 57 Prozent die Antwort »bei EMDR mehr« und 19 Prozent »bei EMDR weniger«. Auf die Frage nach der Belastung für den Therapeuten antworteten von 86 Respondenten 21 Prozent »bei EMDR mehr« und 47 Prozent »bei EMDR weniger«.

Insgesamt geht aus den bisher veröffentlichten Studien, in denen EMDR mit anderen Methoden verglichen wird, eindeutig hervor, daß EMDR die psychischen Auswirkungen traumatischer Ereignisse im allgemeinen besser zu lindern vermag.

Vergleich von Bestergebnissen

Eine andere Möglichkeit, die Ergebnisse von Untersuchungen der Effektivität von EMDR im Vergleich mit anderen Methoden zu beurteilen, besteht darin, die besten durch eine EMDR-Behandlung erzielten Ergebnisse mit den besten durch andere Therapiemethoden erzielten Ergebnissen zu vergleichen. Auf diese Weise wird ein Faktor berücksichtigt, der in psychotherapeutischen Evaluationen gewöhnlich unbeachtet bleibt: die *Kompetenz des Therapeuten* in der Anwendung der untersuchten Methoden. Generell beschäftigt sich unser Berufsstand eher mit der Frage der Ausbildung als mit der Frage der Kompetenz. Dafür gibt es viele Gründe, von denen einige mit der generellen Problematik, in diesem Bereich wissenschaftliche Untersuchungen durchzuführen, und andere mit politischen oder ökonomischen Fragen zusammenhängen.

Beim Vergleich von Bestergebnissen werde ich nicht auf alle verfügbaren Studien über EMDR und andere Methoden eingehen, sondern nur diejenigen mit den positivsten Ergebnissen berücksichtigen.

Als allgemeinen Rahmen für die Beurteilung der Bestergebnisse verschiedener Behandlungsmethoden können wir uns auf Martin Seligmans (1993) maßgebliche Beurteilung psychotherapeutischer Behandlungen beziehen, in der EMDR nicht berücksichtigt wird. Er beginnt das Kapitel über PTBS mit der Erklärung: »Dies ist das traurigste Kapitel von allen« (S. 135) und schließt es mit dem Satz: »Unter allen Störungen, mit denen ich mich beschäftigt habe, läßt sich PTBS am schwierigsten lindern, ganz gleich, mit welcher Therapie man dies versuchen mag. Die Entwicklung neuer Behandlungsmethoden zur Linderung von PTBS hat in meinen Augen höchste Priorität.« (S. 144)

Kriegsbedingte PTBS

Man kann sich anderen Behandlungsmethoden gegenüber durchaus nachsichtiger äußern, als Seligman vermuten läßt. Peniston & Kulkosky (1991) behandelten Klienten, die unter chronischer kriegsbedingter PTBS litten, in 38 halbstündigen Sitzungen mit Alpha/Theta-Neurofeedback. Ihrem Bericht zufolge wurden bei MMPI-Messungen signifikante Veränderungen festgestellt, und bei 14 der 15 Teilnehmer konnte die psychotrope Medikation deutlich verringert werden. Ohne Auskunft über ihre Kriterien zu geben, berichten die Autoren, anläßlich einer Follow-up-Untersuchung nach 30 Monaten seien nur bei drei der Testteilnehmer Rückfälle festgestellt worden.

Ein Beispiel für die Anwendung von Expositionsverfahren ist die von Cooper & Clum (1989) durchgeführte Studie mit 7 Klienten, die unter kriegsbedingter PTBS litten und 6 bis 14 Sitzungen lang mit *Flooding* behandelt wurden. Die Autoren berichten über statistisch und das Verhalten betreffende signifikante Veränderungen bezüglich mehrerer Variablen. Der Wert des *Beck-Depressions-Inventars* für die Gesamtgruppe lag vor dem Test bei 21, erreichte danach einen Durchschnitt von 12 und lag zum Zeitpunkt einer Überprüfung nach drei Monaten bei 13. Die durchschnittliche Zahl der Alpträume, die die Teilnehmer wöchentlich hatten, fiel von 3,1 vor dem Test auf 0,1 danach und lag zum Zeitpunkt der Überprüfung bei 1,2. Hingegen war die Herzfrequenz der Gruppe in Reaktion auf ein traumaprovozierend wirkendes Tonband praktisch unverändert geblieben.

In neuerer Zeit behandelten Frueh und Kollegen (Frueh *et al.* 1996) 15 Vietnamveteranen, die unter chronischer kriegsbedingter PTBS litten, nach einem Verfahren, das neben elf 90minütigen Expositionssitzungen auch andere verhaltenstherapeutische Techniken umfaßte, die den Klienten hinsichtlich ihrer sozialen Kontakte sowie beim Umgang mit ihren Wutgefühlen helfen sollten. Die Behandlung bestand aus 29 Einzel- und 90minütigen Gruppensitzungen. Bei verschiedenen Messungen wurden signifikante Besserungen festgestellt. So lagen die Werte der *Clinician Administered PTSD Scale* (CAPS) vor der Behandlung bei 82,46, nach der Behandlung bei 65,55, und die Herzfrequenz lag vor der Konfrontation mit einem Skript von einer Ziel-Trauma-Szene bei 89,73 und danach bei 77,00. Außerdem wurden auch noch andere Messungen durchgeführt, darunter Verhaltensmessungen im Hinblick auf Alpträume (vor = 9,73 pro Woche, nach = 5,55 pro Woche) und Flashbacks (vor = 9,00 pro Woche, nach = 6,27 pro Woche). Über die Werte des *Beck-Depressions-Inventars* und der Selbstberichts-Skalen für Angst und Wut wurde nur berichtet, sie hätten sich nicht signifikant verändert.

Die wichtigste EMDR-Studie dieser Art ist die bereits erwähnte von Carlson aus dem Jahre 1998. Zehn Veteranen, die unter chronischer kriegsbedingter PTBS litten, wurden 12 Sitzungen lang mit EMDR behandelt. Sie berichteten über klinisch und statistisch signifikante Verbesserungen, die mit den Resultaten der obigen Studien zumindest vergleichbar waren. Auch Boudewyns & Hyer (1996) berichten über erfolgreich verlaufene EMDR-Arbeit mit dieser schwer zu behandelnden Gruppe. Sie registrierten signifikante Veränderungen der Herzfrequenz und der CAPS-Werte nach fünf bis sieben EMDR-Sitzungen, wohingegen bei einer mit »Standardmethoden« behandelten Vergleichsgruppe keine derartige Wirkung festzustellen war. Weil diese Studie Aufschluß über die Rolle der Augenbewegungen bei der EMDR-Behandlung gibt, werde ich mich an späterer Stelle ausführlicher damit befassen. Hier habe ich sie nur erwähnt, um zu zeigen, daß die äußerst positiven Ergebnisse von Carlson *et al.* bei der Behandlung von Kriegsveteranen von anderen Wissenschaftlern wiederholt werden konnten.

Nichtkriegsbedingte PTBS

In einer Studie über die Behandlung von Traumata, die infolge von Vergewaltigungen entstanden waren, verglichen Foa und Kollegen (Foa *et al.* 1990) drei Behandlungsmethoden und eine nicht behandelte Kontrollgruppe. Langanhaltende Exposition (sieben Therapiesitzungen, in denen die Klienten sich jeweils eine Stunde lang einen Bericht über ihr Trauma anhören mußten, sowie zusätzlich einstündiges tägliches Anhören der gleichen Geschichte zu Hause) wurde verglichen mit einem *Stress-Inokulations-Training* (SIT, einer Entspannungsmethode, die mit Techniken der kognitiven Verhaltenstherapie verbunden wird) und unterstützender Beratung. Über signifikante Verbesserungen berichten die Autoren im Hinblick auf mehrere symptomatologische Messungen. Von den nach der Expositionsmethode behandelten ursprünglich 14 Teilnehmern schlossen 9 die Behandlung einschließlich der drei Monate später durchgeführten Follow-up-Untersuchung ordnungsgemäß ab. Die Meßwerte des *Beck-Depressions-Inventars* lagen für diese Teilgruppe vor der Behandlung bei durchschnittlich 15,1, fielen nach der Behandlung auf durchschnittlich 12,7 und erreichten zum Zeitpunkt der Follow-up-Untersuchung den Durchschnittswert 6,4. In der SIT-Gruppe erreichten die 9 der ursprünglich 14 Testteilnehmer, die die Behandlung bis zum Abschluß der Follow-up-Untersuchung fortsetzten, vor der Behandlung einen Durchschnittswert von 21,4, danach 6,8 und zum Zeitpunkt der Follow-up-Untersuchung 10,3. Die entsprechenden Vor-, Nach- und Follow-up-Werte für die Gruppe, die eine unterstützende Beratung erhielt, waren 21,4, 19,0 und 15,9. Weniger rühmlich für die Wirkung der Expositions- und der SIT-Methode ist die Feststellung der Autoren, daß zum Zeitpunkt der Follow-up-Untersuchung 45 Prozent der Gruppen, die mit diesen beiden Verfahren behandelt worden waren, immer noch die PTBS-Kriterien erfüllten, wobei der entsprechende Prozentsatz bei der Gruppe, die eine unterstützende Beratung erhalten hatte, nicht viel höher lag, nämlich bei 55 Prozent. (Der Unterschied machte einen Teilnehmer pro Gruppe aus.)

Resick & Schnicke (1992) untersuchten die Wirkung der *Cognitive Processing Therapy* (CPT), einer Kombination aus edukativen Maßnahmen, einer Expositionsbehandlung und kognitiver Therapie. Sie wandten diese Behandlungsmethode bei Klientinnen an, die infolge einer Vergewaltigung unter PTBS-Symptomen litten, jedoch ansonsten keine »schwerwiegende zusätzliche Pathologie« erkennen ließen. Die Behandlung bestand aus zwölf anderthalbstündigen Sitzungen (darunter zwei Expositionssitzungen) und zusätzlichen Hausaufgaben. Von den 19 Teilnehmerinnen erfüllten 17 die DSM-IIIR-Kriterien für PTBS vollständig. Bei einer Follow-up-Untersuchung sechs Monate nach der Behandlung erfüllten nur noch zwei der 16 bei diesem Anlaß erschienenen Teilnehmerinnen die PTBS-Kriterien. Die Werte der *Impact of Event Scale* fielen von durchschnittlich 42 vor dem Test auf 18 zum Zeitpunkt der Follow-up-Untersuchung. Die Werte des *Beck-Depressions-Inventars* sanken von 21 auf 10.

Echeburua und Kollegen (1996) behandelte 20 Vergewaltigungsopfer, die alle PTBS-Kriterien des DSM-IIIR erfüllten. In dieser Studie wurde die Wirkung eines »Trainings in kognitiver Restrukturierung und im Erlernen spezifischer Bewältigungsfähigkeiten« mit der Wirkung eines Trainings in progressiver Relaxation bei Klientinnen untersucht, die um eine Behandlung nachgesucht hatten. Die Teilnehmerinnen beider Gruppen erhielten fünf einstündige Behandlungen. Messungen vor und nach der Behandlung sowie zum Zeitpunkt der Follow-up-Untersuchung ergaben beeindruckende Resultate. Die größten Erfolge erzielten beide Gruppen gegen Ende der Behandlung, und die Verbesserungen erwiesen sich auch zum Zeitpunkt der Follow-up-Untersuchung als beständig. Doch schnitt die Gruppe, bei der kognitive Interventionen durchgeführt worden waren, signifikant besser ab, und ihr Zustand war auch zum Zeitpunkt der Follow-up-Untersuchung deutlich besser als derjenige der anderen Gruppe. Einen Monat nach der Behandlung wurde bei keiner der mit kognitiven Methoden behandelten Teilnehmerinnen weiterhin PTBS diagnostiziert, wohingegen bei nur fünf der mit Entspannungsmethoden behandelten keine PTBS diagnostiziert wurde und dieses Kriterium nach einem Jahr von nur 8 Teilnehmerinnen dieser Gruppe erfüllt wurde. Ein Beispiel für die Stärke der Veränderung sind die Durchschnittswerte des *Beck-Depressions-Inventars*, die bei der mit kognitiven Methoden behandelten Gruppe bei 20 (vor), 9 (nach) und 3 (nach einem Jahr) lagen und bei der mit Entspannungstechniken behandelten zu den entsprechenden Zeitpunkten bei 18, 8 und 4. Zwar liegt das Erfolgsniveau für alle drei Behandlungsarten recht hoch, doch wird der Anteil der jeweiligen Behandlung an diesem Erfolg durch drei Tatsachen relativiert: (1) Die Teilnehmerinnen wurden durchschnittlich fünf Wochen nach dem erlebten Trauma behandelt; (2) die Auswahlkriterien für die Teilnahme beinhalteten, daß all jene Kandidatinnen ausgeschlossen wurden, die »von weiteren Syndromen betroffen waren« (anderen als akuter PTBS); und (3) der Therapeut führte die Messungen der Behandlungseffektivität selbst durch. Die zwischen Trauma und Behandlung liegende Zeitspanne ist deshalb relevant, weil festgestellt wurde, daß bei vielen Opfern sexueller Traumata innerhalb der ersten vier Monate nach dem Vorfall eine beträchtliche Linderung der Symptome eintritt (Rothbaum *et al.* 1992).

Figley & Carbonell (1995) haben über die vorläufigen Ergebnisse einer Studie über verschiedene PTBS-Behandlungsmethoden berichtet. Bemerkenswert ist ihr Bericht über eine signifikante Verbesserung der SUD-Werte (nach der *Subjective Units of Disturbance Scale*) im Anschluß an eine extrem kurze Behandlung im Sinne der *Thought Field Therapy* (TFT), die von Roger Callahan entwickelt wurde. Auch wenn der Bericht über die Ergebnisse der Untersuchung sehr knapp ist und keine detaillierten Angaben über die Teilnahmekriterien darin enthalten sind, legen die positiven Resultate und die Kürze der Behandlung die Vermutung nahe, daß es sich bei TFT um eine vielversprechende Behandlungsmethode handeln könnte.

In der einzigen mir bekannten quantitativen Studie über PTBS-Behandlungsmethoden berichten Brom, Kieber & Defares (1989) über statistisch signifikante Verbesserungen bei Teilnehmern, die mit Hypnotherapie, Traumadesensibilisierung (einer Variante der systematischen Desensibilisierung) oder einer kurzen psychodynamisch orientierten Kurztherapie behandelt worden waren. Trotz dieser Erfolgsberichte wiesen nach dem Test durchgeführte Messungen mit Hilfe der *Impact of Events Scale* deutlich auf ein Fortbestehen der Symptome hin.

Die hier beschriebenen Bestergebnisse von Nicht-EMDR-Methoden lassen sich mit den Bestergebnissen von EMDR-Behandlungen vergleichen. Renfrey & Spates (1994) untersuchten die Rolle der Augenbewegungen bei der Behandlung von PTBS-Symptomen mit EMDR und behandelten zu diesem Zweck 16 Teilnehmer ihrer Untersuchung mit EMDR-Standardtechniken. (Einem Vergleich mit der Nicht-Standard-Technik werden wir uns später, im Rahmen der Auseinandersetzung mit der Rolle der Augenbewegungen, zuwenden.) Es wurde festgestellt, daß die durch Traumastimuli verursachte Erhöhung der Herzfrequenz infolge der Behandlung um 8 Schläge pro Minute sank. Von 15 Teilnehmern, die vor der Behandlung mit Standard-Augenbewegungen die PTBS-Kriterien erfüllten, blieben nach zwei bis sechs Sitzungen nur noch zwei übrig, die dem Symptombild entsprachen. Die *Impact-of-Events*-Durchschnittswerte dieser Teilnehmer sanken von zunächst etwa 30 auf annähernd 11 zum Zeitpunkt der Follow-up-Untersuchung. Abgesehen von den Veränderungen bei Messungen der Psychopathologie besserte sich bei den Teilnehmern auch die Beurteilung der Validität positiver Selbstaussagen von anfangs ungefähr 2 von 10 zu über 8 von 10 auf einer modifizierten Skala zur Messung der Validität positiver Kognitionen (VoC-Skala). Dieses Ergebnis, das auf intakte Fähigkeit der Informationsverarbeitung hindeutet, läßt sich mit den Ergebnissen anderer Studien nicht vergleichen, weil diese Fähigkeit in keinem anderen Fall gemessen wurde.

In einer Studie, an der 80 Personen teilnahmen, die unter Traumata litten, welche sie in einem Zeitraum von drei Monaten bis zu 54 Jahren vor Beginn der Studie erlebt hatten (die Hälfte dieser Population bildete eine Kontrollgruppe, die verzögert behandelt wurde), und die bis zu drei 90minütige EMDR-Sitzungen erhielten, registrierten auch Wilson, Becker & Tinker (1995) statistisch und klinisch signifikante Resultate bei der Behandlung von traumatischen Erinnerungen und von PTBS. Die Werte der *Impact of Event*-Messung sanken in diesem

Fall von über 30 vor der Behandlung auf unter 10 danach und befanden sich zum Zeitpunkt der Follow-up-Untersuchung drei Monate später weiterhin auf diesem Niveau. Die IES-Werte der verzögert behandelten Gruppe blieben bis zum Behandlungsbeginn praktisch unverändert. Die Werte des *State-trait Anxiety Index and Symptom Checklist-90-R Subtest* veränderten sich auf ähnliche Weise (sie fielen). Die Verbesserungen waren bei den 66 Teilnehmern, die sich 15 Monate später zur Follow-up-Untersuchung einfanden, erhalten geblieben (Wilson, Becker & Tinker 1997). Zu Beginn der Untersuchung erfüllten 37 der von Wilson betreuten Teilnehmer alle fünf PTBS-Kriterien des DSM-IV, und 17 von ihnen waren Opfer sexuellen Mißbrauchs oder von Vergewaltigungen. Die statistische Analyse lieferte nach Aussage des Berichts keine Anhaltspunkte dafür, daß zwischen den Verbesserungen und der Frage, ob die PTBS-Kriterien erfüllt waren oder nicht, sowie der Art des Traumas irgendein Zusammenhang bestand, und es war offenbar auch keine Beziehung zu anderen leicht identifizierbaren Variablen zu erkennen, abgesehen von der Tatsache, daß eine EMDR-Behandlung stattgefunden hatte. Zum Zeitpunkt der Follow-up-Untersuchung, die 15 Monate nach der Behandlung durchgeführt wurde, entsprachen nur noch 5 der 32 anwesenden Teilnehmer, die ursprünglich alle PTBS-Kriterien erfüllt hatten, diesen Bedingungen.

Schließlich hat Rothbaum (1997), ein Co-Autor der Studie von Foa *et al.* (1991), den Zustand von EMDR-Behandelten mit dem einer Wartelisten-Kontrollgruppe verglichen. Insgesamt nahmen 21 Vergewaltigungsopfer an dieser Studie teil, die alle die PTBS-Kriterien des DSM-IIIR erfüllten und die frühestens drei Monate nach dem erlebten Trauma behandelt worden waren. Da drei der Teilnehmerinnen während der Beurteilungsphase aufgaben, wurden zehn behandelt, und die Wartelisten-Kontrollgruppe bestand aus acht Personen. Die Behandlung umfaßte drei Therapiesitzungen. Rothbaum berichtet, daß »nur eine der mit EMDR Behandelten (10 Prozent) die PTBS-Kriterien nach der Behandlung noch vollständig erfüllte, wohingegen dies bei 88 Prozent der Teilnehmerinnen in der Kontrollgruppe weiterhin der Fall war.« Die *Impact of Events Scale*-Werte der mit EMDR Behandelten lagen bei 47 (vor), 12 (nach) und 6 (Follow-up), wohingegen sie bei den Mitgliedern der Kontrollgruppe bei 49 (vor) und 45 (nach) lagen. Die Werte des *Beck-Depressions-Inventars* der mit EMDR Behandelten waren 21 (vor), 7 (nach) und 8 (Follow-up), wohingegen die Durchschnittswerte der Wartelisten-Kontrollgruppe bei 35 (vor) und 30 (nach) lagen.[2] Die mit EMDR Behandelten schnitten bei zahlreichen Messungen besser ab und erreichten bei den meisten statistisch signifikante Unterschiede – in einigen Fällen jedoch nicht signifikante, beispielsweise bei den Werten der *Dissociative*

Experiences Scale, nämlich 25 (vor), 12 (nach) und 8 (Follow-up). Die Untersuchungsteilnehmerinnen der Wartelisten-Kontrollgruppe erreichten bei dieser Messung 30 (vor) und 23 (nach). Rothbaum berichtet, daß die Teilnehmerinnen auf der Warteliste, wenn man ihnen später eine EMDR-Behandlung anbot, ähnliche Resultate erzielten wie die sofort mit EMDR Behandelten.

Läßt sich aus dem Vergleich von Bestergebnissen der EMDR-Behandlung mit Bestergebnissen anderer Behandlungen ableiten, daß EMDR eine eigenständige und besonders wirksame Therapieform ist? Meiner Meinung nach ist dies der Fall. Zwar können auch einige andere Behandlungsmethoden deutliche therapeutische Erfolge vorweisen, doch übertreffen die Bestergebnisse von EMDR offensichtlich diejenigen aller anderen Behandlungsmethoden in mindestens einem der folgenden Bereiche: Stärke der therapeutischen Wirkung, Kürze der Behandlung, Schwere der behandelten Probleme bzw. der generellen Problematik der behandelten Population und/oder Wiederholbarkeit der Resultate, wobei EMDR den übrigen Behandlungsmethoden in den jeweils anderen Bereichen zumindest ebenbürtig ist. Kritische Untersuchungen der EMDR-Literatur enthalten manchmal den Vorwurf, die Behandlungsergebnisse, die EMDR hervorbringe, ließen sich mit objektiven Messungen nicht nachweisen (Lohr *et al.* 1995). Dieser Einwand ist meiner Meinung nach inzwischen gegenstandslos. Außerdem übertrifft die Zahl der Klienten, die aufgrund von PTBS-Symptomen mit EMDR behandelt worden sind, die Zahl der mit Expositionsverfahren und anderen Methoden behandelten bei weitem.

Die hier beschriebenen Untersuchungsergebnisse lassen weitere Untersuchungen über EMDR als Therapiemethode und Vergleiche mit anderen Methoden als empfehlenswert erscheinen. Meine Analyse entspricht im übrigen einer von Van Etten & Taylor (1997, 1998) durchgeführten Meta-Analyse, deren Resultate die Autoren wie folgt zusammenfassen:

> Wie bereits erwähnt, erwiesen sich EMDR und Verhaltenstherapie als die effektivsten Psychotherapien, und beide waren generell effektiver als die Behandlung mit selektiven Serotonin-Wiederaufnahmehemmern (SSRI). Beide Behandlungsarten hatten eine starke Wirkung auf alle PTBS-Symptome, und die Wirksamkeit der beiden war statistisch vergleichbar. In den verschiedenen PTBS-Symptom-Bereichen waren minimale Unterschiede der Wirksamkeit der beiden Behandlungsarten zu erkennen. EMDR erwies sich als im Hinblick auf die Behandlung von Depression und Angst tendenziell wirksamer als Verhaltenstherapie, was bei den entsprechenden Messungen deutlich zu erkennen war. Obwohl die Wirkung bei beiden Behandlungs-

> arten zum Zeitpunkt der Follow-up-Untersuchung weiterhin bestand, war bei den mit EMDR Behandelten eine Steigerung der Wirkung zu erkennen, wohingegen diese bei den mit verhaltenstherapeutischen Methoden Behandelten zwar stabil geblieben, aber nicht nennenswert gestiegen war. Außerdem erforderten EMDR-Behandlungen weniger Therapiestunden (5 bzw. 15 Stunden), und auch die gesamte Behandlungsdauer war kürzer (4 bzw. 10 Wochen) (1997: S. 7).

Im folgenden Kapitel geht es um theoretische Erwägungen.

2

Beschleunigte Informationsverarbeitung

EMDR WURDE ALS PRAKTISCH-INTEGRATIVE Therapiemethode entwickelt, nicht als theoretisch integrierte Methode. Ich werde später ausführlicher auf diese Thematik eingehen, doch lassen sich unschwer wichtige Bestandteile der Rational-Emotiven Therapie, erfahrungsorientierter Therapien sowie klientzentrierter, dynamischer und anderweitiger Therapieansätze darin erkennen. Francine Shapiro hat ausdrücklich darauf hingewiesen, daß EMDR nicht aufgrund theoretischer Erwägungen entwickelt wurde. Ihr Ausgangspunkt war vielmehr die Entdeckung, daß schnelle, repetitive Augenbewegungen eine starke angstverringernde Wirkung haben (die ursprünglich einer Desensibilisierung zugeschrieben wurde); aufbauend auf dieser Erfahrung entwickelte sie dann einen praktikablen therapeutischen Ansatz.

Entwicklung eines theoretischen Konstrukts

Erst nachdem Francine Shapiro EMDR entwickelt und die Wirkungen dieser Methode in ihrer eigenen Arbeit und in der Arbeit anderer beobachtet hatte, formulierte sie die Theorie der beschleunigten Informationsverarbeitung (*Accelerated Information Processing* – AIP), um dem Nachdenken über EMDR sowie andere Behandlungsmethoden, die mit EMDR einiges gemeinsam haben, einen theoretischen Rahmen zu geben.

Es gibt zahlreiche Möglichkeiten, die Informationsverarbeitung als theoretische Ausgangsposition zu behandeln, und einige davon werden wir uns jetzt gleich genauer anschauen. Doch zunächst möchte ich erklären, was ich unter Informationsverarbeitung verstehe. Der Begriff *Psychologie der Informationsverarbeitung* beinhaltet aus meiner Sicht, daß ein Mensch Information – gewöhnlich in Form von Empfindungen oder Wahrnehmungen – aufnimmt, die Information mit dem Betreffenden interagiert, daraufhin Veränderungen eintreten und dann gewöhnlich zu irgendeinem Zeitpunkt ein Output in Form einer Aktivität stattfindet, beispielsweise in Form von sprachlichem oder anderweitigem Verhalten. Auf dieser Stufe der Erörterung gibt es noch keine Vorannahmen hinsichtlich des Wesens der Interaktion zwischen der Person und der neu eintreffenden Information. (Obwohl es eigentlich klar sein müßte, möchte ich darauf hinweisen, daß ich die Informationsverarbeitung nicht auf den Bereich der rein verbalen und visuellen Psychologie beschränkt sehen möchte.)

Wird dieses allgemeine Input-Verarbeitung-Output-Modell akzeptiert, so bringt der darauf folgende Schritt die Gefahr von Kontroversen mit sich. Er besteht in der genauen Darstellung des Wesens der einzelnen Elemente und ihrer Interaktion. Zu diesem Thema liegen zahlreiche sehr anspruchsvolle Untersuchungen vor (beispielsweise Barnard & Teasdale 1991; Horowitz 1998; McClelland 1995). Die vom Modell der Informationsverarbeitung beeinflußte verhaltenstherapeutische Literatur zur Psychopathologie und Psychotherapie steht großenteils unter dem Einfluß von Peter Langs (1983) Untersuchungen über auf Angst basierende psychische Probleme. Zwar beschäftigt Lang selbst sich nicht ausdrücklich mit PTBS, doch gehen Chemtob *et al.* (1988) und Foa *et al.* (1998) detailliert auf diese Thematik ein.

Im Sinne der Informationsverarbeitungstheorie können wir die Ansicht vertreten, daß der auf Erfahrungen basierende Teil der Psychopathologie durch Gedanken, Gefühle, visuelle Bilder und Verhaltensmuster entsteht – kurz: durch Repräsentationen von Erfahrungen, die auf dysfunktionale und unvollständige Weise verarbeitet und so im Gehirn gespeichert worden sind. Lang bezeichnet die Komponenten (Gedanken, Gefühle usw.) als Reiz-, Reaktions- und Sinnaussagen (*propositions*). Damit meint er offenbar, daß die Information in Form von Aussagen organisiert wird, da sie in Teilen gespeichert wird und modifiziert werden kann. Die Aussagen sind so organisiert, daß sie (in der Terminologie Langs) *Bilder* kreieren, die im vorliegenden Buch meist als *Netzwerke* bezeichnet werden. Langs Begriff *Bilder* sollte nicht mit dem Begriff der geistigen Bilder verwechselt werden. Das Bild bzw. Netzwerk vom Tod eines Menschen während einer Kampfhandlung würde demzufolge zahlreiche Aussagen umfassen. Durch die Stimulation eines Aspekts eines solchen Netzwerks kann das gesamte Netzwerk aktiviert werden und dies wiederum ein vollständiges Wiedererleben des gespeicherten Ereignisses zur Folge haben. Es kann aber auch sein, daß nur ein Teil des Bildes aktiviert wird, beispielsweise nur die damit verbundene Angst. In diesem Lichte betrachtet, so Lang, »könnte man als Ziel der Therapie die Reorganisation der Bildeinheit bezeichnen, die zur Modifikation des affektiven Charakters ihrer Reaktionselemente führt.« Dem möchte ich hinzufügen, daß die Reorganisation oder Reprozessierung, zu der es kommt, die Folge eines Verschmelzens zuvor getrennter Informationsnetzwerke bzw. der Integration neu eintreffender Information in das »Problem«-Netzwerk beinhaltet.[1]

Der Vorstellung, daß Netzwerke aus einzelnen Komponenten bestehen, können wir die von Chemtob *et al.* (1988) so gut zusammengefaßte Hypothese hinzufügen, daß die Komponenten hierarchisch und in Form von Subsystemen organisiert sind. Wenn also, um dies auf den therapeutischen Bereich zu übertragen, das PTBS-Netzwerk eines Klienten die Überzeugung enthält, daß der Betreffende feige ist, obwohl das spezifische Trauma, das er erlebt hat, kein Weglaufen vor einer Gefahr beinhaltete, kann das Anschauen eines Films, in dem Menschen angesichts einer Gefahr weglaufen, eine Reaktion krankhaften Ausmaßes bei ihm auslösen, weil das Verhalten des Weglaufens aus Angst in der Hierarchie des Betreffenden in das Konzept der Feigheit eingeschlossen ist. Wird der betreffende Klient durch eine erfolgreiche Behandlung in die Lage versetzt, sich nicht mehr als Feigling zu definieren, löst der gleiche Film bei ihm möglicherweise keine starke negative emotionale Reaktion mehr aus, selbst wenn in der Therapie das Wegrennen vor einer Gefahr nie ausdrücklich thematisiert wurde.

An dieser Stelle soll darauf hingewiesen werden, daß die Veränderung des Inhalts dieser Netzwerke auf einer konkreten und spezifischen Ebene beginnt – obwohl man aufgrund der hierarchischen Organisation erwarten könnte, daß die effizienteste Art klinischer Arbeit darin bestünde, Veränderungen auf der obersten Ebene zu initiieren. Beispielsweise ist es nicht besonders sinnvoll, rein theoretisch an der Stärkung der Selbstachtung, einem an der Spitze der Hierarchie angesiedelten Thema, zu arbeiten. Aufgrund meiner klinischen Erfahrung weiß ich, daß es uneffektiv ist, einen »Experten« jemanden davon überzeugen zu lassen, daß er eine bessere Meinung von sich selbst haben sollte. Zuvor muß zumindest an einem spezifischen Ereignis und an einigen der damit verbundenen spezifischen Gedanken, Gefühle, visuellen Bilder und Selbstaussagen gearbeitet werden. Wie die EMDR-Praxis zeigt, kann sich eine Veränderung von dort sehr schnell bis auf die höchsten Abstraktionsebenen ausbreiten, doch *beginnt* die Veränderung auf der niedrigeren Ebene (siehe hierzu die klinischen Beispiele in Kapitel 3, im Abschnitt über die Kategorie-3-Aktivität). Offenbar gibt es innere Gesetze der Evidenz, die klinische Interventionen auf der Ebene des Spezifischen zwingender erscheinen lassen als die Beteuerungen eines Experten hinsichtlich des Wertes eines Klienten. Daß das Allgemeine selbst auf semantischer Ebene im Konkreten gründet, wird interessanterweise von Skinner (1989, 1990) in Aufsätzen beschrieben, die in der Zeitschrift *American Psychologist* erschienen sind. In ihnen führt er die Ursprünge von Wörtern, die Gefühle, Geisteszustände und kognitive Prozesse bezeichnen, auf die Ursachen der jeweiligen Gefühle zurück – also auf einen Aspekt des Verhaltens oder auf den Zusammenhang, in dem sich das Verhalten manifestiert hat.

Wenn ich mich in diesem Zusammenhang auf Skinner berufe, möchte ich damit nicht den Eindruck erwecken, daß meiner Meinung nach das Verhalten der wichtigste oder gar der einzige Aspekt der Erfahrung ist, mit dem man sich beschäftigen sollte. Vielmehr ist die Wurzel von auf Erfahrung basierenden (erlernten) psychischen Problemen in einem Aspekt (Gedanken und/oder Gefühlen usw.) spezifischer Ereignisse zu suchen, zu dem man am besten über das Konkrete Zugang erlangt. So wie sich das Wort *Agonie* von einem griechischen Wort für eine spezifische Aktivität, dem »Kampf um den Sieg in den Spielen« (siehe die Kompaktausgabe des Oxford English Dictionary von 1984) herleitet, ist der Zugang zum Schmerz eines Klienten am leichtesten mittels der konkreten Erinnerung an eine spezifische Frustration, einen Kampf, einen Schuß oder ein anderes Kriegserlebnis oder traumatisches Ereignis möglich.

Es ist wichtig, sich zu vergegenwärtigen, daß in von der Informationsverarbeitung ausgehenden psychopathologischen Theoriemodellen auf durch Erlebnisse entstandene Probleme Bezug genommen wird. Die Unterscheidung zwischen diesen und durch andere Ursachen entstandene psychische Probleme wird von Chemtob *et al.* im Rahmen einer umfassenden Erklärung der unterschiedlichen PTBS-Probleme sehr klar beschrieben. Sie verweisen in ihrer Arbeit darauf, daß Menschen, die besonders anfällig für PTBS sind, möglicherweise konstitutionell dazu tendieren, konditionierte Angstreaktionen und Widerstand gegen Extinktion zu entwickeln. Trifft dies zu, könnte man von Psychotherapien, die auf dem Ansatz der Informationsverarbeitung basieren, erwarten, daß sie zwar die negative emotionale Reaktion auf bestimmte Stimuli schwächen, auf die zugrundeliegende Neigung, konditionierte Angstreaktionen zu entwickeln, jedoch keinen Einfluß haben.

In seiner Erörterung therapeutischer Interventionen zur Behandlung psychischer Probleme, die durch bestimmte konkrete Erlebnisse entstanden sind, beschäftigt sich Lang mit Expositionsbehandlungen, *Flooding* (Überflutung), Implosion und systematischer Desensibilisierung, geht aber auch auf die potentiell positive Wirkung von Modeling und sogar bestimmter Komponenten der »Redetherapien« ein. Zwar ist er der Ansicht, das letztendliche Therapieziel bestehe vermutlich darin, die affektive Komponente zu verringern, doch scheint er sich darüber im klaren zu sein, daß auch die Veränderung anderer Aspekte des Netzwerks eine heilende Wirkung haben kann.

In dem vor der Entwicklung von Shapiros AIP-Modell existierenden psychotherapeutischen Informationsverarbeitungsmodell finden wir also bereits die Erkenntnis vor, daß durch konkrete Erlebnisse entstandene Psychopathologien in hierarchischen, aus Einzelkomponenten bestehenden Netzwerken gespeichert werden, die viele unterschiedliche Aspekte der Erfahrung umfassen, zu denen unter anderem auch »Bedeutung« zählt. Diese Netzwerke lassen sich, wie die Erfahrung lehrt, durch eine Vielzahl therapeutischer Verfahren modifizieren. Allerdings muß zu diesem Zweck zunächst der Zugang zum betreffenden Netzwerk – und insbesondere zu seinen affektiven Komponenten – ermöglicht werden.

Francine Shapiros AIP-Modell geht von einer auch für andere Informationsverarbeitungsmodelle gültigen Prämisse aus: Eine durch Lernen entstandene Psychopathologie ist das Resultat einer affektiv schmerzhaften Emotion und anderweitiger »negativer« Information, die im Nervensystem gespeichert ist. Frau Shapiro bezeichnet dies als einen durch Blockierung der normalen Informationsverarbeitung entstandenen dysfunktionalen Zustand. Sie sieht das Ziel einer Psychotherapie nicht einfach in der Neutralisierung der mit dem Erlebten verbundenen negativen Emotion, sondern in der gründlichen Verarbeitung der Ereignisse, durch welche der mit der Erinnerung an sie verbundene Affekt positiv wird und die mit dem Erlebten verbundenen Überzeugungen bezüglich der eigenen Person ungünstigstenfalls neutral werden. Somit unterscheidet sich das AIP-Modell von anderen Informationsverarbeitungsmodellen durch die Ansicht, daß nicht blockierte Information nach ihrer Verarbeitung normalerweise adaptiert wird und daß die Entfernung von Blockierungen einen Zustand positiver Adaptation zur Folge hat.

Ein zweiter wichtiger – der eigentlich revolutionärere – Unterschied, der sich aus Francine Shapiros klinischer Arbeit ergibt, besteht darin, daß die adaptationsfördernde Verarbeitung sehr schnell vonstatten gehen kann. Insbesondere schmerzhafte Emotionen, Selbsteinschätzungen und Intrusionen, die als Bestandteile der Psychopathologie definiert werden, können oft ebenso schnell aufgelöst und traumatische Ereignisse positiv integriert werden, wie diese dysfunktionalen Elemente erworben wurden.

Das hervorstechendste Merkmal der beschleunigten Informationsverarbeitung (AIP) – daß nach der Beseitigung der Blockaden die normale Funktionsfähigkeit wiederhergestellt wird – ist keineswegs völlig neu. Man könnte dieses Modell als eine Interpretation der von Carl Rogers vertretenen psychotherapeutischen Position der humanistischen Psychologie im Sinne des Informationsverarbeitungsmodells verstehen. Die verblüffendste Behauptung des AIP-Modells beinhaltet, daß sich schwerwiegend und chronisch dysfunktionale Assoziationsnetzwerke in wenigen Minuten grundlegend und dauerhaft positiv modifizieren lassen. Die angeführten Untersuchungen untermauern diesen Anspruch empirisch. Diese erstaunlichen Entdeckungen bedürfen einer theoretischen Erklärung, insbesondere angesichts jener überzeugenden neuen Untersuchungen, denen zufolge durch extreme Angstzustände hervorgerufene Assoziationen irreversible Veränderungen im Nervensystem verursachen (LeDoux 1992).

Versuch einer Erklärung der Wirkungsweise von EMDR

Die erste Komponente der Erklärung besteht in der Einführung der Vorstellung, daß sich das Langzeitgedächtnis in einen deklarativen und einen nichtdeklarativen Teil untergliedern läßt, eine Unterscheidung, die von Larry Squire und Kollegen (1987) plausibel dargelegt wurde. Das *deklarative Gedächtnis* enthält Fakten und Ideen – Dinge, von denen wir wissen, *daß* wir sie wissen. Das *nichtdeklarative Gedächtnis* umfaßt viele verschiedene Prozesse, darunter das, was wir Habituation (Gewöhnung), einfache klassische Konditionierung und feste Verhaltensmuster nennen (z.B. die koordinierten Bewegungen, die für einen guten Schlag mit einem Golfschläger erforderlich sind). Einige Informationen werden in Systemen des nichtdeklarativen Gedächtnisses gespeichert, andere in solchen des deklarativen und viele in beiden Bereichen.

Zum besseren Verständnis dieser Konzepte wollen wir uns nun klarmachen, was geschieht, wenn wir lernen, auf einem Klavier ein Musikstück zu spielen. Wenn ein Anfänger ein Klavierstück erlernt, stellt er sich zunächst bewußt, also narrativ, die einzelnen Töne vor, indem er sie sich nacheinander anhand ihrer Namen vergegenwärtigt – dabei wird das deklarative Gedächtnis benutzt. Durch wiederholtes Üben lernt der Anfänger allmählich, das Stück schneller zu spielen. Er braucht sich die Töne nicht mehr einzeln vorzustellen, sondern kann sie in Gruppen zusammenfassen – nun dominieren beim Spielen des Musikstücks nichtdeklarative Prozesse. Hat der Pianist gelernt, das Stück »automatisch«, nämlich mit Hilfe nichdeklarativer Prozesse, zu spielen und möchte es nun jemand anderem beibringen, muß er sich beim Spielen des Stücks beobachten, um wieder Zugang zu den narrativen Anweisungen zu bekommen und sie einem Schüler vermitteln zu können.[2]

Information, die starke negative emotionale Komponenten enthält, wird gewöhnlich zunächst in das nichtdeklarative Gedächtnis aufgenommen und in die deklarativen Systeme nur mangelhaft integriert. Bei Traumatisierten ist häufig zu beobachten, daß sie sich an die Details traumatischer Ereignisse nicht erinnern können, daß sie jedoch andererseits auf Signale, die sie an diese Ereignisse erinnern, emotional reagieren. Viele Kliniker berichten, daß die Erinnerung an die Details traumatischer Situationen bei solchen Klienten im Laufe einer erfolgreichen Behandlung (nach Verringerung der emotionalen Erregung) wiederhergestellt wird. Wir können dies als eine Verschiebung der traumabezogenen Information vom nichtdeklarativen ins deklarative Gedächtnis verstehen.

Daß die Wirkung absichtlicher schneller bilateraler Augenbewegungen, deren Entdeckung wir die Entstehung von EMDR zu verdanken haben, bei dieser Informationsverschiebung eine Rolle spielen könnte, darauf deuten Untersuchungen über die Funktion spontaner Augenbewegungen bei der Informationsverarbeitung im allgemeinen hin. Aus den Untersuchungsergebnissen von Amadeo & Shagass (1963) ist zu schließen, daß Augenbewegungen signifikant häufiger auftraten, wenn Untersuchungsteilnehmer Rechenaufgaben lösen mußten, als wenn sie sich ausruhten, und daß sich die Einschränkung der Augenbewegungen negativ auf die arithmetischen Leistungen auswirkte. Die Resultate der von Antrobus *et al.* (1964) durchgeführten Untersuchungen legen nahe, daß ein Zusammenhang zwischen Augenbewegungen und der Veränderung von im Bewußtsein präsentem Material sowie der Lösung von Problemen besteht. Ehrlichman & Barrett (1983) stellten in ihrer Besprechung dieser, anderer und ihrer eigenen Testergebnisse die Hypothese auf, die Häufigkeit der Augenbewegungen spiegele kognitive Veränderungen, insbesondere wenn es um das »... ›Abfragen‹ einer Vielzahl von unterschiedlichen Inhalten, Operationen oder Speicherorten von Erinnerungen« geht. Dieser Ansicht über die Rolle der Augenbewegungen zufolge könnte deren positive therap*eutisc*he Wirkung darin bestehen, daß sie unmittelbar eine Aktivierung der Suche nach neuen Möglichkeiten, die fraglichen Ereignisse zu verstehen, zur Folge haben.

Eine verwandte Hypothese, die sowohl durch die bereits zitierten Arbeiten als auch durch die Untersuchungen von Irwin & Carlson-Radvansky (1996) gestützt wird, beinhaltet, daß während der Ausführung sakkadischer Augenbewegungen das Denken und insbesondere die Entwicklung bildlicher Vorstellungen unterdrückt werden. Der letztgenannten Hypothese zufolge ermöglicht die kurzzeitige Unterdrückung der Aspekte des kontaktierten Assoziationsnetzwerks, die das Zielmaterial enthalten, das Auftauchen zuvor unverbundenen Materials und seine Integration in das betreffende Netzwerk. (Siehe hierzu die Bezugnahme auf Andrade et al. 1997 in Kapitel 3.)

Man könnte nun die Spekulation noch einen Schritt weiter treiben und sagen, daß dieser Prozeß normalerweise während des Schlafs stattfindet, insbesondere in der REM-Phase. Mehrere Forscher sind der Ansicht, daß das Gehirn in dieser Phase Information integriert, und zwar insbesondere solche, die mit sehr starken Emotionen verbunden ist (Cartwright 1991; Winget & Kapp 1972).

Wenn also meine Klienten, wie sie häufig berichten, aus Träumen aufwachen, in denen es um erlebte Traumata geht, und zwar nicht nach Abschluß des traumatischen Geschehens, wenn sie sich wieder in Sicherheit befinden, sondern mitten in diesem Geschehen, könnte man spekulieren, daß dem natürlichen Heilungsprozeß der Abschluß versagt wurde. Demzufolge wäre das traumatische Material in diesem Fall noch überwiegend im nichtdeklarativen Gedächtnis gespeichert, was die stark negativen konditionierten Komponenten im Assoziationsnetzwerk aufrechterhalten würde.

Ein Aspekt dieser Erklärung könnte leicht auf eine falsche Fährte führen: Die Tatsache, daß sowohl bei EMDR als auch beim REM-Schlaf schnelle Augenbewegungen eine Rolle spielen, könnte eine rein zufällige Parallele sein, da die Augenbewegungen im Fall einer EMDR-Behandlung durch eine ganze Reihe anderer körperlicher Aktivitäten ersetzt werden können. Die meiner Meinung nach plausibelste Erklärung für die Rolle der Augenbewegungen (wie bereits an früherer Stelle erwähnt) oder anderer körperlicher Aktivitäten im EMDR-Prozeß ist, daß diese Aktivität eine sogenannte Orientierungsreaktion hervorruft, durch die eine psychophysiologische Aktivität ausgelöst wird, welche den Abschluß der Informationsverarbeitung entweder fördert oder überhaupt erst ermöglicht. (Mit der Orientierungsreaktion werden wir uns im nächsten Kapitel etwas ausführlicher beschäftigen.)

Die Rolle der Augenbewegungen bei der EMDR-Behandlung ist aus vielen Gründen umstritten, unter denen der ärgerlichste das allzu wörtliche Verständnis einiger Forscher ist (Pitman *et al.* 1996): Weil in der Bezeichnung EMDR ausdrücklich die Augenbewegungen erwähnt werden, hängt Erfolg oder Versagen von EMDR als Behandlungsmethode ihrer Meinung nach ausschließlich davon ab, ob tatsächlich Augenbewegungen ausgeführt werden. Offenbar ist *ihnen* entgangen, daß Francine Shapiro schon sehr früh darauf hingewiesen hat, daß die Augenbewegungen auch durch andere Aktivitäten ersetzt werden können.

Ich möchte nun noch einmal auf den Aspekt der schnellen Wirkung zurückzukommen und darauf hinweisen, daß sich die durch EMDR möglichen schnellen therapeutischen Veränderungen mit Hilfe eines traditionellen, auf der Lerntheorie basierenden Modells, das eine Expositionsbehandlung empfiehlt, kaum erklären lassen. Legt man hingegen, statt von einem einfachen Löschvorgang auszugehen, ein Informationsverarbeitungsmodell zugrunde, demzufolge der therapeutische Prozeß den Gebrauch der natürlichen Integrationsfunktion unterstützt, wird die schnelle Veränderung leichter verständlich.

Lang *et al.* (1983) haben darauf hingewiesen, daß der erste Schritt zur Veränderung eines Netzwerks darin besteht, dasselbe zugänglich zu machen. Was genau mit diesem Zugänglichmachen gemeint ist, läßt sich nur schwer fassen. Man mag versucht sein, es als »zu Bewußtsein bringen« zu verstehen, doch enthalten die meisten Netzwerke zuviel Information, als daß man sie zu einem bestimmten Zeitpunkt vollständig zu Bewußtsein bringen könnte. Vielleicht sollte man das Zugänglichmachen besser als ein teilweises Bewußtmachen der im Netzwerk gespeicherten Information verstehen, wobei keiner seiner Aspekte so nachdrücklich daran gehindert wird, zu Bewußtsein zu gelangen, daß dies einem Versuch, eine weitergehende Bewußtwerdung zu verhindern, gleichkommt. Der konventionellen Lerntheorie und langjähriger klinischer Erfahrung zufolge führt wiederholtes Zugänglichmachen negativer konditionierter Stimuli ohne gleichzeitige Manifestation des aversiven Ereignisses zu einer Verringerung der negativen konditionierten Reaktion; ebenso führt die wiederholte Verbindung des negativen konditionierten Reizes mit einer positiven unkonditionierten Reaktion zu einer Verringerung der negativen konditionierten Reaktion. Möglicherweise lassen sich konditionierte Reaktionen durch die Anwendung von EMDR leichter, ohne langwierige Wiederholungen verändern, als man bisher angenommen hat.

Um zu beschreiben, wie verschiedene Arten von Information verarbeitet werden oder wann und warum diese Verarbeitung unterbleibt, sind komplexe und spezifische Informationsverarbeitungsmodelle entwickelt worden. Es war nicht meine Absicht, diese Modelle über die obigen Bemerkungen hinaus zu beschreiben oder eigene zu entwickeln. Eine detaillierte Beschreibung dieser Modelle, wie sie unter anderem von Theoretikern wie Lang, Chemtob oder Barnard & Teasdale entwickelt wurden, ist für unsere Zwecke nicht erforderlich. Wichtig erscheint mir, daß wir uns darüber im klaren sind, welche Ebene der Erklärung für uns relevant ist. Wir brauchen für unsere Zwecke nicht bis ins Detail zu wissen, wie vielleicht ein bestimmter Duft zum teilweisen Wiedererleben eines Ereignisses der Vergangenheit führen kann. Wichtig ist für uns nur, daß es eine Verbindung geben muß, die manchmal zu diesem Resultat führt. Ebensowenig brauchen wir uns Gedanken über die Details eines Systems zu machen, das erklärt, wie die dauerhafte Desensibilisierung gegenüber traumatischen Stimuli entweder durch eine Serie von Augenbewegungen oder durch zwölf Expositionssitzungen erfolgen kann. Wichtig ist für uns nur, daß wir uns über die Existenz dieser beiden Phänomene im klaren sind. Die in diesem Kapitel vorgestellte vereinfachte Version eines Informationsverarbeitungsmodells und die Beschreibung der beschleunigten Informationsverarbeitung soll die Einordnung des Beobachteten bzw. des als logisch zwingend Erscheinenden ermöglichen. Ich versuche beispielsweise auch nicht zu erklären, wie Kognition und Affekt zusammenhängen und ob solche Verbindungen vollständig gelöscht werden können, sondern ich weise nur darauf hin, daß eines zuweilen durch das andere hervorgerufen wird und daß es den *Anschein* hat, als könne die Verbindung nicht nur hergestellt, sondern auch unterbrochen – nicht einfach nur unterdrückt – werden.

Ob dieser Anschein einer dauerhaft unterbrochenen Verbindung die schnelle Maskierung einer unlöschbaren klassischen konditionierten emotionalen Reaktion beinhaltet oder ob es sich wirklich um eine teilweise (oder vollständige) Zerstörung der Verbindung handelt, kann nur durch zukünftige Untersuchungen geklärt werden.

Unter Verwendung des AIP-Modells als theoretischer Grundlage werde ich im folgenden Kapitel EMDR detaillierter beschreiben und anschließend ein allgemeines theoretisches Modell der Psychotherapie skizzieren, das die Integration verschiedener Methoden, darunter auch EMDR, ermöglicht.

3

EMDR und das Vier-Aktivitäten-Modell psychotherapeutischen Arbeitens

EMDR-Grundelemente

WIE VERSPROCHEN, BESCHREIBE ICH nun die EMDR-Praxis, so wie Francine Shapiro sie in ihrem Lehrbuch und in ihren Workshops vorstellt. Anschließend werde ich versuchen, EMDR, die Prinzipien der beschleunigten Informationsverarbeitung (AIP) und die Psychotherapie im allgemeinen in einen theoretischen Rahmen zu integrieren, den ich das *Vier-Aktivitäten-Modell psychotherapeutischen Arbeitens* nenne.

Francine Shapiro beschreibt EMDR sowohl als eigenständige psychotherapeutische Methode als auch als Teil einer umfassenden psychotherapeutischen Strategie. Besteht bereits eine therapeutische Beziehung, sind einige der im folgenden beschriebenen Aufgaben bereits erledigt, und die Reprozessierungsphase kann früher beginnen. Wird EMDR hingegen als eigenständige Methode zur Behandlung der Nachwirkungen eines traumatischen Ereignisses eingesetzt, umfaßt diese Arbeit acht Phasen.

Anamnese und Behandlungsplanung

Es bedarf einer umfassenden Evaluation und Einschätzung, um die Ziele des Klienten zu erkennen und um festzustellen, ob eine EMDR-Behandlung im konkreten Fall sinnvoll ist. Wenn ja, wird der Klient so weit über EMDR informiert, daß er sich aufgrund dessen verantwortlich für eine Behandlung entscheiden kann. Daraufhin werden potentielle Verarbeitungsziele ausgewählt, die frühere und noch stattfindende Erlebnisse sowie Sorgen des Klienten bezüglich der Zukunft betreffen können.

Vorbereitung

In dieser Phase wird das therapeutische Bündnis gefestigt, und es werden noch weitere Informationen über EMDR und eventuelle andere Behandlungsverfahren vermittelt. Weiterhin werden Vorkehrungen getroffen, die dem Klienten helfen sollen, mit eventuell im Laufe der Behandlung auftretenden stärkeren Belastungen fertig zu werden. Auch naheliegende Aspekte möglichen Sekundärgewinns werden in dieser Phase untersucht und angesprochen.

Bewertung

Diese Phase ist nicht identisch mit der Phase der allgemeinen Evaluation und Anamnese. Hier beschäftigt sich der Klient mit folgenden Aspekten:

1. Er legt das Ziel-Bild fest, das entweder den schlimmsten Augenblick des Ziel-Ereignisses repräsentiert, oder einen Aspekt desselben, der es in seiner Gesamtheit symbolisiert.
2. Er benennt die augenblicklich mit dem Ziel verbundenen (negativen) Kognitionen.[1]
3. Er formuliert eine alternative (positive) Kognition, die er lieber mit der Erinnerung an das Ziel-Ereignis verbunden sehen würde.
4. Er bewertet die Validität der gewünschten Kognition (VoC – *Validity of Cognition*).
5. Die mit dem Ziel-Bild verbundenen Emotionen werden kontaktiert.
6. Der Klient äußert sich über den Grad emotionaler Belastung (den SUD-Wert), den er empfindet, während er sich das Bild mitsamt den damit verbundenen Emotionen vergegenwärtigt.
7. Er benennt die mit der Erinnerung verbundenen Körperempfindungen.

Desensibilisierung

In dieser Phase fokussiert der Klient auf das Ziel-Bild und die damit verbundenen negativen Kognitionen, Emotionen und Empfindungen und führt dann unter Anleitung des Therapeuten eine Serie lateraler Augenbewegungen oder entsprechender anderer stimulierender Aktivitäten aus. Dies wird entweder so lange fortgesetzt, bis die Desensibilisierung eingetreten ist oder bis der Prozeß aus einem anderen Grund zum Stillstand kommt. Möglicherweise muß der Therapeut dem Klienten in dieser Phase helfen, seinen Fokus neu auszurichten. Wie diese Neuorientierung vor sich geht, wird später im Zusammenhang der klinischen Arbeit beschrieben.

Verankerung

Ist die Desensibilisierung erreicht, wird die zuvor entwickelte positive Kognition oder eventuell eine bessere mit den Augenbewegungen verbunden.

Körpertest

Nach Abschluß der Verarbeitung – am Ausbleiben spontan auftretenden Unbehagens zu erkennen – wird der Klient gebeten, mit der Aufmerksamkeit in seinen Körper zu gehen und eventuell noch verbliebene negative Empfindungen vollständig aufzuspüren.

Abschluß

Gegen Ende der Sitzung bereitet der Therapeut den Klienten auf die Zeit danach vor und weist ihn insbesondere darauf hin, daß bis zur nächsten Sitzung neues Material auftauchen kann. Außerdem empfiehlt er ihm, über auftauchende Sorgen und Ängste sowie neu auftauchendes Material Tagebuch zu führen.

Überprüfung

In dieser Phase, die am Anfang der folgenden Sitzung steht, wird das Zielmaterial der vorherigen Sitzung noch einmal überprüft.

Meines Erachtens lassen sich diese acht EMDR-Phasen ebenso wie die Aktivitäten anderer psychotherapeutischer Methoden in bis zu vier grundlegende therapeutische Aktivitäten einteilen, die sich als Bausteine verstehen lassen, die jeweils viele unterschiedliche Formen annehmen können, zusammen jedoch den Gesamtraum aller therapeutischen Aktivitäten bilden. Bevor ich mich den spezifischen Einzelheiten dieser vier Aktivitäten zuwende, halte ich es für angebracht, mich allgemein über psychotherapeutische Metatheorien zu äußern.

Die Integration unterschiedlicher psychotherapeutischer Methoden: Metatheorien

Seit der Frühzeit der Psychotherapie haben Psychotherapeuten und Persönlichkeitstheoretiker andere psychotherapeutische Schulen und Ansätze im Rahmen ihrer eigenen Kategorien interpretiert. Ein klassisches Beispiel hierfür ist die Interpretation der Psychoanalyse im Sinne der Lerntheorie durch Dollard & Miller (1950). Ebenso können Psychoanalytiker positive Wirkungen anderer psychotherapeutischer Behandlungsverfahren im Sinne der analytischen Theorie interpretieren – indem sie beispielsweise schnelle Erfolge als Übertragungsheilungen bezeichnen. Tatsächlich muß jede umfassende psychotherapeutische Theorie die Erkenntnisse und Errungenschaften anderer Psychotherapien in ihrem Sinne erklären können. Da solche Theorien, sofern sie sich als brauchbar erweisen, andere Theorien mit umfassen, könnte man sie als Metatheorien bezeichnen. Diese Theorien und gleichzeitigen Metatheorien sind abgeleitet aus den philosophischen Tendenzen, klinischen Entdeckungen und empirischen Erkenntnissen ihrer jeweiligen Begründer.

Es gibt jedoch auch noch eine andere Art von Metatheorie, die erst in neuerer Zeit entstanden ist und ihren Ursprung im Studium psychotherapeutischer Methoden hat. Sie versucht, aus den Erkenntnissen der Praktiker verschiedener Methoden die wirksamen Bestandteile oder Schlüsselfaktoren herauszudestillieren. Einige dieser Metatheorien sind deskriptiv, beispielsweise die von Jerome Frank (Frank & Frank 1991), die versucht, Ähnlichkeiten zwischen bereits existierenden Methoden zu beschreiben. Andere bieten eine eigene, synthetisierte (integrative) Methode an, so beispielsweise der Transtheoretische Ansatz von Prochuska, Norcross & DeClementi (1994), die Multimodale Verhaltenstherapie von Arnold Lazarus (Lazarus 1989, 1992) und die von Roberto Assagioli (1965) entwickelte Psychosynthese.

Die Metatheorie oder, vielleicht richtiger, das *Metamodell*, das ich hier vorstellen werde, ist deskriptiv. Es wird also keine neue Behandlungsmethode vorgestellt, sondern die aus der Wirksamkeit von EMDR ableitbaren Erkenntnisse werden benutzt, um ein neuartiges Verständnis psychotherapeutischen Vorgehens im allgemeinen zu entwickeln. Diese neue Sichtweise hat sich sowohl bei meiner Lehrtätigkeit als auch bei meiner klinischen Arbeit als nützlich erwiesen. Sie scheint jenes Gefühl der Verwirrung zu verringern, das durch die Konfrontation mit der weithin akzeptierten Sichtweise hervorgerufen wird, daß Psychotherapeuten verschiedener theoretischer Schulen in ihrer Praxis tatsächlich wesentlich mehr gemeinsam haben, als sie voneinander unterscheidet.

Mit Hilfe dieses Modells lassen sich die scheinbar so verschiedenen traditionellen psychotherapeutischen Methoden miteinander vergleichen, einander gegenüberstellen und mit Methoden der beschleunigten Informationsverarbeitung wie EMDR verbinden.

Einführung in das Vier-Aktivitäten-Modell (VAM)

Wir werden uns nun noch einmal mit EMDR beschäftigen – genauer gesagt mit jenen einzigartigen Bestandteilen dieser Methode, in denen das Gros der therapeutischen Veränderungen stattfindet: den Phasen 3, 4 und 5: Bewertung, Desensibilisierung und Verankerung. In relativ einfachen Fällen läßt sich das, was in diesen drei Phasen geschieht, zwei therapeutischen Aktivitäten zuordnen:

1. Erschließung oder Zugänglichmachen mit dem Ziel verbundener Netzwerke;
2. Verarbeitung des erschlossenen Materials.

Wir könnten diese Aktivitäten einfach als *Erschließung* oder *Zugänglichmachen* (des bereits im Geist gespeicherten Materials) und *Verarbeitung* (Verbindung und Transformation dieses Materials) bezeichnen. Oft erfordert die erfolgreiche Auflösung eines Problems nichts weiter als ein Hin- und Herwechseln zwischen Erschließungs- und Verarbeitungsaktivitäten. Die Tatsache, daß die *Verarbeitung* oft automatisch die Erschließung von weiterem verarbeitungsbedürftigem Material zur Folge hat, erleichtert die therapeutische Arbeit noch zusätzlich.

Ich möchte dies im folgenden an einem bei Kriegsveteranen häufig vorkommenden Beispiel veranschaulichen. Der Klient leidet unter einer belastenden Erinnerung. Er glaubt, er habe sich nicht tapfer genug verhalten, weil er in einer kritischen Situation mit dem Schießen zu lange gezögert habe:

Therapeut: (*rekapituliert die früheren Reaktionen des Klienten*): Vergegenwärtigen Sie sich ein Bild vom belastendsten Augenblick der Kampfsituation, dazu den Gedanken »Ich bin ein Feigling« sowie Ihre Wut und andere Emotionen, die sie in jenem Moment gehabt haben, und Ihr damaliges Körpergefühl, und folgen Sie meiner Hand. (*Der Therapeut geleitet den Klienten durch eine Serie von Augenbewegungen.*) Was taucht nun in Ihrem Bewußtsein auf?

KLIENT: Ich habe mit meinem Gewehr geschossen. Ich bin nicht davongelaufen.

THERAPEUT: Fangen Sie damit an. (*Der Therapeut geleitet den Klienten erneut durch eine Serie von Augenbewegungen.*)

Während der Verarbeitung des ursprünglichen Bildes, auf dem er sich als Feigling sah, machte er der Verarbeitung ein neues Ziel zugänglich: »Ich bin nicht davongelaufen.«

Die beiden anderen Kategorien von Aktivitäten sowie kompliziertere Erschließungsprozeduren kommen bei der EMDR-Arbeit in komplexeren Situationen zur Anwendung. Es handelt sich um die *Vermittlung* neuer Information und um die *Verschließung* des Zugangs zu bestimmten Informationen. In unserem Beispiel könnte man dem Veteranen, der sich selbst als Feigling bezeichnet, helfen, wenn es ihm nicht gelingt, das Erlebte durch Erschließung und Verarbeitung zu integrieren, indem man ihm die Information vermittelt, daß eine Reaktionsverzögerung, so wie er sie erlebt hat, biologisch bedingt ist – möglicherweise ist ihm dies nicht klar.[2] Wenn der Therapeut dem Klienten diese Information vermittelt, wird der Klient während der nachfolgenden Serien von Augenbewegungen die Vorstellung, daß seine verzögerte Reaktion normal und nicht feige war, möglicherweise integrieren können.

Die letzte Kategorie von Aktivitäten, die Verschließung oder Unterbindung des Zugangs, wird meist benutzt, wenn es nicht möglich ist, die Verarbeitung innerhalb einer Sitzung zum Abschluß zu bringen. Der Therapeut kann dann eine Entspannungsübung empfehlen und sie dem Klienten beibringen, um zu unterbinden, daß er weiter Kontakt zu seiner Angst hat.

Meiner Meinung nach werden durch diese vier Kategorien von EMDR-Aktivität, nämlich

1. Erschließung oder Zugänglichmachen existierender Information,
2. Vermittlung neuer Information,
3. Förderung der Informationsverarbeitung und
4. Verschließung des Zugangs zu Information,

alle existierenden psychotherapeutischen Behandlungsmethoden erfaßt. Dieses *Vier-Aktivitäten-Modell* (VAM) bietet bei der Strukturierung von Überlegungen zur Vorbereitung therapeutischer Interventionen große Vorteile.

Kategorie 1: Erschließung oder Zugänglichmachen existierender Information

Diese Aktivität beinhaltet, daß bereits gespeicherte Information bewußtgemacht oder zumindest in Bewußtseinsnähe gebracht wird. Dabei kann es sich um alle Aspekte der betreffenden Ereignisse handeln, beispielsweise um bildliche Repräsentationen, Gedanken, Gerüche, Emotionen, Empfindungen und motorische Reaktionen. Ein Teil dieser Information stammt aus deklarativen Gedächtnissystemen, so der Zeitpunkt eines Ereignisses oder die Tatsache, daß dasselbe Vergangenheit ist, oder daß es möglich ist, etwas Positives daraus zu lernen. Andere Informationen, beispielsweise konditionierte emotionale Reaktionen, werden aus nichtdeklarativen Systemen gewonnen. Die auf diese Weise wieder zugänglich gemachte Information ist nicht immer eine Erinnerung an ein reales Ereignis; sie kann auch die Form eines Grundsatzes oder einer Zielvorstellung haben, und sie kann sich sogar auf ein lediglich vorgestelltes Ereignis beziehen. Mit anderen Worten: Wo und wie auch immer Informationen gespeichert sind, die Aktivität des Erschließens fördert zutage, was bereits vorhanden ist.

Alle therapeutischen Beziehungen beginnen mit dem Erschließen von Information. Wenn der Klient telefonisch Kontakt zum Therapeuten aufnimmt und dieser darauf reagiert, wird schon Information zugänglich gemacht. (Analytiker würden dies als den Beginn der Übertragung bezeichnen.) Unterschiede hinsichtlich des erschlossenen Materials lassen sich leicht erkennen, wenn man beispielsweise darauf achtet, welche Assoziationen einem Veteranen jeweils kommen, je nachdem, ob er ein medizinisches Behandlungszentrum der Bundesregierung oder die luxuriöse Praxis eines Arztes in einer wohlhabenden Gegend betritt.

Die verschiedenen psychotherapeutischen Methoden richten sich auf unterschiedliche Aspekte der Informationsnetzwerke. Auf welche Aspekte jeweils fokussiert wird und auf welche spezielle *Art* die Netzwerke jeweils zugänglich gemacht werden, macht den größten Teil der Unterschiede zwischen den verschiedenen Methoden aus. So erschließen psychodynamische Therapien Information traditionell durch freie Assoziation des Klienten und durch interpretierende Fragen des Therapeuten. Verhaltenstherapien setzen andere Schwerpunkte. Beispielsweise macht die systematische Desensibilisierung Information zugänglich, indem sie Teile von Reizhierarchien hervorhebt und nutzt; und *Flooding* (Überflutung) erreicht das gleiche durch die intensive Beschreibung von Reizen und Reaktionen, welche mit der Ziel-Aktivität oder dem Ziel-Ereignis verbunden sind. Bei kognitiven Therapien wiederum stehen das direkte Be- und Hinterfragen und die verbale Auseinandersetzung im Vordergrund.

Auch hinsichtlich der Art der Netzwerke, auf die bestimmte Therapiearten fokussieren, fallen folgende Unterschiede auf: Psychodynamische Therapien fokussieren auf Ereignisse und wichtige Beziehungen der Vergangenheit; interpersonelle Psychotherapien auf gegenwärtige Beziehungen; Methoden direkter therapeutischer Exposition wie Implosionstherapie und Flooding auf Reaktionen beziehen sich auf Situationen der Vergangenheit; kognitive Therapien wie die Rational-Emotive Therapie (RET) fokussieren auf extreme Überzeugungen, die Klienten über sich selbst haben; und die Existentialtherapien befassen sich mit der Sinnfrage.

Heutzutage lassen sich die verschiedenen Therapiemethoden nicht mehr so klar aufgrund ihrer letztendlichen Zielsetzungen unterscheiden. Noch vor wenigen Jahren war eine deutliche Abgrenzung der verschiedenen Therapieschulen möglich. Man konnte sagen, daß Verhaltenstherapeuten versuchen, Klienten beim Erreichen spezifischer Verhaltensziele zu helfen, daß psychodynamisch orientierte Therapeuten sich bemühen, Einsicht und Integration zu fördern, und daß es den humanistisch orientierten Therapeuten um die Förderung der Selbstverwirklichung gehe. Heute scheint es allen Richtungen vornehmlich um die Auflösung der im DSM-IV definierten Symptome zu gehen. Etwas weniger zynisch formuliert, können wir die Grundlage für die Gemeinsamkeit der Zielsetzungen völlig unterschiedlicher Therapiemethoden in Freuds früher Erklärung, das Ziel der Therapie sei die Wiederherstellung der Liebes- und Arbeitsfähigkeit, sehen.

Ein Grund für die schnelle und starke Wirkung von EMDR könnte sein, daß es dieser Methode so wichtig ist, zahlreiche Aspekte einer Erfahrung zugänglich zu machen. Unmittelbar vor Beginn der Augenbewegungen werden die Klienten aufgefordert, sich die mit dem Ziel verbundenen visuellen Bilder, Kognitionen, Emotionen und Körperempfindungen zu vergegenwärtigen. Der klinische Teil dieses Buches beschäftigt sich überwiegend mit den Details des Zugänglichmachens von Information in Fällen, in denen die Verarbeitung nicht ungehindert der Auflösung zustrebt. Dort werden insbesondere Erkenntnisse, die den Methoden der Informationserschließung unterschiedlichster psychotherapeutischer Traditionen entstammen, in die EMDR-Behandlung integriert.

Kategorie 2: Vermittlung neuer Information

Diese Aktivität beinhaltet die Vermittlung neuer Information durch den Therapeuten oder die Aufforderung des Klienten zu Aktivitäten, durch die er sich neue Information aneignen kann.

Insbesondere in zwei Situationen wird innerhalb einer Therapie in der Regel explizit neue Information eingeführt: erstens während der Erläuterung der Behandlung und der Ausarbeitung des Behandlungsplans, und zweitens, wenn der Klient zur Ergänzung eines unnötig schmerzhaften Assoziationsnetzwerks Information benötigt, die eine abschließende Verarbeitung und Integration erst ermöglicht.

Alle Therapiemethoden sehen vor, daß die Therapeuten ihre Klienten ausdrücklich über die angebotene Behandlung informieren. Psychodynamisch orientierte Therapeuten informieren ihre Klienten häufig über das Wesen des Unbewußten. Ein Psychodynamiker wird seinem Klienten in einem ersten Gespräch erklären, daß frühe Kindheitserlebnisse Konflikte erzeugen können, die dem Bewußtsein zunächst nicht zugänglich sind, und daß durch diese Konflikte mysteriös erscheinende Angstgefühle entstehen können. Verhaltenstherapeuten erläutern ihren Klienten zu Beginn ihrer Arbeit gewöhnlich das Prinzip der Verstärkung. Ein Verhaltenstherapeut könnte beispielsweise im Erstgespräch erklären, weshalb eine Bestrafung in einer bestimmten Situation in späteren ähnlichen Situationen eine Angstreaktion auslösen kann, auch wenn sich der Betroffene über die Ähnlichkeit zwischen den beiden Situationen nicht im klaren ist.

Abgesehen von Informationen über die Therapie selbst vermitteln Therapeuten auch im Laufe der Behandlung gelegentlich neue Information. Bei vielen Therapiemethoden spielt die Informationsvermittlung eine wichtige Rolle. In Verhaltens- und Sozialtherapien werden Klienten gelegentlich zu Rollenspielen oder Aktivitäten außerhalb des Therapieraums aufgefordert, wodurch sie mit neuartigen Situationen konfrontiert und auf diese Weise gezwungen werden, neue Reaktionen zu entwickeln. In Therapien jeder Art vermitteln Therapeuten zuweilen objektive Informationen – beispielsweise wenn sie im Laufe eines Gesprächs merken, daß einem Klienten nicht klar ist, daß in einer Gefechtssituation *jeder* Mensch Angst empfindet oder daß Mißbrauchstäter ihre Opfer häufig dazu bringen, sich selbst die Verantwortung für das Erlebte zu geben.

Möglicherweise fördert auch die allen Therapieformen gemeinsame implizite Vermittlung neuer Information die Entstehung oder Weiterentwicklung von Assoziationen, die den positiven Verlauf der Verarbeitung fördern. Manchmal hat schon allein die Vermittlung erklärender Information eine gewisse lindernde Wirkung. Wenn Klienten hören, daß ihre Probleme sich erklären lassen, fühlen sie sich meist schon besser. Manchmal gelingt es, die Überzeugung »Ich bin auf hoffnungslose, unerklärliche und unabänderliche Weise unzulänglich« – die ein Teil des problematischen Assoziationsnetzwerks ist – durch eine Überzeugung wie »Es ist möglich, meine Probleme zu verstehen, und es könnte mir gelingen, mich in einen Zustand zu versetzen, in dem ich mich besser fühle« zu ersetzen oder zumindest zu ergänzen. Noch wichtiger könnte für den betreffenden Klienten das für ihn neuartige Erlebnis sein, daß ein Mensch, der eine Autoritätsposition innehat, so wie der Therapeut, ihm gegenüber freundlich ist, ihm hilft und nicht versucht, ihn zu einem bestimmten Verhalten zu zwingen.

Die beiden Informationen, daß Probleme sich erklären lassen und daß ein Mensch, der eine gewisse Autoritätsposition innehat, ein Verbündeter sein kann, sind möglicherweise die wirksamsten, die ein Therapeut einem Klienten vermitteln kann. Dies könnte erklären, weshalb so unterschiedliche therapeutische Schulen zu so ähnlichen Resultaten kommen, sofern es nicht um die Arbeit an hochspezifischen Verhaltensproblemen geht – und außerdem auch, weshalb Nicht-Therapeuten oft so erstaunliche Resultate erzielen (siehe Lambert 1992). Zu den Informationen, auf deren Vermittlung EMDR besonderen Wert legt und die in ihrer Kombination einzigartig sind, zählen: (1) Der Klient reagiert möglicherweise sehr schnell; (2) es gibt eine denkbare positive Kognition, die auch ausformuliert wird; und (3) alle Gedanken, die dem Klienten im Laufe der Behandlung kommen, sind akzeptabel und werden in die Behandlung einbezogen.

Kategorie 3: Förderung der Informationsverarbeitung

Daß diese Kategorie hier einbezogen wird, ist Francine Shapiros frühen Gedanken über den Umgang mit einem Stillstand der Verarbeitung zu verdanken – damit, daß sich der betreffende Erlebensinhalt durch die EMDR-Arbeit nicht verändert. Frau Shapiros erster Vorschlag war, in solchen Fällen die Richtung der Augenbewegungen zu verändern. Später empfahl sie, einen Zugang über visuelle, auditive, konzeptuelle oder andere Aspekte der mit dem Ziel assoziierten Netzwerke zu suchen. Diese Techniken der Erschließung dysfunktionalen Materials machen, wie bereits erwähnt, Anleihen bei den unterschiedlichsten psychotherapeutischen Methoden. Alles was zu diesem, die Kreativität besonders stark beanspruchenden Zeitpunkt vor Beginn der Augenbewegung (bei Stagnieren der Verarbeitung) getan werden konnte (sokratisches Fragen, Zwei-Stuhl-Technik, Fokussieren auf unterschiedliche Aspekte eines Ziel-Bildes), gehörte anscheinend einer anderen Klasse von Aktivitäten an als die Augenbewegungen. Bei alldem ging es darum, einen bestimmten Inhalt zu elizitieren – eine Emotion, ein visuelles Bild oder einen Gedanken –, mit dem Ziel, diesen Inhalt mit anderen Elementen zu verbinden. Im Gegensatz dazu dienten die Augenbewegungen, obwohl auch sie den Zugang zu etwas erschließen können, in erster Linie der Integration.

Um die Aktivitäten dieser Kategorie etwas allgemeiner zu definieren als lediglich über das Initiieren von Augenbewegungen, schlage ich vor zu sagen, daß die Kategorie 3 Aktivitäten umfaßt, deren Hauptzweck darin besteht, die Integration der zugänglich gemachten oder neu eingeführten Elemente zu beschleunigen oder effizienter zu gestalten. Von den vier von mir vorgeschlagenen Arten von Aktivitäten ist diese dritte Kategorie die wirklich neuartige und am schwierigsten zu erklärende. Eine Schwierigkeit ist dabei in der Tatsache zu sehen, daß den betreffenden äußerlich erkennbaren Aktivitäten selbst erst seit kurzem überhaupt eine psychotherapeutische Wirkung zugestanden wird und daß über das Zustandekommen dieser Wirkung bisher nur wenig bekannt ist. Schwierig ist die Erklärung dieser Kategorie auch deshalb, weil in einem gewissen Sinne *alle* therapeutischen Aktivitäten die Informationsverarbeitung zu unterstützen versuchen – weshalb der Name der dritten Kategorie Verwirrung stiften kann, wie mein Kollege William Zangwill (1997, persönliche Mitteilung) angemerkt hat. Vielleicht sollten wir uns in diesem Zusammenhang vergegenwärtigen, daß ältere psychotherapeutische Methoden auf der verdeckt stattfindenden natürlichen Verarbeitung beruhten, die der Geist vollzieht, wenn es keinen äußerlich erkennbaren Beschleuniger wie die Augenbewegungen gibt.

Es könnte von Nutzen sein, die Informationsverarbeitung von anderen die Information betreffenden Prozessen zu unterscheiden: Erfassung, Speicherung und Reaktivierung. Information wird dann erfolgreich verarbeitet, wenn zwischen den Assoziationsnetzwerken eines Menschen aktive Kommunikation stattfindet, was gewöhnlich die integrative Transformation der betreffenden Information zur Folge hat. Wird die Information unzureichend verarbeitet (d.h., ist die Kommunikation der Assoziationsnetzwerke untereinander eingeschränkt), ist die Integration dadurch stark beeinträchtigt. Im klinischen Kontext wird eine solche starke Einschränkung der Kommunikation zwischen den Netzwerken manchmal Dissoziation genannt.

Um es noch einmal klarzustellen: Wird ein traumatisches Ereignis so erinnert, als ob es noch stattfinden würde, und wird es im wesentlichen ständig auf die gleiche Weise – aus nur einer Perspektive, so wie es in der realen Situation erlebt wurde – interpretiert, dann ist dieses Ereignis als Information erfaßt und gespeichert worden und läßt sich auch reaktivieren, doch ist es nur minimal verarbeitet worden. (Wahrscheinlich ist es in nichtdeklarativen Gedächtnissystemen gespeichert und isoliert worden.[3]) Wird das gleiche Ereignis hingegen als in der Vergangenheit liegend erinnert, und ist es dem Klienten möglich, es auf viele Weisen wahrzunehmen und zu akzeptieren (einschließlich der Sicht aus unterschiedlichen visuellen Perspektiven), und wird es nicht von exzessiv starken

Gefühlen oder von Blockierungen des emotionalen Empfindens begleitet, dann ist es verarbeitet worden.

Es gibt verschiedene Verarbeitungsgrade. Nehmen wir einmal an, eine Frau wurde durch ein Feuer traumatisiert und kann dieses Erlebnis nicht verarbeiten. Sieht sie dann in einem Film ein Feuer, kann sie daraufhin eine Dissoziation erleben und sich so verhalten, als würde sie die Situation erneut durchleben. Sie kann aber auch nahezu die gesamte durch das Gesehene aktivierte Emotion blockieren. Hat sie das Ereignis hingegen teilweise verarbeitet, zeigt sie in der gleichen Situation möglicherweise nur starke Angst. Auch die teilweise Verarbeitung eines traumatischen Ereignisses kann zur Auflösung der damit verbundenen emotionalen Belastung führen, ohne daß dies allerdings einem tieferen Verständnis des Erlebten zugute kommt.

Eine vollständige Verarbeitung führt nicht nur zur Eliminierung der exzessiven negativen Emotion, sondern fördert auch die positive Nutzung des Verarbeiteten und Integrierten, beispielsweise in Form des Erkennens der Stärke, die in der bloßen Tatsache des Überlebens zum Ausdruck gelangt, oder in Form der Entschlossenheit, adaptationsfördernde (nicht zwanghaft-neurotische) Schritte zu unternehmen, um Situationen dieser Art in Zukunft zu meiden. Für einen Menschen, der etwas getan hat, das er mittlerweile bedauert, kann dies bedeuten, dankbar dafür zu sein, daß er die Chance hat, es in Zukunft besser zu machen. Der vollständige Abschluß der Verarbeitung kann sogar zu einer positiven Veränderung der Selbstsicht oder Weltsicht führen; beispielsweise sieht man sich nicht mehr als Opfer, sondern kommt zu der Erkenntnis, daß andere von der eigenen Erfahrung profitieren können, was einer Identifikation mit der Lehrerrolle gleichkommt.[4]

Die Kategorie-3-Aktivitäten sind insofern abstrakt, als sie selbst keine Information vermitteln. An und für sich sind sie weder besonders angenehm noch besonders unangenehm. (Dies verhält sich bei einer Entspannungsreaktion anders, die zwar insofern ebenfalls abstrakt ist, als sie keine semantische Information enthält, ungeachtet dessen jedoch als angenehm empfunden wird.) Wenn Schmerzen verursachendes Material verarbeitet und dadurch weiteres Material dieser Art zugänglich wird, empfindet der Klient die Kategorie-3-Aktivität als schmerzhaft. Wird nach Eintreten der Auflösung positives Material verarbeitet, ist die Kategorie-3-Aktivität mit positiven Gefühlen verbunden. Obwohl durch die Verarbeitung auch weitere (traumatische) Information zugänglich wird, ist dies nicht eigentlich Sinn und Zweck der Kategorie-3-Aktivität. Wird dabei innerhalb der anvisierten Assoziationsnetzwerke keine neue Information erschlossen, so ist dies zumindest dann kein Problem, wenn diese Information nicht für die Integration der Assoziationsnetzwerke und für die Auflösung eines Problems erforderlich ist.

Nur wenige Therapiemethoden bedienen sich offener Kategorie-3-Aktivität. EMDR tut dies in Form der Augenbewegungen und anderer repetitiver sensorischer oder motorischer Aktivitäten. Eine Behandlungsmethode mit Namen *Thought Field Therapy* (TFT) nutzt möglicherweise ebenfalls eine Kategorie-3-Aktivität. In der ersten Behandlungsphase der TFT wird der Klient aufgefordert, (1) sich eine als Ziel gewählte Angst, ein traumatisches Ereignis oder auch einen Drang zu einem Suchtverhalten zu vergegenwärtigen; (2) anschließend soll er die Stärke der mit dem Vergegenwärtigten verbundenen Emotion bewerten; und schließlich (3) muß er eine bestimmte Zeitspanne lang mit den Händen seinen eigenen Körper beklopfen oder andere einfache sensorische, motorische und/oder verbale Verhaltensweisen (wie Zählen oder Summen) ausführen, die jeweils auf die Art seines Problems abgestimmt sind. Roger Callahan (1995), der diese Methode entwickelt hat, berichtet, daß seine diagnostischen Verfahren auf der angewandten Kinesiologie basieren und daß er für die Stimulation Körperbereiche auswählt, die bestimmten Akupunkturpunkten entsprechen. Mittlerweile ist die desensibilisierende Wirkung von TFT durch einige unabhängig durchgeführte therapeutische Tests in einem gewissen Maße belegt worden (Figley & Carbonell 1995), doch gibt es bisher noch keinerlei Bestätigung für die von Callahan postulierten Veränderungsmechanismen.

Bei der von Frank Ochenberg (1996) entwickelte Zählmethode, die darin besteht, daß der Therapeut laut von 1 bis 100 zählt, während der Klient sich an eine als Ziel anvisierte traumatische Episode erinnert, könnte es sich ebenfalls um eine Kategorie-3-Aktivität handeln. Ochenberg berichtet in einer Fallstudie, er habe in kürzerer Zeit positive Resultate erzielt als bei auf der Lerntheorie basierenden Expositionsmethoden normalerweise üblich. Allerdings wurde die Wirksamkeit dieser Methode bisher nicht wissenschaftlich überprüft.

Ich werde nun im folgenden einige Aktivitäten der von mir eingeführten Kategorie 3 genauer beschreiben. Die in den ersten Artikeln über EMDR von Francine Shapiro beschriebenen Augenbewegungen beinhalten, daß der Klient mit seinen Augen Handbewegungen des Therapeuten über die gesamte Breite seines Gesichtsfeldes folgt. Dies Augenbewegungen werden in Serien von etwa 24 jeweils eine Sekunde dauernden Hinundherbewegungen ausgeführt. Bekommt der Klient dadurch Kopfschmerzen, kann der Therapeut ihn zu diagonalen Bewegungen der Augen anleiten. Später sind andere Therapeuten dazu übergegangen, alle möglichen Bewegungsformen zu verwenden, unter anderem Kreise und liegende Achten.

Auch die Dauer einer Serie von Augenbewegungen kann variieren. Als sich die Methode weiterentwickelte, wurden die Therapeuten instruiert, mit den Augenbewegungen auch dann bis zum Nachlassen der Belastung fortzufahren, wenn beim Klienten starke emotionale Reaktionen auftraten. Nach Angaben einiger Therapeuten profitierten Klienten, die langwierige Folter- oder Mißbrauchsepisoden erlebt hatten, von 10 oder 20 Minuten langen Verarbeitungssequenzen. Von klinischer Seite wurde beobachtet, daß Klienten, die Probleme hatten, mit ihren Augen den Fingern des Therapeuten zu folgen, oder deren Augenbewegungen spontan zum Stillstand kamen, zur Dissoziation tendierten. Deshalb wurde den EMDR-Therapeuten eingeschärft, die Klienten bei spontanem Aussetzen der Augenbewegungen zu deren Fortsetzung anzuhalten.

Schon im Jahr 1991 (aber *nachdem* die Methode einen Namen erhalten hatte, der auf die Augenbewegungen Bezug nahm) empfahl Francine Shapiro auf Anregung von EMDR-Therapeuten wie Robbie Dunton den Teilnehmern ihrer Ausbildungskurse, auch andere Methoden alternierender Stimulation zu benutzen. Sie brachte ihnen bei, mit den Fingern wiederholt abwechselnd in der Nähe des einen und dann des anderen Ohrs des Klienten zu schnippen. Ebenso empfahl sie eine Methode taktiler Stimulation, bei welcher der Klient seine Hände auf den Knien ruhen ließ und der Therapeut abwechselnd auf seine Handflächen tippte. Einige Therapeuten berichteten später, sie hätten auch sehr gute Resultate erzielt, indem sie Klienten aufgefordert hätten, sich selbst auf die Knie zu tippen; dieses Verfahren benutzten sie insbesondere, wenn Klienten sehr sensibel auf Körperkontakt reagierten und stark zu dissoziativen Reaktionen neigten. Eine weitere Technik speziell für Klienten im Kindesalter besteht darin, das Kind wie beim Backe-Kuchen-Spiel auf die Handflächen des Therapeuten schlagen zu lassen.

Möglicherweise haben die verschiedenen Kategorie-3-Aktivitäten eine unterschiedliche Wirkung auf die Verarbeitung von Information. Beispielsweise kann unter anderem die Intensität ihrer Wirkung variieren, und eine bestimmte Art von Information kann besonders stark beeinflußt werden. Außerdem hat zweifellos auch der Kontext Einfluß auf die Wirkung der Kategorie-3-Aktivität. Wird eine gründlichere und umfassendere Erschließung der Gedächtnisinhalte durchgeführt, so wie es bei der EMDR-Standardarbeit der Fall ist, ist eine sorgfältigere Informationsverarbeitung zu erwarten; erfolgt die Vorbereitung weniger gründlich, beeinflußt dies auch die Wirkung der Kategorie-3-Aktivität negativ. Im Extremfall einer durch den Erschließungsprozeß hervorgerufenen starken Dissoziation, deretwegen der Klient die Kategorie-3-Aktivität völlig einstellen würde, bliebe eine positive Wirkung völlig aus.

Herkömmliche Behandlungsmethoden bedienen sich keiner äußerlich erkennbaren, abstrakten (weil inhaltsfreien) Aktivität wie der Augenbewegungen, sondern fördern die Verarbeitung durch die Wahl des richtigen Zeitpunkts für bestimmte Interventionen, durch Wiederholung oder durch die Art, wie existierende Information zugänglich gemacht oder neue Information eingeführt wird. Beispielsweise werden bei der systematischen Desensibilisierung die weniger belastenden Bilder vor den belastenderen zugänglich gemacht, weil dies nach Ansicht der Verfechter dieser Methode die Wahrscheinlichkeit einer adäquaten Verarbeitung gegenüber der umgekehrten Reihenfolge vergrößert. Außerdem wird bei der systematischen Desensibilisierung der Entspannungszustand in zeitlicher Nähe zum angstvollen Zustand kontaktiert. Beim *Flooding* besteht die unterstützende abstrakte Aktivität in der Häufigkeit des Kontakts zu dem als Ziel gewählten Assoziationsnetzwerk. In der psychodynamischen Therapie verwendet der Therapeut besondere Sorgfalt auf die Wahl des Zeitpunkts, zu dem er den Klienten an eine frühere emotionale Überreaktion erinnert, um auf diese Weise (in Begriffen der Informationsverarbeitung ausgedrückt) die adaptive Verarbeitung zu fördern.

Nichtsemantische Aktivitäten, wie sie in älteren Behandlungsmethoden zur Anwendung kommen – beispielsweise die in einigen Formen der Verhaltenstherapie benutzten Techniken zur Erzeugung von Aversion –, sind in meinen Augen keine Kategorie-3-Aktivität, weil sie dazu dienen, mit dem Ziel-Material eine bestimmte Bedeutung zu verbinden. In einigen Fällen könnte eine Intervention, die Aversion erzeugen soll, hauptsächlich als Kategorie-1-Aktivität verstanden werden: Der Klient wird an ein früheres, bereits in einem Assoziationsnetzwerk gespeichertes Unbehagen erinnert, das sich, wie man hofft, stärker mit einem bestimmten Verhalten oder Gedanken verbinden wird. In einigen anderen Fällen ist es sinnvoller, die Verabreichung eines aversiv wirkenden Reizes als Kategorie-4-Aktivität (wird später beschrieben) zu verstehen, die dazu dient, den Zugang zu einem Assoziationsnetzwerk zu unterbinden, und zwar insbesondere wenn es darum geht, ein bestimmtes Verhalten zu unterdrücken.

Die Orientierungsreaktion

Es würde den Rahmen dieses Buches sprengen, die Mechanismen, aufgrund derer Kategorie-3-Aktivitäten möglicherweise ihre Wirkung entfalten, umfassend zu erforschen. Auf einen Erklärungsansatz soll hier jedoch hingewiesen werden: die Orientierungsreaktion. Mein Kollege Jim Moore und ich entwickelten in Gesprächen über die Mechanismen, die der Wirkung von EMDR zugrundeliegen könnten, die Vorstellung einer »Wachsamkeitsreaktion«. Da mir wenig später klar wurde, daß es sich dabei um nichts anderes als die sogenannte *Orientierungsreaktion* handelte, verwendete ich fortan diesen Begriff (Lipke 1992). Nat Denny kam später unabhängig von mir auf eine ähnliche Idee, die er in einem Aufsatz mit dem Titel *Traumatology* (1995) ausarbeitete. Armstrong & Vaughn (1996) haben dieses Modell unabhängig weiterentwickelt und es mit einer Erklärung der Wirkung von EMDR im Sinne der klassischen Konditionierungstheorie verglichen. Denny faßt die Erkenntnisse früherer Arbeiten über die Orientierungsreaktion (OR) zusammen und weist im Anschluß auf die seit Pawlow von Psychophysiologen vertretene Ansicht hin, daß einige Stimuli eine konditionierte Reaktion beeinträchtigen können. Ist die Verarbeitung durch eine konditionierte emotionale Reaktion wie Angst oder Wut blockiert worden, ermöglicht eine partielle Unterdrückung dieser Reaktion durch Kategorie-3-Aktivität die Fortsetzung der Verarbeitung. Die OR-Hypothese ist auch deshalb attraktiv, weil sie es erlaubt, mit Hilfe der Habituation zu erklären, weshalb es manchmal möglich ist, die zuvor blockierte Verarbeitung wieder in Gang zu bringen, indem man die Richtung der Augenbewegungen verändert.

Man könnte einwenden, daß Kategorie-3-Aktivität, weil sie negative Emotion unterdrückt, als inhärent positiv erlebt wird und deshalb der Kategorie 4 zuzurechnen ist. Aufgrund der angeführten empirischen Evidenz bin ich der Meinung, daß es, falls es sich um eine Hemmung handelt, verschiedene Arten der Hemmung geben muß: einige, die wie die Augenbewegungen die Integration der Assoziationsnetzwerke fördern, und andere, die die Unterdrückung fördern. Außerdem unterscheidet sich meiner Meinung nach die Wirkung inhibitorischer Aktivität, die das Erleben eines bestimmten Assoziationsnetzwerks unterdrückt, von inhibitorischer Aktivität wie den Augenbewegungen, die ein erweitertes Erleben ebenjenes Netzwerks ermöglichen kann. Sollten die Augenbewegungen und andere Kategorie-3-Aktivitäten als inhibitorisch wirkend zu verstehen sein, würde ich die Definition zweier Kategorien inhibitorischer therapeutischer Aktivität vorschlagen und Kategorie-3-Aktivität der fördernden Hemmung (*facilitative inhibition*) zuordnen.

Außerdem widerspricht meiner Meinung nach die allgemeine Evidenz der vom Ansatz der Gegenkonditionierung geprägten Vorstellung, daß es sinnvoll sei, belastendes Material mit der Entspannungsreaktion bzw. mit einem allgemein herabgesetzten Aktivierungszustand zu verbinden.

Empirische Evidenz zu Kategorie 3

Nachdem die Kategorie 3 nun zumindest im Groben allgemein beschrieben und ihre Wirkung zu erklären versucht worden ist, ergibt sich die Notwendigkeit, ihre Existenz formal zu rechtfertigen und sie von anderen Aktivitäten zu unterscheiden. Die ursprüngliche Rechtfertigung für Aktivitäten dieser Kategorie ergab sich aus der Notwendigkeit, Francine Shapiros anfängliche Behandlungsresultate und die von zahlreichen Klinikern, darunter auch mir selbst, berichteten klinischen Beobachtungen zu erklären. Zu diesen zählen:

1. Einige Fälle, in denen es innerhalb weniger Minuten zur Desensibilisierung und Integration kam, und zwar im Hinblick auf Stimuli, die über Jahre extreme emotionale Reaktionen hervorgerufen hatten und an denen in manchen Fällen zahlreiche Behandlungsversuche gescheitert waren.

McCann beschreibt den Fall eines 41jährigen Schweißers, der 1983 ein Grubenunglück miterlebt hatte. Er hatte bei diesem Anlaß beide Arme verloren und war infolge einer Antibiotikabehandlung völlig taub geworden. Wegen zusätzlicher Beinverletzungen benötigte er zum Gehen Spezialschuhe und hatte außerdem noch zahlreiche andere Verletzungen erlitten. Mit Hilfe komplizierter Apparaturen war es ihm gelungen, eine gewisse Selbständigkeit wiederzuerlangen, und er war zu einem geübten Lippenleser geworden. Wie er berichtete, litt er täglich unter Alpträumen und Flashbacks. »Er sah sich, wie er von Feuer verzehrt wurde, und spürte, wie er nach Luft schnappte.« (S. 320) Noch stärker waren seine Reaktionen an den Jahrestagen des Unglücks. Er vermied es, fernzusehen, um nicht zufällig mit Nachrichtensendungen über Feuerausbrüche konfrontiert zu werden. Auch litt er häufig unter Schlaflosigkeit, Konzentrationsschwäche und Schreckreaktionen. Er gab an, vor dem Unfall nie psychische Probleme gehabt zu haben. 1991 ließ er sich nach zwei Evaluationssitzungen einmal mit EMD behandeln. Er verarbeitete in dieser Sitzung drei separate Szenen des Grubenunglücks und eine, die sich auf einen anderen, früher erlebten Unfall bezog. Während der Arbeit an jeder dieser Szenen führte er eine Serie von Augenbewegungen aus, wodurch jedesmal spontan eine neue Szene auftauchte, in der er friedlich auf einer Wolke schwebte und ihm gleichzeitig die Worte »Ich lebe« kamen.

Als er eine Woche später erneut zu Behandlung kam, fühlte er sich »sehr gut«. Als positive Auswirkungen der Arbeit bezeichnete er unter anderem, daß er sich nun in die »Kann-ich-Kategorie« eingeordnet habe. Seine Pflegerin berichtete, er sei nun glücklicher, übernehme mehr Verantwortung für sich und könne sich mehrere Stunden lang allein beschäftigen. Er war seit dem Unfall nie allein gewesen. Einen Monat später berichtete sein Rehabilitationsberater, er habe die Fahrprüfung bestanden und sei nun in der Lage, allein durch die Stadt zu fahren. Zur Wirkung der EMD-Behandlung sagte der Klient: »Sie hat mich sehr erleichtert, so als wäre ein riesiger Felsbrocken von meinen Schultern genommen worden.«

Der Wirkung von EMD schrieb er außerdem zu, daß er sich nun im Fernsehen Feuerszenen ansehen konnte, ohne Flashbacks zu erleben, daß seine Angst sich aufgelöst hatte und es an den Jahrestagen des Unglücks nicht mehr zu einer Verschlechterung seines Zustandes kam. Dies ist der dramatischste unter mehreren Berichten von Therapeuten über die kurze, effektive Behandlung schwieriger Probleme (Cocco & Sharpe 1993; Kleinknecht 1993; Shapiro 1989*b*; Spates & Burnette 1995).

2. Von mir beobachtete Fälle, in denen die Klienten selbst von schnellen Veränderungen berichten oder der Therapeut diese im Rahmen der EMDR-Arbeit während der Augenbewegungen erlebte. Meine erste derartige Beobachtung wird in Lipke & Botkin (1993) erörtert. Es handelte sich um einen Klienten, bei dem es gelang, innerhalb von 15 Minuten einen Vorfall zur Lösung zu bringen, dessentwegen er zuvor drei Monate lang erfolglos stationär behandelt worden war.

3. Die immer wieder gemachte klinische Beobachtung, daß die Augenbewegungen bei ein und demselben Klienten sowohl starke negative als auch positive Emotionen hervorrufen. Oft befinden sich Klienten zu Beginn einer Serie von Augenbewegungen in einem mäßig negativen affektiven Zustand. Im Laufe der Stimulationsserie treten dann starke negative Emotionen wie Angst oder Panik zutage, und gegen Ende der Serie werden die Behandelten ruhig oder gar euphorisch. Am verblüffendsten ist die Reaktion von Klienten, die das Trauma des Fast-Ertrinkens verarbeiten: Sie geraten während der Augenbewegungen zunächst in Panik und bekommen Erstickungsgefühle und erleben schließlich die Ruhe, die mit der Auflösung verbunden ist.

4. Klienten berichteten, daß sie Augenbewegungen oder andere Kategorie-3-Aktivitäten der Inaktivität vorzogen (Boudewyns & Hyer 1996). Aufgrund der klinischen Resultate, die bei weitem alles übertrafen, was meine Klienten jemals erreicht hatten, bevor ich mit EMDR zu arbeiten begann, und aufgrund des häufigen Bittens von Klienten um Kategorie-3-Aktivität, hatte ich die Kategorie-3-Standardaktivität nie variiert. Nachdem kürzlich einige Wissenschaftler berichtet hatten (siehe die ausführliche Beschreibung weiter unten), aufgrund ihrer Daten hielten sie Kategorie-3-Aktivität für überflüssig, for-

derte ich einige Klienten, die zahlreiche herkömmliche EMDR-Sitzungen erhalten hatten, auf, in der Zeit, in der sie normalerweise Kategorie-3-Aktivitäten ausgeführt hätten, entweder die Augen zu schließen oder starr geradeaus zu blicken. Anschließend fragte ich sie, ob sie die Augenbewegungen (bzw. eine andere der üblichen Aktivitäten) oder die soeben ausprobierte passive Variante bevorzugten. Alle Befragten bevorzugten eindeutig die Kategorie-3-Aktivität, und im Einklang mit der Beobachtung, daß solche Aktivitäten keine unmittelbare hedonische oder aversive Wirkungen haben, bevorzugten einige die Kategorie-3-Aktivität, weil sie diese als entspannender empfanden, wohingegen andere sie schätzten, weil sie mehr in Bewegung brachte. (Natürlich sind solche Zeugnisse kein Beweis; sie liefern allerdings wichtige Hinweise.)

Abgesehen von der klinischen Beobachtung von unmittelbar nach Augenbewegungsserien eintretenden Veränderungen hat man die EMDR-Resultate auch deshalb den Augenbewegungen (und später, nach Berichten über entsprechende Erfolge, auch anderen Kategorie-3-Aktivitäten) zugeschrieben, weil es an einer Erklärung der klinischen Beobachtungen im Sinne der traditionellen Theorien fehlte. Im Sinne von Phänomenen der konventionellen Lerntheorien (beispielsweise Extinktion oder Gegenkonditionierung) läßt sich die EMDR-Methode kaum erklären, da sie die Regeln der Standard-Expositionstherapien (kurze und unterbrochene Exposition[5], Aufforderung zur freien Assoziation, statt völliger Konzentration auf die Ziel-Stimuli) zu häufig verletzt und zu häufig schnelle therapeutische Reaktionen eintreten. Erklärungen im Sinne der kognitiven Verhaltenstherapie greifen ebensowenig, da die kognitive Komponente bei vielen erfolgreichen EMDR-Fällen, wie dem von McCann beschriebenen, einfach zu unbedeutend ist. Ebenso relevant ist, zu welchem Zeitpunkt die Veränderung beim Klienten beobachtet wird, nämlich nach den Augenbewegungen, *nicht* nach der Verankerung der negativen und der positiven Kognition. Dies habe ich selbst dann beobachtet, wenn eine kognitive Komponente eingeführt wird, so wie ich es in der Sitzung vor Beginn der Kategorie-3-Aktivität zu tun pflege. Des weiteren ist zu bedenken, daß kein Bericht über einen systematisch beobachteten Erfolg einer schnell wirkenden kognitiven Therapie bei chronischer schwerer PTBS existiert.

Ebensowenig empirische Unterstützung für die schnelle positive Wirkung von EMDR liefern die psychodynamischen Erklärungsansätze. Die psychodynamische Theorie hält schnelle Reaktionen generell für temporär oder ist der Auffassung, daß sie zu einer Symptomverschiebung führen. Dem ist entgegenzuhalten, daß, wie bereits in Zusammenhang mit den in Kapitel 1 besprochenen Studien festgestellt wurde, keine der von Psychodynamikern unterstellten Auswirkungen durch die Resultate der Follow-up-Untersuchungen im Anschluß an EMDR-Behandlungen gestützt wird.

Selbst wenn sich das Theorem der Kategorie-3-Aktivität als nicht zutreffend erweisen sollte, ist schwer vorstellbar, wie sich die oben beschriebenen klinischen Resultate erklären lassen sollen, wenn man dabei den Einfluß von Augenbewegungen, Handtippen oder anderer Arten alternierender Stimulation außer Acht läßt. Sollte dennoch letztendlich eine Erklärung im Sinne der Expositionstheorie gefunden werden, wird man Francine Shapiro vielleicht zugutehalten müssen, daß sie versehentlich gezeigt hat, daß sich imaginative Exposition auf die von ihr beschriebene Weise wesentlich effektiver und schmerzloser bewerkstelligen läßt. In Anbetracht dessen, daß es bisher nicht möglich war, die imaginative Exposition, eine wissenschaftlich validierte Behandlungsmethode, auf breiter Basis zur Behandlung der Auswirkungen psychischer Traumata zu nutzen, wäre auch dies ein wichtiger Durchbruch.[6]

So einzigartig und erstaunlich die klinische Beobachtung der EMDR-Behandlung ausfallen mag, und so zwingend die Logik, diese Resultate der Kategorie-3-Aktivität zuzuschreiben, erscheinen mag, aus der Perspektive der Behandlungsplanung wäre es in Anbetracht der Berichte meiner Klienten unmöglich, die Augenbewegungen oder andere Kategorie-3-Aktivitäten aus der Behandlung auszuklammern. Dennoch wird die Bedeutung dieser Aktivitäten nur akzeptiert werden, wenn kontrollierte wissenschaftliche Studien dies als gerechtfertigt erscheinen lassen.

Forscher haben sich in mehreren Studien mit der Rolle der Augenbewegungen, des Handtippens und der auditiven Stimulation bei der EMDR-Arbeit beschäftigt. Doch ist diese ohnehin noch sehr magere Literatur mit zahlreichen Mängeln behaftet. Ich werde mich zunächst mit Studien beschäftigen, die die Rolle der Augenbewegungen bei der EMDR-Arbeit untersuchen. Doch ist dies keineswegs der Hauptzweck dieser Revision. Vielmehr geht es mir hauptsächlich darum, einige allgemeine Fragen bezüglich der Definition von Kategorie-3-Aktivitäten und ihrer Wirkung zu erörtern. Empirisch beinhaltet der Versuch, die Kategorie 3 zu definieren, die Probleme der Zirkularität und des Fokussierens auf ein sich bewegendes Ziel.

Um uns aus diesem Morast herauszuarbeiten, beginnen wir mit der Definition von Kategorie-3-Aktivitäten wie Augenbewegungen, Handtippen und alternierender auditiver Stimulation. Alle diese Aktivitäten sind im Rahmen von EMDR-Behandlungen eingesetzt worden, und es wurde beobachtet, daß sie einen positiven Einfluß auf die Behandlungsresultate haben. Nochmals sei darauf hingewiesen, daß die Kategorie 3 keine Aktivitäten umfaßt, die eine stark aversive Wirkung haben, so wie beispielsweise schmerzhafte Schocks. Vielmehr dienen Kategorie-3-Aktivitäten der Übermittlung von Information, die sich dann, wie man hofft, mit den Assoziationsnetzwerken des Ziels verbindet.

Als nächstes soll versucht werden, zu demonstrieren, daß die empfohlenen Kategorie-3-Aktivitäten den Therapieprozeß günstig beeinflussen. Ist dies gelungen, sollte sich die Untersuchung auf die Isolation der einzelnen Aktivitäten und das Verständnis der Wirkungsmechanismen konzentrieren.

Um noch einmal zu rekapitulieren: Zunächst habe ich die Aktivitäten dieser Kategorie anhand ihrer Rolle bei der EMDR-Arbeit, ihrer phänomenologischen Einzigartigkeit und ihrem Einhergehen mit ungewöhnlich starken Behandlungsresultaten definiert. Als nächstes werde ich die vorliegenden empirischen Daten untersuchen, wobei ich mich zunächst mit dem klinischen Wert der Augenbewegungen und anschließend mit den übrigen empfohlenen Aktivitäten befassen werde. Zum Schluß werde ich mich dann kurz mit den Wirkungsmechanismen beschäftigen, da dieser letzte Schritt weit über die Thematik des vorliegenden Buches hinausgeht.

Überblick über die vorliegenden Studien

Wenn eine neue »Tatsache« entdeckt wird, ist es recht und billig, die Beweislast in Form wiederholbarer experimenteller Demonstration dem Entdecker aufzubürden. Wurde der betreffende Wirkungsmechanismus jedoch wiederholt demonstriert, muß das Fehlschlagen eines Wiederholungsversuchs nicht mehr zwangsläufig als Beweis für die Nichtexistenz der betreffenden Wirkung interpretiert, sondern kann als Hinweis auf eine Mangelhaftigkeit bei den fehlgeschlagenen Wiederholungen oder auf die Bedingtheit der vermuteten Wirkung angesehen werden.

Mir liegen mehrere Studien vor, denen zufolge einiges für die Vorstellung spricht, daß Augenbewegungen an und für sich sowie deren Einbeziehung in eine EMDR-Behandlung die Verarbeitung fördern können. Zwei dieser Studien beschäftigen sich nur mit der Wirkung von Augenbewegungen im EMDR-Stil in nichtklinischen Situationen.

Andrade, Kavanagh & Baddeley (1997) haben Literatur gesichtet, die nahelegt, daß Augenbewegungen die Intensität visueller Bilder generell verringern und daß sie von visuellen Signalen abhängige Erinnerungen beeinträchtigen. Im Anschluß an diese Auswertung der vorliegenden Literatur untersuchten die Autoren die Wirkung von Augenbewegungen im EMDR-Stil auf die Intensität von bildhaften Vorstellungen und auf die mit diesen assoziierten Emotionen. Dieser nichtklinischen kontrollierten Studie zufolge schwächen laterale Augenbewegungen im EMDR-Stil die Intensität von Bildern ebenso ab wie die emotionale Reaktion auf positive und negative bildliche Vorstellungen. Dieses Resultat wurde mit der Reaktion einer Gruppe verglichen, die nicht zur Ausführung von Augenbewegungen aufgefordert wurde, und einer weiteren, der aufgetragen wurde, ein einfaches räumliches Tippmuster auszuführen. Die Ausführung eines komplexen räumlichen Tippmusters hatte jedoch eine schwächere emotionale Reaktion zur Folge als die Ausführung eines einfachen Musters oder die Nicht-Aktivität einer Kontrollgruppe.[7]

In einer zweiten nichtklinischen Untersuchung, der eines Behandlungsverfahrens, das die Autoren dieser Studie für EMDR hielten, verglichen Hekmat und Kollegen (Hekmat, Groth & Rogers 1994) die Wirkung von EMDR und Augenbewegungen mit Musikbegleitung auf Schmerzreaktionen sowie das Befinden einer unbehandelten Kontrollgruppe an 30 nach dem Zufallsprinzip drei Gruppen zugeteilten Untersuchungsteilnehmern. Die Schmerztoleranz der beiden mit Augenbewegungen behandelten Gruppen besserte sich verglichen mit der nichtbehandelten Kontrollgruppe signifikant. Alle Teilnehmer wurden vor dem Test mit Hilfe der *Harvard Hypnotic Susceptibility Scale* untersucht. Die Teilnehmer, die Augenbewegungen ausführen sollten, wurden in zwei Untergruppen unterteilt, von denen jeweils eine mit den Augen laterale Bewegungen und die andere Bewegungen in Form einer liegenden Acht ausführte. Beide Behandlungsvarianten erwiesen sich als dem Zustand der Kontrollgruppe hinsichtlich der Schmerzschwelle, der Schmerztoleranz und der Ausdauer überlegen. Die Bewegung in Form einer liegenden Acht schien bei der unter Einbeziehung von Musik behandelten Gruppe etwas günstigere Resultate zu erzielen. Der Hypnotisierbarkeitsgrad der einzelnen Teilnehmer hatte keinen Einfluß auf die Ergebnisse.

Man sollte das Ergebnis dieser Studie gewiß nicht als endgültiges Urteil verstehen, doch bestätigt es einerseits die Wirkung von Augenbewegungen und läßt andererseits erkennen, daß die durch Augenbewegungen hervorgerufenen Wirkungen sich von den Hypnosewirkungen unterscheiden.

Die restlichen Studien, die die Wirkung von Kategorie-3-Aktivitäten in einem gewissen Maße unterstützen, befassen sich vor allem mit klinischen Fragen.

Gosselin & Matthews (1995) verglichen im Rahmen einer Untersuchung über Prüfungsangst die Wirkung einer EMDR-Standardbehandlung mit einer Abwandlung des EMDR-Protokolls, bei welcher die Augenbewegungen durch Starren auf die regungslosen Finger des Therapeuten ersetzt wurden. Die Forscher registrierten zwar bei allen Teilnehmern eine gewisse Besserung, doch bewirkten die Augenbewegungen eine deutlich stärkere Verbesserung des SUD-Wertes als die EMDR-Behandlung ohne Augenbewegungen. Eine Überprüfung der Studie auf Erwartungseffekte hin ergab hinsichtlich dieser Variablen zwischen den beiden Gruppen keine Unterschiede. Eine Überprüfung mit Hilfe des *Test Anxiety Inventory*, die einen Monat nach der Behandlung durchgeführt wurde, zeigte, daß beide Gruppen in ähnlicher Weise von der Behandlung profitiert hatten.

Feske & Goldstein (1997) untersuchten die Wirkung von EMDR auf Panikattacken. Sie verglichen die Wirkung von fünf EMDR-Sitzungen auf die Testgruppe mit dem Befinden der Mitglieder der Kontrollgruppe nach dieser Zeitspanne. Anschließend wurde die Wirkung einer EMDR-Standardbehandlung mit derjenigen einer Variante verglichen, bei der die Klienten keine Augenbewegungen ausführten, sondern ihre Augen auf einen Finger des Therapeuten fixierten. Die Therapeuten, die in dieser Untersuchung mitwirkten, hatten eine EMDR-Ausbildung, und einige ihrer Sitzungen wurden von einem EMDR-Trainer auf Methodentreue hin untersucht. Bei den Teilnehmern wurden statistisch und klinisch signifikante Verbesserungen festgestellt, und Standardmessungen demonstrierten den besseren Zustand der Testgruppe gegenüber der Wartelisten-Kontrollgruppe. Wichtiger hinsichtlich der Wirksamkeit von Kategorie-3-Aktivität ist, daß die Messungen bei der Gruppe, die Augenbewegungen ausgeführt hatte, in zwei von fünf Fällen signifikant besser ausfielen als bei der ohne Augenbewegungen behandelten Gruppe. Bei der Follow-up-Untersuchung nach drei Monaten war der Zustand der Mitglieder beider Gruppen jedoch gleich.

Boudewyns führte mit einigen Mitgliedern des Teams der oben erwähnten Umfrage (siehe Anm. 6) in einem Behandlungsprogramm der Veterans Administration für chronische kriegsbedingte PTBS eine Pilotstudie durch (Boudewyns *et al.* 1990). Nachdem mehrere Teilnehmer aus unterschiedlichen Gründen aufgegeben hatten, wurden von den verbliebenen schließlich neun in zwei Sitzungen mit EMDR behandelt, sechs mit einer EMDR-Variante ohne Augenbewegungen (genauere Einzelheiten über dieses Verfahren wurden nicht angegeben), und fünf wurden einer unbehandelten Kontrollgruppe zugeordnet. Aufgrund der Population sollte es nicht überraschen, daß vor und nach der Behandlung durchgeführte Standardmessungen bei keiner der Gruppen signifikante Verbesserungen zeigten. Allerdings berichtete die mit Augenbewegungen behandelte Gruppe über eine signifikante Abnahme der mit dem Ziel-Trauma verbundenen SUD-Werte.

Erstaunlicherweise haben ausgerechnet die heftigsten EMDR-Kritiker, Lohr, Tolin & Montgomery (1995), die Bedeutung der Augenbewegungen für die EMDR-Behandlung in besonderer Weise bestätigt. Lohr & Tolin veröffentlichten zusammen mit Kleinknecht (1995, 1996) zwei Aufsätze, in denen jeweils zwei

Fallstudien beschrieben werden. In diesen benutzten sie eine Variante des EMDR-Protokolls, und zwar zunächst unter Einbeziehung von Augenbewegungen und dann ohne diese. Die Teilnehmer berichteten generell nur bei Einbeziehung der Augenbewegungen über ein signifikantes Absinken der Belastung. Bezüglich der unter Ausschluß der Augenbewegungen behandelten Testteilnehmer, die unter Blut und medizinische Behandlungen betreffenden Phobien litten, kamen Lohr, Tolin & Kleinknecht (1995) zu folgendem Schluß:

> Nach den Berichten der Teilnehmer veränderte sich die Angst nach Hinzufügung der Augenbewegungen zum allgemeinen Protokoll stark. Dies veranlaßte uns zu dem Schluß, daß die Augenbewegungen notwendig sind, um die Aversivität mancher phobischer Bilder zu verringern. (S. 73)

Ähnliche Ergebnisse wurden für zwei unter medizinische Behandlung betreffende Phobien leidende Klienten berichtet, die im Rahmen der 1996 durchgeführten Studie behandelt wurden.

Messungen der Herzfrequenz zeigten während der gesamten Behandlung keine signifikanten Veränderungen, selbst als die subjektiven Berichte der Behandelten auf ein Nachlassen ihrer Ängste hindeuteten. Obgleich das Nichtabsinken der Herzfrequenz die Aussagekraft der Ergebnisse beeinträchtigt, werden sie dadurch keineswegs bedeutungslos. Zu bedenken ist, daß Emotionen äußerst komplex erfahren werden, physiologische Grundgegebenheiten von Mensch zu Mensch unterschiedlich und physiologische Messungen an und für sich keineswegs eindeutig sind. Eine erhöhte Herzfrequenz wird sowohl mit Glücksgefühlen als auch mit Angst assoziiert (Ekman, Levenson & Freisen 1983). Da die Testteilnehmer über eine Verringerung ihrer Angstgefühle berichteten, könnten wir spekulieren, daß sie abgesehen von einem kleinen Angstrest Freude über das Abnehmen ihrer Angst empfanden. Dies könnte die mangelnde statistische Signifikanz der physiologischen Veränderung erklären. Diese Hypothese steht insbesondere deshalb mit EMDR im Einklang, weil diese Methode nicht nur der Desensibilisierung dient, sondern auch die positive Reprozessierung einschließt.

Montgomery & Ayllon (1994) versuchten unter Verwendung einer mehrere Grundlinien berücksichtigenden Testanlage, den Anteil der Augenbewegungen an der Wirkung von EMDR bei der Behandlung nicht kriegsbedingter PTBS zu messen. Ihre Testteilnehmer nahmen in einer bestimmten, feststehenden Reihenfolge an vier Arten von Prozeduren teil, wobei die Zahl der jeweiligen Sitzungen nach dem Zufallsprinzip festgelegt wurde:

1. Grundlinienmessungen, 3-5 Sitzungen;
2. eine EMDR-ähnliche Prozedur, wobei die Testteilnehmer, statt Augenbewegungen auszuführen, auf einen Punkt starrten (Augenfokussierung), 3-5 Sitzungen;
3. eine EMDR-ähnliche Prozedur, 6 Sitzungen;
4. Follow-up, 2-6 Sitzungen.

Die Autoren berichten über statistisch signifikante und beträchtliche klinische Fortschritte der Testteilnehmer. Die Zustandsverbesserungen wurden mit Hilfe von SUD- und Verhaltensmessungen festgestellt, wobei auch die Häufigkeit intrusiver Gedanken und Träume erfaßt wurde. Bei der Nicht-EMDR-Prozedur wurden keine signifikanten Besserungen oder Trends festgestellt; die beobachtete Verbesserung wurde der EMDR-ähnlichen Behandlung zugeschrieben. Zwischen dem Absinken der Herzfrequenz und den Augenbewegungen schien ein Zusammenhang zu bestehen, doch erreichte dieser für die Gruppe keine Signifikanz, möglicherweise weil die Herzfrequenz bei zwei der sechs Teilnehmer zu Beginn des Tests nahe dem für den normalen Ruhezustand charakteristischen Wert lag. (Die Herzfrequenz könnte auch deshalb niedriger gewesen sein, weil die Messung über viele Sitzungen hinweg durchgeführt wurde und sich der »Glückseffekt« deshalb möglicherweise abnutzte.)

Leider scheinen die an dieser Studie beteiligten Therapeuten nicht von autorisierten EMDR-Trainern ausgebildet worden zu sein, und das Variieren der Anweisungen und des Timings machen eine Verallgemeinerung ihrer Resultate schwierig. Trotzdem können die Ergebnisse dieser Untersuchung den Belegen für die Wirksamkeit der Augenbewegungen hinzugerechnet werden, was bedeutet, daß zumindest *ein* ausgesprochener EMDR-Kritiker diese Wirkung bestätigt hat.

Eine Studie von Renfrey & Spates (1994) scheint die Wirkung der Augenbewegungen als aktiven Behandlungsfaktor auf den ersten Blick nicht zu bestätigen. Die Forscher verglichen bei der Behandlung schwer traumatisierter Klienten, deren Mehrzahl eindeutig die PTBS-Kriterien erfüllte, die Wirkung von drei Behandlungsmethoden: (1) einer EMDR-Standardbehandlung; (2) einer EMDR-Behandlung, bei der die Augenbewegungen der Klienten nicht durch Handbewegungen, sondern durch ein aufblinkendes Licht gesteuert wurden; und (3) dem Fokussieren auf ein feststehendes Licht als Ersatz für schnelle Augenbewegungen. Nach der Wirkung von EMDR befragt, berichteten alle drei Gruppen über klinisch und statistisch eindrucksvolle Verbesserungen. Zwei Merkmale der Studie deuten darauf hin, daß ihre Ergebnisse die Kategorie-3-Hypothese stützen, obwohl bei den meisten Messungen in allen drei Gruppen ähnliche Resultate erzielt wurden. Erstens beinhaltete die Nicht-EMDR-Aufgabe, auf einen Punkt zu fokussieren, was man im Sinne einer Kategorie-3-Aktivität verstehen könnte. Die scheinbare Nicht-EMDR-Gruppe führte also eine Art von Augenbewegungen aus: Wenn der Therapeut bemerkte, daß die Augen der Betreffenden nicht mehr auf das Licht gerichtet waren, ließ er das Licht so lange blinken, bis der Blick der Klienten wieder darauf fokussierte. Führte dies nicht zum Erfolg, sprach der Therapeut eine verbale Ermahnung aus.

Außerdem kann das anhaltende Fokussieren auf einen Punkt schon an sich als Kategorie-3-Aktivität verstanden werden. Mulholland & Peper (1971) haben gezeigt, daß okulare Konvergenz die Produktion von Alpha-Wellen fördert. Diese Beobachtung muß als noch bedeutungsvoller erscheinen, wenn man bedenkt, daß ein Wechsel in den Zustand der Dissoziation oft mit einem nichtkonvergenten »leeren Starren« (*blank stare*) einhergeht. Allerdings wird diese Beobachtung durch Untersuchungen relativiert, aus denen hervorgeht, daß Augenbewegungen wirksamer sind als das Starren auf einen Punkt (Lohr *et al.* 1995, 1996; Andrade *et al.* 1997).

Auch statistisch zwar nicht signifikante, aber doch beträchtliche Unterschiede hinsichtlich der zum Erreichen einer Desensibilisierung erforderlichen Behandlungszeit können aufschlußreich sein. Die beiden mit Augenbewegungen behandelten Gruppen erreichten das Behandlungsziel in durchschnittlich 3,9-4,3 Sitzungen, in denen sie 43,5-40,3 Serien von Augenbewegungen ausführten. Die Teilnehmer, die ihren Blick auf ein Licht fixieren sollten, erreichten das Ziel innerhalb von 5,4 Sitzungen und nach durchschnittlich 57,6 Serien des Fokussierens. Als Renfrey & Spates sich die PTBS-Diagnose der beiden mit Augenbewegungen behandelten Gruppen anschauten, stellten sie fest, daß 13 der 15 Teilnehmer, die vor der Behandlung die PTBS-Diagnosekriterien des DSM-IIIR erfüllt hatten, diese drei Monate nach der Behandlung anläßlich einer Follow-up-Untersuchung nicht mehr erfüllten, wohingegen nur 3 von 6 Teilnehmern der mit Augenfixierung behandelten Gruppe, die diese Kriterien zuvor erfüllt hatten, dies bei der Follow-up-Untersuchung nicht mehr taten. Zwar lassen die von Renfrey & Spates referierten statistischen Vergleiche keine signifikanten Unterschiede zwischen den Gruppen erkennen, doch ist die Tatsache, daß 13 von 15 Teilnehmern nach der Behandlung nicht mehr der PTBS-Diagnose entsprachen, äußerst beeindruckend.

Studien, die die Kategorie-3-Hypothese nicht stützen

Die erste Studie, auf die ich hier eingehen möchte, weist darauf hin, daß die Wirkung der Augenbewegungen nur isoliert werden kann, wenn ein schneller Erfolg bei der Lösung des untersuchten Problems aufgrund von dessen relativ hohem Schwierigkeitsgrad nicht schon allein mit Hilfe der Nicht-Kategorie-3-Aktivitäten im Rahmen einer EMDR-Behandlung erreichbar ist. Foley & Spates (1995) behandelten in einer Studie College-Studenten, die Angst hatten, vor einem Publikum zu sprechen, und verglichen in diesem Rahmen die Wirkung einer EMDR-Standardbehandlung mit der von zwei Varianten, bei denen die Augenbewegungen durch (1) alternierende auditive Stimulation ersetzt oder (2) die Klienten aufgefordert wurden, einfach auf ihre eigenen Hände zu schauen. Außerdem bezogen sie in diese Studie eine nicht behandelte Kontrollgruppe ein. Alle drei Behandlungsarten erzeugten signifikant positive Wirkungen. Deshalb bestätigten die Forscher die Wirksamkeit von EMDR, vertraten jedoch die Ansicht, daß die Augenbewegungen für die Behandlung der untersuchten Population nicht unverzichtbar seien. Diese Aussage hätte mehr Gewicht, wäre die EMDR-Behandlung einer strikteren Überprüfung unterworfen worden. Da EMDR jedoch Komponenten enthält, die bereits in früher entwickelten psychotherapeutischen Methoden zu finden sind, ist der zusätzliche Wert von Kategorie-3-Aktivitäten in einigen Tests möglicherweise nicht zu erkennen.

Foley & Spates vertreten auch die Meinung, daß die Resultate aller drei Behandlungsgruppen ähnlich seien, weil der operative Faktor einer EMDR-Behandlung dosiertes Flooding sei. So wichtig dieser Faktor bei EMDR-Behandlungen sein mag, widerspricht diese Hypothese doch der weithin akzeptierten und bereits erwähnten Theorie, daß längere Expositionszeiten wirksamer sind als kürzere (experimentell gestützt durch Stern & Marks 1993; Grayson *et al.* 1982; und zusammengefaßt von Rodriguez & Craske 1993) und daß eine Exposition dann am wirksamsten ist, wenn sie so lange fortgesetzt wird, bis die Belastung verringert worden ist.

Sanderson & Carpenter (1992) versuchten in einer anderen Studie, die Rolle der Augenbewegungen bei einer EMDR-Behandlung zu untersuchen, doch wird ihre Auffassung, daß Augenbewegungen, wie sie bei einer EMDR-Behandlung induziert werden, für EMDR-artige Therapien bedeutungslos seien, durch methodologische Probleme beeinträchtigt. Sie behandelten Klienten, die unter Phobien verschiedenster Art litten, in einer Überkreuzanlage einerseits mit einem Verfahren, das sie für EMD hielten, und andererseits mit einer ähnlichen Prozedur, bei der die Klienten keine Augenbewegungen ausführten, sondern die Augen schlossen. Die Forscher erzielten bei beiden Gruppen ähnlich positive Resultate. Leider wurden bei diesem Test wichtige Details des EMDR-Standardprotokolls außer acht gelassen. So wurden unter anderem die von den Klienten produzierten Assoziationen nicht zum Ziel der jeweils nächsten Serie von Augenbewegungen gemacht.

Sandersons & Carpenters Beobachtung einiger positiver Wirkungen könnte implizieren, daß eine unterbrochene Exposition einige positive Wirkungen hat und/oder daß ihre an die Klienten gerichtete Anweisung, bei ihren quälenden Empfindungen zu bleiben, die Wirkung von Kategorie-3-Aktivitäten neutralisierte; doch können ihre Resultate nicht für die Beantwortung der Frage nach der Daseinsberechtigung der Kategorie 3 herangezogen werden. Außerdem sei darauf hingewiesen, daß der Fehler einer unzureichenden Unterscheidung zwischen einer Behandlung unter Einbeziehung von Augenbewegungen und einer solchen ohne Augenbewegungen auch von Acierno *et al.* (1994) bei einem unter mehreren Phobien leidenden Klienten begangen wurde, der ebenfalls fälschlich aufgefordert wurde, sich das anfängliche Ziel-Bild sowie die damit verbundenen Gedanken und Empfindungen während der gesamten Phase der Augenbewegungen zu vergegenwärtigen. Außerdem scheinen die Resultate weder bei der Studie von Sanderson & Carpenter (1992) noch bei der von Acierno *et al.* (1994) unabhängig beurteilt worden zu sein.

Boudewyns & Hyer (1996) untersuchten, wie bereits erwähnt, an kriegsbedingter PTBS leidende Klienten, die bereits eine Standardbehandlung erhielten. Im Rahmen dieser Studie wurde die Wirkung einer konventionellen EMDR-Behandlung mit der einer Variante verglichen, bei welcher die Teilnehmer ihre Augen einfach schlossen, statt Augenbewegungen auszuführen; eine dritte Gruppe, die nur die übliche Standardbehandlung erhielt, fungierte als Kontrollgruppe. Sowohl die Teilnehmer, die eine normale EMDR-Behandlung erhielten, als auch diejenigen, die mit der EMDR-Variante behandelt wurden, erzielten bei zahlreichen Messungen signifikant bessere Werte, unter anderem hinsichtlich ihrer psychophysiologischen Reaktion auf Trauma-Stimuli. Hinsichtlich der Standardmessungen bestand zwischen den beiden Gruppen kein Unterschied, obwohl die Klienten wie auch die Therapeuten die EMDR-Behandlung unter Einschluß von Augenbewegungen der Variante ohne Augenbewegungen eindeutig vorzogen. Die wichtigsten Mängel dieser Studie sind, daß in den einzelnen Sitzungen nicht genügend Zeit für die Durcharbeitung der Traumata gelassen wurde und daß die Klienten außerdem nicht angeleitet wurden, Sitzungen, in denen die Verarbeitung nicht zum Abschluß gebracht werden konnte, mit Streßreduktionsübungen abzuschließen.[8] Diese Probleme sowie die Neigung der Therapeuten, die Klienten eher zu führen als ihnen zu folgen, könnte die therapeutische Reaktion beeinträchtigt haben, was es erschwert, aus den Ergebnissen dieser Studie Schlußfolgerungen über die Rolle der Kategorie-3-Aktivität im EMDR-Protokoll zu ziehen.

In einer im Verbundverfahren (*yoked control design*) durchgeführten Studie untersuchten Dunn *et al.* (1996) die Rolle der Augenbewegungen bei der EMDR-Behandlung an College-Studenten. Diesen wurde mitgeteilt, man wolle eine Methode untersuchen, mit deren Hilfe sich die Belastung emotional traumatisierter Menschen verringern lasse. An der Untersuchung nahmen 28 Personen teil. Die Teilnehmer, die mit einer von den Forschern als Placebo bezeichneten Nicht-EMDR-Methode behandelt wurden, starrten auf einen Punkt, der auf ein 30-100 cm entferntes Blatt Papier gezeichnet war. Sowohl bei der mit Augenbewegungen behandelten als auch bei der Placebo-Gruppe ließen mehrere psychophysiologische Messungen deutliche Besserungen erkennen. Zwar war der durchschnittliche Rückgang des SUD-Wertes bei der mit Augenbewegungen behandelten Gruppe stärker als bei der Placebo-Gruppe (3,3 im Gegensatz zu 2,4), doch war der Unterschied zwischen den beiden Gruppen statistisch nicht signifikant.

Die Relevanz dieser Studie für die Frage nach der Bedeutung der Kategorie-3-Aktivität könnte dadurch gemindert werden, daß Dunn *et al.* die Therapiesitzungen auf 45 Minuten beschränkten und somit das Prinzip verletzten, daß insbesondere in der ersten Sitzung einem anfänglichen Ansteigen der Belastung Rechnung getragen und soviel Zeit gelassen werden muß, daß die therapeutische Arbeit ihre Wirkung entfalten kann. Eigenartigerweise bezeichnen die Autoren diese zeitliche Beschränkung als einen Vorteil der Behandlung mit Augenbewegungen. Um die Bedeutung der Resultate dieser Studie für die Beurteilung des Nutzens der Kategorie-3-Aktivität richtig einzuschätzen, muß bedacht werden, daß die Hypothese, Kategorie-3-Aktivitäten würden sich auf klinisch relevantes Material positiv auswirken, für einen der Verarbeitung förderlichen Kontext entwickelt wurde.

Ob der Dunn-Gruppe klar war, daß Augenbewegungen oder andere Interventionen nur in einem solchen Kontext erfolgreich sein können, (oder wenn zumindest kein Bedrohungskontext kontaktiert wird, der eventuelle therapeutische Wirkungen neutralisiert), wurde im Diskussionsteil der Studie angezweifelt. Nach Abschluß der Arbeit mit den beiden im Verbundverfahren untersuchten Teilnehmergruppen beschlossen die Forscher, die Placebo-Effekte zu untersuchen, indem sie weitere Teilnehmer der gleichen Behandlung unterzogen.

Diesmal wurde den Teilnehmern mitgeteilt, die EMDR-Prozeduren dienten dazu, »die Auswirkungen visueller Stimuli auf belastende oder traumatische Erlebnisse zu untersuchen.« Nach Angabe der Autoren berichteten daraufhin alle drei Teilnehmerpaare, sie fühlten sich schlechter, und drei Teilnehmer brachen in Tränen aus. Daraufhin wurde die Arbeit unterbrochen, weil der Experimentator befürchtete, es könne Schaden angerichtet werden. Dies veranlaßte die Autoren der Studie zu dem Schluß, die »Erwartungen des Experimentators bzw. Therapeuten könnten bei der Anwendung von EMDR-Prozeduren eine signifikante Rolle spielen.« Offenbar erkannten Dunn *et al.* nicht, daß Erwartungseffekte *jede* soziale Interaktion und somit auch andere psychotherapeutische Methoden beeinflussen. Ihre Konzentration auf Erwartungseffekte, statt auf ihre spezielle Art der Anwendung von EMDR – die dadurch gekennzeichnet war, daß sie ihre Klienten nicht auf eine mögliche negative Reaktion vorbereiteten – ist der Beweis dafür, daß sie die Augenbewegungen nicht in einem Kontext benutzten, der die Wirkung derselben maximierte und zu demonstrieren vermochte oder aber die Grenzen ihrer Wirkung demonstrierten, falls die bei Behandlung mit Augenbewegungen erzielten Resultate die der durch Fokussieren der Augen auf einen Punkt erzielten nicht übertrafen.

In einer unveröffentlichten Dissertation beschreibt Opdyke (1995), wie er Untersuchungsteilnehmer, die an PTBS litten, in zwei Sitzungen entweder nach dem EMDR-Standardverfahren oder mit einer EMDR-Variante behandelte, bei der die Klienten aufgefordert wurden, kontinuierlich auf einen Punkt an der gegenüberliegenden Wand zu starren, während der Therapeut sie zur Aufrechterhaltung des Fokus anfeuerte. Bei den je zehn Teilnehmern beider Gruppen wurden mit Hilfe von zwei PTBS-Standardmessungen vor und nach der Behandlung und bezüglich der SUD-Werte deutliche Besserungen festgestellt. Hinsichtlich der in den beiden Behandlungsgruppen erzielten Besserung gab es keine statistisch signifikanten Unterschiede – abgesehen davon, daß bei der mit Augenbewegungen behandelten Gruppe der VoC-Wert deutlich besser wurde, bei der zum Fokussieren der Augen aufgeforderten Gruppe hingegen nicht –, obwohl auch bei ihr eine deutliche Tendenz zu einer solchen Verbesserung zu erkennen war. Bei der Wartelisten-Kontrollgruppe hingegen war keinerlei Verbesserung hinsichtlich irgendeiner Messung zu erkennen.

Opdyke führte seine positiven Resultate auf Expositions- oder Placebo-Wirkungen zurück. Mit der Expositionserklärung haben wir uns bereits beschäftigt. Die Placebo-Erklärung ist insofern problematisch, als dies bedeuten würde, daß Opdykes in nur zwei Sitzungen erreichte »Placebo-Resultate« therapeutisch wirksamer gewesen wären als »aktive« Therapien in wesentlich mehr Sitzungen. Eine mögliche Interpretation von Opdykes Resultaten sowie der Ergebnisse anderer Studien, in denen die positive Wirkung einer »Placebo«-Behandlung ohne Augenbewegungen demonstriert wird, wäre, daß das längere Fokussieren beider

Augen auf einen Punkt an der Wand die Erfordernisse für Kategorie-3-Aktivitäten erfüllt, insbesondere da ja auch die ständige Orientierung der Augen auf den Punkt Augenbewegungen erforderte und der Therapeut den Klienten immer wieder ansporne, die visuelle Fokussierung auf den Punkt aufrechtzuerhalten. Eine gewisse psychophysiologische Bestätigung dessen, daß das Fokussieren auf einen Punkt den für EMDR charakteristischen Augenbewegungen in der Wirkung ähnelt, liefert die bereits kurz erwähnte Arbeit von Mulholland & Peper (1971), in der berichtet wird, das durch Fokussieren auf einen Punkt ebenso wie durch bestimmte Arten von Augenbewegungen die okzipitalen und parito-okzipitalen Alphawellen unterdrückt werden, wogegen ein nichtkonvergentes, fixiertes Starren die Alphawellenproduktion zu fördern scheint. Die Relevanz dieser Erkenntnisse könnte noch unterstrichen werden durch die klinische Beobachtung, daß ein Wechsel zur Dissoziation oft von einem nichtkonvergenten »leeren Starren« begleitet wird. Andererseits wird die Bedeutung dieser Beobachtung durch im folgenden referierte Studien relativiert, aus denen hervorgeht, daß Augenbewegungen als Komponente der EMDR-Behandlung einer Fixierung der Augen überlegen sind.

Alternativen zu den Augenbewegungen

Die erste in diesem Abschnitt referierte Studie stützt meines Erachtens die Ansicht, daß die Augenbewegungen bei der Förderung der Verarbeitung keine einzigartige Rolle spielen, sondern daß eine ganze Kategorie von Aktivitäten diese Funktion erfüllt. Pitman *et al.* verglichen in einer Studie mit Klienten, die unter chronischer kriegsbedingter PTBS litten, die Wirkung einer EMDR-Standardbehandlung mit der einer Variante, bei welcher die Klienten, statt Augenbewegungen auszuführen, mit ihren Händen auf die Lehnen ihrer Stühle tippten und auf eine Markierung an der gegenüberliegenden Wand starrten, während der Therapeut seine Finger auf die für eine EMDR-Behandlung charakteristische Weise durch ihr Sehfeld bewegte. Ziel dieser Testanlage war, beide Gruppen eine vergleichbare psychophysiologische Aktivität ausführen zu lassen.

Teilnehmer beider Gruppen berichteten über »geringfügige bis mäßige« Besserungen (S. 419), insbesondere bezüglich der *Impact of Event Scale*, doch wurden hinsichtlich der meisten globalen Messungen keine positiven Entwicklungen festgestellt. Pitman *et al.* gelangten zu dem Schluß, daß EMDR – sowohl bei Einbeziehung der Augenbewegungen als auch bei Fixierung der Augen – Resultate erzielt, die mit denjenigen von herkömmlichen Expositionsbehandlungen zumindest vergleichbar sind, wobei EMDR von den Klienten jedoch besser angenommen wird. Die von Pitman berichteten Resultate scheinen die Vorstellung einer erweiterten Kategorie 3 zu stützen. Leider unterliegen die Erkenntnisse dieser Forschergruppe dem Vorbehalt, daß viele der in diesem Rahmen durchgeführten Sitzungen nicht der EMDR-Standardpraxis entsprachen. Der Fehler, den Pitmans Therapeuten am häufigsten machten, war, nicht den Assoziationen der Klienten zu folgen, sondern sie vor jeder Serie von Kategorie-3-Aktivitäten aufzufordern, auf ein neues Ziel zu fokussieren, das sie, die Therapeuten, ausgewählt hatten.

Auch zwei andere Entdeckungen von Pitman *et al.* verdienen unsere Aufmerksamkeit: Erstens wurden signifikante Korrelationen zwischen der korrekten Erschließung von Erinnerungsnetzwerken und den durch mehrere Messungen bestätigten Behandlungsresultaten, darunter der CAPS für beide Gruppen, festgestellt. Zweitens konnten drei der mit Augenbewegungen und einer der mit Augenfokussierung behandelten Klienten die Desensibilisierung vor den vorgesehenen sechs Sitzungen zum Abschluß bringen.

Auch Devilly, Spence & Rapee (1998) behandelten Veteranen mit chronischer kriegsbedingter PTBS. Um die Bedeutung der Augenbewegungen für die EMDR-Behandlung zu untersuchen, ersetzten die Forscher diese durch ein Blinklicht mit variabler Blinkgeschwindigkeit, das so gesteuert wurde, daß die Klienten zur visuellen Fokussierung darauf angespornt wurden. Obwohl Devilly *et al.* über die bei ihren Klienten erzielten Besserungen enttäuscht waren, waren sowohl bei der EMDR-Gruppe als auch bei der mit der EMDR-Variante behandelten Gruppe verglichen mit einer Kontrollgruppe, die nur unterstützende Betreuung erhalten hatte, statistisch signifikante Verbesserungen bezüglich mehrerer Variablen zu erkennen. Dies war insofern erstaunlich, als diesen Klienten, die bereits zahlreiche Behandlungsversuche hinter sich hatten und zu Beginn der Studie noch über beträchtliche Symptome berichtet hatten, nur zwei Sitzungen angeboten worden waren. Beim Vergleich der Resultate der mit Augenbewegungen und der mit visueller Fokussierung behandelten Gruppe war ein durchgängiger, wenn auch nicht statistisch differenter Vorteil für die mit Augenbewegungen behandelte Gruppe zu erkennen.

Außer der Studie der Pitman-Gruppe haben sich auch noch einige andere Untersuchungen speziell mit anderen Kategorie-3-Aktivitäten als den Augenbewegungen beschäftigt. Eine Studie, in der die Bedeutung der Augenbewegungen am deutlichsten hervorgehoben und die Wirksamkeit alternativer Aktivitäten (und damit die Hypothese der erweiterten Kategorie 3) nicht bestätigt wird, wurde von David Wilson *et al.* (1996) durchgeführt. Die Teilnehmer, die unter Problemen wie traumatischen Erinnerungen litten, erhielten entweder eine EMDR-Standardbehandlung, eine EMDR-Therapie, bei der sie anstelle der Augenbewegungen abwechselnd mit zwei Fingern zum Taktschlag eines Metronoms tippten, oder eine EMDR-Behandlung, bei der die Augenbewegungen durch eine Ruhepause ersetzt wurden. Die nach dem EMDR-Standardverfahren behandelten Teilnehmer berichteten über eine fast vollständige Auflösung ihrer subjektiven Belastung sowie über eine signifikante Besserung ihres SUD-Wertes und verschiedener anderer psychophysiologischer Messungen. Hingegen stellten die Teilnehmer aus den anderen beiden Gruppen fast keinerlei Besserung fest, bis sie später eine EMDR-Standardbehandlung erhielten. Daraufhin kam es auch bei ihnen zu einer Besserung, die mit jener der nach dem EMDR-Standardverfahren behandelten Teilnehmer vergleichbar war.

Die in dieser Studie mitarbeitenden Therapeuten hatten eine umfangreiche Praxiserfahrung, waren außerdem kompetente EMDR-Praktiker und hatten zusammen mit Francine Shapiro andere Kliniker in der Anwendung der EMDR-Methode ausgebildet. Obwohl diese Studie die Effektivität von EMDR und der Augenbewegungen sehr stark unterstreicht, bestätigt sie nicht die Hypothese einer erweiterten Kategorie 3, die außer den Augenbewegungen auch andere Aktivitäten einschließt. Da sich das Selbstantippen der Klienten in einigen klinischen Situationen jedoch zweifellos als wirksamer Ersatz für die Augenbewegungen erwiesen hat, erfordern die Resultate von Wilson *et al.* eine Erklärung. Francine Shapiro (1997, persönliche Mitteilung) hat die Ansicht vertreten, daß ein durch ein Metronom reguliertes Tippen mit den eigenen Fingern zu ablenkend wirken und den fortgesetzten Kontakt mit relevanten Assoziationsnetzwerken unmöglich machen könnte. Die Wilson-Studie weist auf die Komplexität der Thematik hin und bereitet den Weg für eine detaillierte Untersuchung der Frage, was eine Kategorie-3-Aktivität ist und was nicht.

Andererseits haben Bauman & Melnyk (1994) in einer Studie über Prüfungsangst die Wirkung einer EMDR-Version mit Augenbewegungen und einer EMDR-Version, bei der die Teilnehmer statt der Augenbewegungen im Takt mit einem Metronom mit ihren Zeigefingern auf eine Tischplatte klopften, an einer nichtklinischen Population erprobt und festgestellt, daß beide Behandlungen im Hinblick auf verschiedene Variablen zu einer »klinisch« und statistisch signifikanten Besserung führten. Wie an den VoC-Werten zu erkennen war, schien die Tippübung zu einer etwas stärkeren Desensibilisierung, die Augenbewegungen hingegen zu einer etwas besseren Verarbeitung zu führen.

Schließlich möchte ich noch erwähnen, daß Cocco & Sharpe (1993) über eine EMDR-Behandlung in einer Sitzung, in der eine auditive Stimulationsvariante verwendet wurde, über eine Linderung der PTBS-Symptome eines vierjährigen Jungen (nach Auskunft seiner Eltern) berichten.

Was sagt all dies über die Bedeutung der Augenbewegungen in der EMDR-Behandlung, über andere Stimulationsmethoden und allgemein über Kategorie-3-Aktivitäten? Da es zu viele Variable, zu wenige Untersuchungen und zu viele verwirrende Resultate gibt, können Aussagen zu dieser Thematik natürlich nur Grundtendenzen markieren. Dennoch möchte im folgenden eine Sichtung der vorliegenden Erkenntnisse versuchen. Die nichtklinische Studie von Andrade *et al.* (1997) und die klinischen Studien von Gosselin & Mathews (1995), Montgomery & Ayllon (1994), Lohr *et al.* (1995, 1996) sowie D. Wilson *et al.* (1996) unterstreichen die Relevanz der Augenbewegungen. Wegen geringerer Wirkungen oder geringerer Kontrolle über die für die Augenbewegungen relevanten Variablen äußern sich die Studien von Feske & Goldstein (1997), Hekmat *et al.* (1994), Boudewyns *et al.* (1993) und meiner Meinung nach auch Renfrey & Spates (1994) tendenziell stützend. Boudewyns & Hyer (1996), Foley & Spates (1995), Opdyke (1995), Sanderson & Carpenter (1992), Dunn *et al.* (1996) und Acierno *et al.* (1994) stützen die Bedeutung der Augenbewegungen nicht oder streiten deren Bedeutung sowie auch die der Kategorie 3 im allgemeinen in unterschiedlichem Maße ab.[9]

In welchem Maße Studien mit negativer Tendenz die Bedeutung der Augenbewegungen nicht bestätigen, sagt möglicherweise mehr über die Grenzen der Wirkung als über deren völliges Fehlen aus. Sobald eine kritische Masse die therapeutische Wirkung von Augenbewegungen bestätigt – was meiner Meinung nach der Fall ist –, sagen Mißerfolge bei der Suche nach dieser Wirkung mehr über das Wesen der Wirkung oder über die Fähigkeit ihrer Erforscher, die Wirkung zu finden, aus als über die Existenz der Wirkung. Psychologen vertreten oft den Standpunkt, wenn *ein* Kliniker oder *ein* Forscher eine bestimmte Wirkung erzeugen könne, müsse *jedermann* dazu in der Lage sein, damit dieselbe als Tatsache gelten könne. Wir sollten bereit sein, als Möglichkeit zu akzeptieren, daß ein Mißerfolg bei der Suche nach einer Wirkung auf Mängel der Suche basieren könnte, so wie dies auch im Bereich der Medizin oder der Kunst vorkommt. Nicht alle Chirurgen können jede Operation ausführen, und nicht jeder Pianist kann ein Klavierkonzert von Rachmaninoff spielen. Ein solches Unvermögen spiegelt die Fähigkeiten des Ausführenden oder die Qualität der Ausführung, jedoch keinen Mangel, der dem Ausgeführten selbst anhaften würde.

Hinsichtlich der Frage, ob die Kategorie 3 außer den Augenbewegungen noch andere Aktivitäten umfaßt, legen die Resultate von Pitman *et al.* (1996), Bauman & Melynick (1994), Cocco & Sharpe (1993), Devilly *et al.* (1998) und Andreade *et al.* (1997) sowie umfangreiche klinische Arbeiten eine Erweiterung der Kategorie nahe, D. Wilson *et al.* hingegen nicht. Die meisten Untersuchungen stützen eine Erweiterung der Kategorie 3, eine Variante bilateraler taktiler Stimulation. Außerdem könnte auch okulare Konvergenz in Verbindung mit Anspornungen des Therapeuten zum Fokussieren und zur Ausführung der zur Aufrechterhaltung des fokussierten Zustandes notwendigen Augenbewegungen als wirksame Kategorie-3-Aktivität bezeichnet werden, obwohl diese Aktivität nie als EMDR-Aktivität empfohlen wurde.

Fasse ich die Kategorie 3 jedoch so weit, setze ich mich dem Vorwurf aus, daß alles, was irgend jemand tun kann, als Kategorie-3-Aktivität verstanden werden könnte. Dem möchte ich entgegensetzen: Wenn die Orientierungsreaktion der Mechanismus ist, welcher der beschleunigten Informationsverarbeitung mit Hilfe von Kategorie-3-Aktivität zugrunde liegt, dann können in der Tat viele unterschiedliche Aktivitäten jene anhaltende Orientierungsreaktion auslösen, die zu jenen verglichen mit herkömmlichen PTBS-Therapien schnellen Ergebnissen führt, wie sie für EMDR charakteristisch sind.

Ebenso könnte es für Kategorie-3-Aktivitäten im allgemeinen eine Wechselbeziehung zwischen der jeweiligen Person, Aktivität und Zielart geben, die zu einer Erklärung beitragen könnte, *falls* jemals genügend Untersuchungen oder umfassende Erkenntnisse sowohl über die Augenbewegungen als auch über anderweitige Aktivitäten vorliegen sollten.

Kategorie 4: Verschließung oder Hemmung des Zugangs zur Information

Bekannte Beispiele für den Einsatz von Hemmung in der Psychotherapie sind die Anwendung von Entspannungstechniken zur Verringerung von Angst oder die Abwendung der Aufmerksamkeit von belastenden Bildern, Gedanken usw. Obwohl der Sinn und Zweck der Psychotherapie letztendlich die Verarbeitung oder Reprozessierung von Information ist, kann ein Zwischenziel manchmal darin bestehen, daß dem Klienten geholfen wird, sich von bestimmten Informationen zu distanzieren, um ihn zeitweilig von destruktiv wirkenden Belastungen zu befreien. Die meisten Psychotherapeuten benutzen diese Art von Aktivität in irgendeiner Form. Therapeuten, die mit EMDR arbeiten, benutzen inhibitorische Aktivitäten häufig, um Sitzungen abzuschließen, in denen traumatische Ereignisse nicht vollständig verarbeitet wurden. Therapeuten, die mit *Flooding* arbeiten, benutzen am Ende von Sitzungen aus ähnlichen Gründen Entspannungsübungen. Abgesehen von der Psychotherapie werden bei der Behandlung psychischer Probleme häufig angstlösende und neuroleptische Medikamente benutzt, um den Zugang zur Information zu verschließen.

Die inhibitorische Kategorie-4-Aktivität sollte nicht mit der manchmal ebenfalls inhibitorischen Wirkung von Kategorie-3-Aktivität verwechselt werden. Im letzteren Fall wird ein bestimmter Aspekt der konditionierten emotionalen Reaktion und/oder der Vermeidungsreaktion gehemmt, um die Verarbeitung von Information zu ermöglichen. Die Hemmung der Vermeidungsreaktion und eine dadurch möglich werdende Verarbeitung ist nicht identisch mit Bemühungen, den Zugang zu dem gesamten Assoziationsnetzwerk zu verschließen, so wie es Kategorie-4-Aktivitäten zum Ziel haben. Die Wesensunterschiede zwischen beiden sind sehr tiefgreifend und betreffen den Sinn und Zweck, die Arten von Aktivitäten und das zu erwartende Resultat.

Außerdem muß man sich klarmachen, daß durch das Zugänglichmachen oder die Einführung von Information der vorherige Bewußtseinsinhalt gehemmt wird: Wenn Sie an einer Straßenecke stehen und zuerst ein Auto und dann einen Bus sehen, so kann man sagen, daß der Bus das Gewahrsein des Autos hemmt. Noch einmal sei darauf hingewiesen, daß der Zweck der Zugänglichmachung oder Einführung neuer Informationen in der Psychotherapie darin besteht, die Integration zu fördern, nicht darin, das zu hemmen, was vor der therapeutischen Aktivität im Gewahrsein war. Es ist, als würde der Therapeut zuerst mit einem Personenwagen und dann mit einem Bus am Klienten vorüberfahren – nicht damit der Bus im Bewußtsein des Klienten an die Stelle des Personenwagens tritt, sondern damit der Klient versteht, daß Fahrzeuge um die Ecke verschwinden können. Gemäß Kategorie 4 fordert der Therapeut den Busfahrer auf, so zu fahren, daß das Gewahrsein des Autos wahrscheinlich gehemmt und das Gewahrsein des Busses wahrscheinlich gefördert wird.

Das Vier-Aktivitäten-Modell in der Arbeit mit EMDR und mit anderen Methoden

Nachdem die Grundlagen des VAM-Modells beschrieben worden sind, halte ich es für an der Zeit, EMDR, andere Methoden der Psychotherapie und das VAM-Modell stärker zu integrieren. Unter den acht Phasen der EMDR-Behandlung haben *Rapport*, *Anamnese* und das *Zusammenstellen der Komponenten* gewisse Ähnlichkeiten mit anderen Methoden, weisen aber gleichzeitig für EMDR charakteristische Eigenarten auf. Bei diesen frühen Behandlungsphasen geht es hauptsächlich um Kategorie-1-Aktivitäten, mit deren Hilfe vorhandene Information zugänglich gemacht wird, sowie um Kategorie-2-Aktivitäten, die der Vermittlung neuer Information dienen. Obgleich die therapeutische Veränderung häufig schon mit Behandlungsbeginn einsetzt und EMDR sich schon in diesen Phasen von anderen Methoden unterscheidet, zeigen sich die deutlichsten Unterschiede später, in den Phasen der Bewertung und Desensibilisierung, in denen an dysfunktionalen Gedanken und Emotionen gearbeitet und der Hauptteil der therapeutischen Veränderung erwartet wird.

In der Bewertungsphase, die mit Kategorie-1-Aktivität – der Erschließung gespeicherter Information – beginnt, nutzt EMDR Techniken anderer Behandlungsmethoden, setzt sie jedoch auf eine unverwechselbare Weise ein. Nach Beginn dieser Phase der EMDR-Behandlung geschieht folgendes:

1. Der Klient wird aufgefordert, sich den schlimmsten Augenblick des Ziel-Ereignisses vorzustellen. Dies ähnelt der imaginativen Exposition, aber auch jeder anderen Therapieform, in welcher der Therapeut den Klienten auffordert, die Problemsituation zu beschreiben. (Die Beispiele für Ähnlichkeiten zwischen EMDR und anderen Methoden dienen der Veranschaulichung, erheben jedoch keinen Anspruch auf Vollständigkeit.)

2. Eine negative Kognition, gewöhnlich in Form einer Selbstaussage, wird identifiziert oder entwickelt. Dies ähnelt der Rational-Emotiven Therapie (RET), der Kognitiven Verhaltenstherapie und der Technik der paradoxen Intervention aus der Strategischen Therapie.

3. Eine alternative, positive Kognition wird identifiziert oder entwickelt und ihre gegenwärtige Zutreffendheit festgestellt. Auch dieser Schritt weist Ähnlichkeiten mit der RET und der Kognitiven Verhaltenstherapie auf, und die Beurteilung der positiven Kognition entspricht außerdem einem zentralen Prinzip der Verhaltenstherapie. In dieser Phase der EMDR-Arbeit werden oft Kategorie-2-Aktivitäten eingesetzt, da die Klienten nicht immer über die Information verfügen, die sie benötigen, um eine positive Kognition zu entwickeln.

4. Emotionen und körperliche Empfindungen manifestieren sich während der Erinnerung an das Ereignis und werden dann identifiziert und bewertet. Dieser Vorgang weist gewisse Ähnlichkeiten mit Körpertherapien, Expositionstherapien und allgemeinen verhaltenstherapeutischen Prinzipien auf.

5. Der Klient wird aufgefordert, sich alle negativen Komponenten des Ziel-Ereignisses zu vergegenwärtigen. Die Ähnlichkeit mit der imaginativen Expositionstherapie ist deutlich zu erkennen.

6. An diesem Punkt werden Kategorie-3-Aktivitäten initiiert, um die Informationsverarbeitung zu verbessern (gewöhnlich in Form einer etwa zehn Sekunden dauernden Serie von Augenbewegungen).

7. Nach Abschluß der Augenbewegungen wird der Klient gefragt, was ihm bewußt geworden ist. Dabei gibt der Therapeut ihm jedoch keinerlei Anhaltspunkte, aus denen er schließen könnte, daß von ihm erwartet wird, eine bestimmte Art von Erfahrung zu erinnern. Im Grunde handelt es sich um die Aufforderung zu einer Art freier Assoziation, was als Anleihe bei psychoanalytischen Ansätzen und bei der akzeptierenden, nichturteilenden Einstellung der klientzentrierten Therapie verstanden werden kann.

8. Daraufhin werden erneut Kategorie-3-Aktivitäten initiiert. In den einfachsten Fällen setzt sich dieses Muster fort, bis das Ziel-Ereignis desensibilisiert und reprozessiert ist. Wie bereits erwähnt, unterscheiden sich die Aktivitäten in den Phasen 6, 7 und 8 sehr stark von den Standardprozeduren der imaginativen Exposition, bei denen der Klient dazu angehalten wird, seine Aufmerksamkeit über lange Zeitspannen auf belastende Stimuli zu konzentrieren, und versucht wird, jede Ablenkung vom Ziel zu unterbinden (Grayson, Foa & Steketee 1982; Lyon & Keane 1989; Stern & Marks 1972). Somit ist es unwahrscheinlich, daß der entscheidende Wirkungsmechanismus der Veränderung bei einer EMDR-Behandlung die einfache Löschung ist.

Wenn der Prozeß des Wechselns zwischen Kategorie-3-Aktivitäten und Äußerungen des Klienten über das, was jeweils in seinem Bewußtsein aufgetaucht ist, nicht zu einer erfolgreichen Informationsverarbeitung führt, werden weitere Aktivitäten der Kategorie 1 (zur Erschließung vorhandener Information) und Kategorie 2 (zur Vermittlung neuer Information) initiiert. Diese können den unterschiedlichsten therapeutischen Ansätzen entlehnt werden, und wir werden uns im folgenden eingehender mit ihnen beschäftigen. Ein Beispiel hierfür ist, daß der Klient aufgefordert wird, sich vorzustellen, er spräche vor Beginn einer neuen Serie von Kategorie-3-Aktivitäten mit einer Person, die an dem Ereignis beteiligt war (eine Technik der Gestalttherapie). Ebenso könnte ein trauernder Klient, der glaubt, ein Verstorbener, der ihm nahestand, sei im Himmel, vor Beginn einer neuen Serie von Kategorie-3-Aktivitäten aufgefordert werden, sich vorzustellen, wo sich diese Person nun befindet (eine Technik der seelsorgerischen Beratung oder möglicherweise auch ein Anklang an eine Regression im Dienste des Ich). Wenn ein Klient am Ende einer Sitzung immer noch unter einem gewissen Maß an Belastung leidet, kann eine Kategorie-4-Aktivität in Form von Entspannungsübungen oder Hypnose initiiert werden, um die Fortsetzung der Informationsverarbeitung bis zur nächsten Behandlung zu unterbinden.

Das Vier-Aktivitäten-Modell ist eine sehr allgemein gehaltene Beschreibung psychotherapeutischer Aktivität, die meiner Meinung nach verschiedene psychotherapeutische Ansätze aus der Perspektive der Informationsverarbeitung miteinander zu verbinden vermag. Eine Weiterentwicklung und Erforschung dieses Modells könnte zur Klärung der Frage, welche Intervention in jedem konkreten Moment einer Psychotherapie am nützlichsten ist, beitragen. Außerdem sei darauf hingewiesen, daß die klinische Beschreibung bei diesem Therapiemodell in geringerem Maße die diagnostischen Kategorien des medizinischen Modells zu nutzen braucht und sich statt dessen der traditionell verhaltenstherapeutischen Ausdrucksweise bedient, bei der die Einzelheiten des konkreten Problems im Vordergrund stehen.

Vergleich des VAM mit anderen Metatheorien

Ich halte es für lohnend, das VAM mit zwei der am weitesten entwickelten integrativen Modelle zu vergleichen: mit dem Transtheoretischen Modell (TtM) von Prochaska und DiClemente (1992) und mit dem Multimodalen Modell (MM) von Lazarus (1989). Wir werden uns zunächst mit dem TtM befassen. Diesem Modell zufolge besteht das Ziel der Therapie einfach ausgedrückt darin, »Menschen zu einer akkurateren Informationsverarbeitung zu befähigen.« (S. 302) Dies kommt der Beschreibung nahe, die ich benutzen würde, um das ambitionierte Therapieziel des VAM zu beschreiben. Das Ziel *aller* Therapien ist aus der Sicht des VAM die Förderung der Informationsverarbeitung. Freud (1932, 1964) hat seine eigene diesbezügliche Position in der folgenden berühmten Äußerung zusammengefaßt:

> Ihre Absicht [die der Psychoanalyse] ist ja, das Ich zu stärken, es vom Über-Ich unabhängiger zu machen, sein Wahrnehmungsfeld zu erweitern und seine Organisation auszubauen, so daß es sich neue Stücke des Es aneignen kann. Wo Es war, soll Ich werden. (Freud, GW XV, S. 86)

Die Ausnahme zum Ziel der VAM, die Informationsverarbeitung zu fördern, ist, daß ein Klient oder ein Therapeut zu der Überzeugung kommt, daß er das Risiko einer Konfrontation mit den schmerzhaften Aspekten dieses Bemühens nicht eingehen will und statt dessen um Hilfe bei der Einschränkung des Zugangs zur Information bittet. Am besten wird eine solche Zugangsbeschränkung durch Kategorie-4-Aktivitäten erreicht, beispielsweise durch eine Entspannungsübung, durch Selbsthypnose oder durch Meditation. Doch kann die Kategorie-4-Aktivität eines Klienten, der negative Gedanken zu vertreiben versucht, indem er sich immer wieder sagt: »Ich bin okay, ich bin okay«, auch als Versuch verstanden werden, eine positive Überzeugung zugänglich zu machen, auch wenn dies einzig und allein dazu dient, den Zugang zu der negativen Überzeugung zu blockieren. Klinische Erfahrung lehrt uns, daß die Wiederholung einer konkurrierenden Überzeugung auf die Verarbeitung eines starken negativen Assoziationsnetzwerks keinen großen Einfluß hat – weshalb man diese Strategie nur sekundär zur Erschließung von Information nutzen würde.

Ein wichtiger Beitrag des TtM ist die Integration von therapiebasierten und nicht-therapiebasierten Veränderungsprozessen. Nach der Beschreibung des TtM findet Veränderung in sechs Phasen statt. Diese sind die der Vorüberlegungen (Präkontemplation), der Erwägungen (Kontemplation), der Vorbereitung, des Handelns, der Aufrechterhaltung und der Beendigung. Diese Analyse des Veränderungsprozesses berücksichtigt die Vorwärts- und Rückwärtsbewegung innerhalb dieses Kontinuums. Außerdem beschreibt das Modell, welche Arten von psychotherapeutischen Ansätzen in den verschiedenen Phasen jeweils am effektivsten sind.

Die Bausteine der Veränderung umfassen zehn Prozesse oder Arten von Aktivität, die in den sechs Phasen angewandt werden. Es handelt sich um Prozesse, die mehr oder minder in allen Therapien zu finden sind, nämlich: Stärkung des Bewußtseins, Selbstbefreiung, soziale Befreiung, Gegenkonditionierung, Reizkontrolle, Neubeurteilung der eigenen Person und Situation, Neubeurteilung der Umgebung, Kontingenzmanagement, eine starke Entlastung und helfende Beziehungen.

Dem VAM zufolge können diese zehn Veränderungsprozesse, welche die Aktivitäten der verschiedenen psychotherapeutischen Methoden beinhalten, als die vier Aktivitäten verstanden werden. Vielleicht läßt sich dies am besten durch Übersetzung einer Phase des TtM mit den für sie typischen therapeutischen Aktivitäten in das VAM veranschaulichen. Ich werde dies im folgenden mit der ersten Phase des TtM versuchen.

Der Kontakt zwischen Klient und Therapeut in der Phase der Vorüberlegungen (Präkontemplation) basiert nicht auf vom Klienten explizit formulierten Selbstveränderungszielen. Gewöhnlich ist der Kontakt zum Therapeuten durch irgendeine organisatorische Notwendigkeit zustande gekommen, beispielsweise eine Verpflichtung, die vor der Rückkehr zum Militär- oder Polizeidienst erfüllt werden muß. Manchmal wird das Gespräch mit einem Therapeuten von einem Gericht angeordnet, beispielsweise wegen Drogen- oder Alkoholmißbrauchs. In den Programmen des *Department of Veterans Affairs* ist es aufgrund der Struktur des Pensionssystems möglich, daß Therapeuten mit Klienten in der Präkontemplationsphase zusammentreffen. Veteranen, die unter psychischen Problemen leiden, müssen oft – oder glauben dies zumindest – »durch den Reifen springen«, d.h., den Anschein erwecken, sich einer Psychotherapie zu unterziehen, um die Pension zu erhalten, die sie zur Sicherung ihres finanziellen Überlebens benötigen, auch wenn sie gar nicht glauben, daß eine Therapie ihnen helfen könnte.

Nach dem VAM haben Klienten in dieser Phase höchstwahrscheinlich Assoziationsnetzwerke, die Elemente enthalten, welche andere oder sie selbst als problematisch ansehen, doch beabsichtigen sie entweder nicht, sich zu verändern, oder sie glauben, dies sei ihnen gar nicht möglich. Die Gründe, aus denen Klienten erst gar nicht versuchen, sich zu verändern, lassen sich am besten an den Überzeugungen der Betreffenden oder an den mit dem »Problem« zusammenhängenden kognitiven Elementen in den Assoziationsnetzwerken erkennen. Unter Klienten, die keine Kriegsveteranen sind, sind wahrscheinlich Überzeugungen wie »Mit mir ist alles in Ordnung; die Welt ist verrückt« verbreiteter. Veteranen in der Phase der Präkontemplation, die rückblickend das Gefühl haben, auf Bedrohungen oder vermeintliche Bedrohungen übermäßig stark zu reagieren, die ihre Familie meiden und die unter Intrusionen leiden, hegen gewöhnlich eher Überzeugungen wie: (1) »Ich habe nicht die Macht, mich zu verändern, selbst wenn ich es wollte. Der Krieg hat mich für immer gezeichnet.« (2) »Veränderung ist gefährlich, weil ich dadurch meinen Schneid verlieren und verletzlich werden würde.« (3) »Ich verdiene es zu leiden.« (4) »Die anderen sind schuld daran, daß ich so bin. Sollen *sie* sich doch verändern!« (Auf diese und andere Überzeugungen werde ich später ausführlicher eingehen.) Einige oder alle genannten Überzeugungen können im Zusammenhang eines Assoziationsnetzwerks kontaktiert werden, das durch mit dem »Problem«-Bereich assoziierte Reize oder generell durch Veränderung aktiviert wird. Gleichzeitig können ebenfalls dem betreffenden Netzwerk angehörende Emotionen wie Traurigkeit, Wut, Angst, Resignation, Gefühlstaubheit und dergleichen kontaktiert werden. Ebenfalls damit assoziierte Bilder können sich auf ein Trauma beziehen oder auf andere Menschen, die in hoffnungslosen Situationen erlebt wurden.

Im Mittelpunkt der therapeutischen Interventionen, die Transtheoretiker für die Phase der Präkontemplation empfehlen (Prochaska & DiClemente 1992; Prochaska, Norcross & DiClemente 1994) stehen *bewußtseinsstärkende* Aussagen, die dem Klienten helfen sollen, sich der »Ursachen und Konsequenzen ihrer Probleme sowie über Möglichkeiten, sie zu lösen« bewußter zu werden (Prochaska/DiClemente, S. 304). Die beiden Autoren weisen darauf hin, daß Bewußwerdung der primäre Veränderungsprozeß dynamischer Methoden ist. Der transtheoretische Ansatz trägt dem Umstand Rechnung, daß verschiedene psychotherapeutische Methoden unterschiedliche *Schauplätze* oder *Ebenen der Veränderung* hervorheben. Beispielsweise arbeiten Adlerianer in der Phase der Präkontemplation an dysfunktionalen Kognitionen, Anhänger Sullivans an interpersonellen Konflikten, strategische Therapeuten an Konflikten innerhalb von Familiensystemen und analytische Therapeuten an innerpersönlichen Konflikten. Außerdem weisen die Autoren darauf hin, daß auf der Ebene des Symptoms bzw. der Situation gearbeitet werden kann, allerdings nennen sie für die Arbeit nach diesem Ansatz, in dieser Phase und auf dieser Ebene keine bestimmte Schule (Prochaska & DiClemente, S. 309).

Der andere TtM-Veränderungsprozeß, der in der Phase der Präkontemplation wichtig ist, sind die Angebote der Gesellschaft, die der Lösung des Problems dienen, im Rahmen des TtM-Konzepts *soziale Befreiung* (*social liberation*) genannt. Prochaska *et al.* (1994) führen Beispiele wie die Rauchverbotsregelungen in Gebäuden an, die den Besuchern oder Bewohnern helfen sollen, sich Gedanken darüber zu machen, daß sie mit dem Rauchen aufhören sollten. Das VAM würde die *soziale Befreiung* den Aktivitäten der Kategorien 1 und 2 zurechnen.

Das Therapieverständnis des VAM

Aus der Sicht des Vier-Aktivitäten-Modells hängt die Arbeit in der Phase der Präkontemplation vom spezifischen Inhalt der mit dem Problem verbundenen Assoziationsnetzwerke ab sowie davon, was diesen Netzwerken hinzugefügt werden muß, um eine gründliche Verarbeitung der darin enthaltenen Information zu ermöglichen. Falls dem Klienten nicht bewußt ist, daß die Unzufriedenheit, die sein Leben prägt, mit seinem eigenen Verhalten zusammenhängt, muß man ihm diese Information vermitteln. Ist er sich darüber im klaren, daß er selbst an der Entstehung seines Unbehagens maßgeblich beteiligt ist, glaubt aber, er könne sich nicht verändern, kann man ihm Information, die das Gegenteil belegt, entweder vermitteln oder zugänglich machen, letzteres beispielsweise durch Erschließen von Erinnerungen an frühere erfolgreich verlaufene Veränderungsversuche oder durch Anführen bekannter Beispiele von Menschen, denen es in ähnlichen Situationen gelungen ist, sich zu verändern. Alle Therapiemethoden

– nicht nur dynamische Therapien – haben ihre spezifische Art, Klienten klarzumachen, daß es einen Weg zur Veränderung gibt und wie dieser Weg beschaffen ist.

Es ist anzumerken, daß in einer Therapie auch nonverbale Information erschlossen und eingeführt wird, und vielleicht haben Prochaska & DiClemente die Therapieverfahren, die sie für diese Phase nennen, aufgrund ihrer nonverbalen Aspekte ausgewählt. Die nichturteilende, akzeptierende Haltung der dynamischen Therapien und der klientzentrierten Therapie von Carl Rogers vermitteln oder erschließen Information, die für den Klienten von Wert ist. Gelingt dies, ermöglicht die so geförderte Einstellung den Zugang zu belastender Information und deren Verbindung mit neuer oder reaktivierter Information, die beinhaltet, daß der Klient in seinem Tun und Sein akzeptabel ist, wodurch die schädigenden Aspekte der Assoziationsnetzwerke aufgelöst werden.

Das VAM stimmt mit dem TtM insofern überein, als das letztendliche Ziel der Psychotherapie ist, »den Betreffenden zu einer besseren Informationsverarbeitung zu befähigen.« Überlegen ist das VAM dem TtM hinsichtlich eines elementareren Verständnisses der zugrundeliegenden Prozesse. Es versteht Therapie im Sinne spezifischer Elemente der Assoziationsnetzwerke des Klienten sowie dessen, wie der Therapeut dem Klienten helfen kann, diese Netzwerken zu verändern. Ist der Klient von seiner eigenen Wertlosigkeit überzeugt, empfindet er gleichzeitig Angst, wendet er sich habituell von anderen Menschen ab, und hat er Erinnerungen an die Entstehung dieser Reaktionen, was tut dann der Therapeut, um ihm zu helfen, die Netzwerke zu erschließen, die diese Information enthalten? Und wie hilft er ihm, Information in das Netzwerk zu integrieren, die es ermöglicht, die schädigenden Aspekte desselben – Emotionen, negative Selbsteinschätzungen und Gewohnheiten – zu überwinden und das, was von Wert ist, zu erhalten? Wie nah sitzen wir (Therapeut und Klient) einander? Welche Arten von Gesichtsausdruck sind von Nutzen? Was sagen wir? Und wozu fordern wir den Klienten auf? Um Therapie aus dieser Perspektive zu verstehen und in diesem Sinne therapeutisch gut zu arbeiten, müssen wir auf die Aktivitäten bereits früher entwickelter Therapiemethoden zurückgreifen. Außerdem kann es nützlich sein zu wissen, welche Assoziationsmuster für eine bestimmte Situation typisch sind, jedoch gleichzeitig die mit diesen Aktivitäten assoziierten verwirrenden theoretischen Strukturen zu meiden.

Das von Lazarus entwickelte Modell der Multimodalen Therapie ist eine kargere Beschreibung des Therapieprozesses als das TtM und in wesentlich stärkerem Maße der Vorläufer des VAM. Lazarus (1992, S. 236) beschreibt sein Ziel, »das psychische Leiden zu verringern und das persönliche Wachstum so schnell und dauerhaft wie möglich zu fördern«, zwar nicht in der vom TtM vorgeschlagenen Terminologie der Informationsverarbeitung, doch läßt sich sein Modell andererseits unmittelbarer in Konzepte der Informationsverarbeitung übersetzen. Er versteht die Situation des Klienten (des Menschen) im Sinne ihrer Bestandteile: Verhalten, Affekt, Sinnesempfindungen, Vorstellungsbilder, Kognition, zwischenmenschliche Beziehungen, chemische Stoffe / Biologie. Er beschreibt Interventionen, die spezifische Elemente in den von mir so genannten Assoziationsnetzwerken zum Ziel haben. Er bezieht verschiedene Therapiemethoden in sein Modell ein, lehnt es jedoch ab, seinen grundlegenden Glauben an die soziale und kognitive Lerntheorie zu einem Bestandteil seines formalen Modells zu machen.

Das VAM umfaßt eine allgemeine Abstraktionsebene therapeutischer Aktivität, die Lazarus absichtlich zu meiden scheint. Insofern ist sein Modell um die *Aktivitäten* der Informationsverarbeitung organisiert, zu denen der Therapeut den Klienten zu animieren versucht (beispielsweise das Zugänglichmachen und Vermitteln von Information), nicht um die *Elemente*, die zwecks ihrer Veränderung in den Assoziationsnetzwerken erschlossen oder vermittelt werden sollen (beispielsweise Verhalten oder Emotion). Zwar haben beide Ebenen der Analyse ihren Sinn, doch ermöglicht das VAM den Einschluß von Kategorie-3-Aktivitäten und veranschaulicht außerdem besser die Überschneidungen zwischen den verschiedenen psychotherapeutischen Methoden.

Letztendlich beobachten Integrationisten und Nicht-Integrationisten die gleichen Phänomene. In Abwandlung einer bekannten östlichen Metapher könnte man sagen: Es mag so *scheinen*, als trügen wir alle Augenbinden und berührten den Elefant an verschiedenen Stellen seines Körpers, wobei jeder von uns die besondere Bedeutung des von ihm entdeckten Teils betont, doch haben wir in Wahrheit eine ziemlich zutreffende Vorstellung davon, wie der Elefant *im großen und ganzen* beschaffen ist. Die entscheidende Frage lautet: Welche Sprache des Nachdenkens über den Elefanten ist für die klinische Praxis und Forschung am nützlichsten? Natürlich halte ich meine für die nützlichste, weil ich der Ansicht bin, daß sie den ganzen Elefanten erfaßt und die Teile, die andere bereits bemerkt haben, am besten integriert.

4

Klinische Empfehlungen für die Arbeit vor Beginn der Kategorie-3-Aktivität

Im vorigen Kapitel habe ich das Vier-Aktivitäten-Modell vorgestellt und zu erklären versucht, wie sich die Aktivitäten der verschiedenen Psychotherapiemethoden im Rahmen des VAM interpretieren lassen. Ich hoffe, es ist klar, daß eine unabhängig von ihrem Kontext betrachtete spezifische Intervention sich gleich bleibt, ob sie nun von einem Therapeuten, der dem VAM verpflichtet ist, oder von einem Therapeuten, der diesem Modell nicht folgt, benutzt wird. Damit meine ich: Wenn man einen Klienten auffordert, über die Ähnlichkeiten zwischen seinen augenblicklichen und seinen früheren beruflichen Schwierigkeiten nachzudenken, so muß dazu das gleiche Gespräch geführt werden, unabhängig davon, ob der Therapeut dies für eine Kategorie-1-Aktivität hält oder nicht. Ebenso läßt sich sowohl mit Hilfe der Newtonschen Physik als auch aufgrund von Einsteins Theorien voraussagen, daß Äpfel auf die Erde fallen, man kann es aber ebensogut auch mit Hilfe der animistischen Sicht begründen, daß Äpfel sich zur Erde hingezogen fühlen, weil sie sie so sehr lieben. Der Unterschied zwischen den verschiedenen Erklärungsmodellen besteht lediglich darin, daß eines ein umfassenderes Verständnis und erfolgreiche Interventionen in einer größeren Zahl unterschiedlicher Situationen ermöglicht.

Ebenso beinhaltet die Feststellung einer negativen Kognition in einer EMDR-Sitzung das gleiche, ob der behandelnde Therapeut dies für eine Kategorie-1-Aktivität hält oder nicht. Der praktische Nutzen des VAM wird dem Therapeuten wahrscheinlich nur deutlich, wenn ihm auffällt, daß die Informationsverarbeitung bei einem Klienten zum Stillstand gekommen ist. In solchen Fällen kann er zu der Überzeugung gelangen, daß die Blockierung mit Hilfe einer neuen Kategorie-3-Aktivität oder vielleicht auch einer anderen Kategorie-1-Aktivität überwunden werden könnte, beispielsweise indem er nicht weiter versucht, durch Fragen nach der gesuchten positiven Kognition zu forschen, sondern den Klienten auffordert, eine Übung mit einem leeren Stuhl auszuführen. Die Anwendung des VAM in solchen Situationen kommt dem Klienten insofern zugute, als es das Denken des Therapeuten flexibler und kreativer macht und ihm gleichzeitig ermöglicht, in seinem Handeln kohärent zu bleiben.

Ich möchte nun näher auf die Einzelheiten von EMDR eingehen und ihren Nutzen zunächst allgemein und später im Detail ergründen. Ich beziehe mich in meiner Erörterung auf einen der schwierigsten Bereiche klinischer Arbeit, mit denen wir heute konfrontiert werden: den posttraumatischen psychischen Reaktionen von Kriegsveteranen. Da sich an der Art der Ausführung einer Intervention nichts ändert, je nachdem, ob sie vor dem Hintergrund des VAM ausgeführt wird oder des Modells der Schule, von der sie entwickelt wurde, werde ich im weiteren nur über die jeweilige Intervention sprechen, ohne auf ihre Beziehung zum VAM einzugehen, die hoffentlich ohnehin klar zu erkennen ist.

Um auf die Probleme von Kriegsveteranen zurückzukommen und diese in der Terminologie der beschleunigten Informationsverarbeitung (AIP) und des Vier-Aktivitäten-Modells auszudrücken: Die weitläufigen Assoziationsnetzwerke des Veteranen enthalten Information, die in Form von visuellen Bildern, Verhaltensweisen, Überzeugungen, Emotionen, Gerüchen und dergleichen mehr erfahren wird. Einige dieser Elemente werden so stark repräsentiert, wie dies bei Menschen nur möglich ist, und sie tauchen immer wieder auf. Die Überzeugungen solcher Menschen können sich in einer Skala bewegen, die von »Ich werde jetzt gleich sterben«, »Ich bin durch und durch böse« oder »Ich bin absolut hilflos« bis hin zu »Ich bin ein Gott, und ich habe die Macht über Leben und Tod« oder »Ich bin verdammt für alle Ewigkeit und kann nicht auf Vergebung hoffen« reicht. Ihre Empfindungen können das Gefühl des völligen Verlustes der Kontrolle über die Körperfunktionen oder unerträgliche Schmerzen beinhalten.

Zu ihren Verhaltensweisen können tödliche Angriffe oder Selbstmordversuche zählen.

Nach dem VAM können bei einer Blockierung der Verarbeitung folgende Fragen bezüglich der weiteren therapeutischen Arbeit auftauchen: Wie können Assoziationsnetzwerke zugänglich gemacht werden, wenn es dem Klienten schwerfällt, dies zuzulassen? Welche neu vermittelte Information könnte helfen, das Problem zu überwinden? Welche Aktivitäten fördern die Informationsverarbeitung am besten, und welche Strategien sollten zur Einschränkung des Zugangs zu bestimmten Informationen sowie zur Unterbindung ihrer weiteren Verarbeitung herangezogen werden, falls dies für notwendig befunden wird?

Die Auseinandersetzung mit der Behandlung kriegsbedingter Traumata könnte deshalb besonders lohnend sein, weil sich die daraus gewonnenen Erkenntnisse auf die Ursachen anderer bei Jugendlichen und Erwachsenen vorkommenden Traumata übertragen lassen. An Kampfsituationen Beteiligte können die Rolle des Opfers, des Beobachters oder des Täters übernehmen, aber auch zwei dieser Rollen gleichzeitig oder alle drei zusammen, und jede dieser Rollen kann Traumata hervorrufen. Außerdem werden Kriegsteilnehmer meist mehrfach traumatisiert, durch das Erleben lebensbedrohlicher Situationen und oft auch durch das Erleiden schwerer körperlicher Verletzungen; insofern ist der Tatbestand der Schwerwiegendheit bei Ereignissen dieser Art eindeutig gegeben.[1] Des weiteren befinden sich Kriegsteilnehmer manchmal freiwillig und manchmal unfreiwillig in gefährlichen Situationen, weshalb wir an ihrem Beispiel Erkenntnisse über eine weitere wichtige Dimension gewinnen können.

Ich habe die einzelnen Phasen der EMDR-Arbeit bereits kurz in der Weise beschrieben, wie Francine Shapiro es in ihren Büchern und Workshops zu tun pflegt. Ich werde ihre verbindlichen Erklärungen hier nicht wiederholen, sondern versuchen, einige alternative Sichtweisen über den Umgang mit Information in einigen dieser Phasen zu entwickeln. Ich möchte jedoch allen, die lernen wollen, mit der EMDR-Methode zu arbeiten, dringend empfehlen, sich zunächst den von Francine Shapiro beschriebenen Ansatz anzueignen, bevor sie sich mit den hier beschriebenen Modifikationen befassen.

Die Behandlungsphasen

1. Anamnese und Behandlungsplanung

Jede psychotherapeutische Methode beinhaltet diese Phase. Da sich dieses Buch an erfahrene Therapeuten wendet, verzichte ich hier auf die Beschreibung einer Anleitung zur sachgerechten Durchführung einer Anamnese. Mit diesem Thema hat sich Francine Shapiro in ihrem Lehrbuch ausführlich befaßt, und auch mit Hilfe des von Lazarus entwickelten multimodalen Diagnoseverfahrens läßt sich ein guter Überblick über die Probleme eines Klienten erlangen, wobei spezifische Fragen zur Traumageschichte einbezogen werden können. Es wäre unverantwortlich, auf eine extrem gründliche und umfassende Anamnese zu verzichten – wobei anzumerken ist, daß den meisten Klinikern relativ schnell klar wird, daß eine Anamnese im Grunde niemals zum Abschluß kommt. Dies gilt insbesondere bei Klienten, denen geholfen werden soll, mit ihren Reaktionen auf traumatische Erlebnisse fertig zu werden, und deren zentrales Problem oft das Vermeiden oder Leugnen von Ereignissen oder bestimmter Aspekte derselben ist. Durch die besondere Fähigkeit, Erlebnisse zugänglich zu machen, die andere Methoden oft nicht zu erreichen vermögen, weist EMDR meines Erachtens sehr deutlich auf die Grenzen der zu Beginn einer Therapie durchgeführten Anamnese hin.

Es gibt die Überzeugung, daß nur sehr wenige Episoden nicht erinnert werden und daß Klienten Traumata unterdrücken, sie also nicht verdrängen oder dissoziieren (Karen 1994). Ich persönlich glaube, daß zur Entstehung von Erinnerungslücken sowohl bewußte als auch unbewußte Faktoren beitragen. Viele meiner Klienten erinnern zwar ihre Beteiligung an irgendeiner mörderischen Handlung, können sich jedoch absolut nicht erklären, warum sie so etwas jemals tun konnten. Im Laufe der Behandlung erinnern sie sich dann, daß jene Handlung, durch die sie sich, wie sie nachträglich empfinden, gedemütigt haben, unmittelbar einem schrecklichen Verlust folgte. Das Bestehen eines solchen Zusammenhangs war ihnen seit dem Ereignis völlig entfallen. In solchen Fällen erschien es mir als unwahrscheinlich, daß die Betreffenden mit voller Absicht nicht bereit waren, eine Verbindung zwischen den fraglichen Ereignissen herzustellen, denn dies hätte ja wahrscheinlich eine Linderung ihrer Schuldgefühle zur Folge gehabt. Festzuhalten bleibt, daß Klienten, die unter Kriegstraumata leiden, sich über ihre wichtigsten Traumata oft nicht äußern. Folglich kann eine zu gründliche Anamnese die Bemühungen um Beschleunigung der Informationsverarbeitung zunichte machen, die dem Klienten Linderung bringen, seine Funktionsfähigkeit verbessern, seine Feindseligkeit verringern und ihm letztendlich auch zur Vervollständigung seiner Anamnese verhelfen soll.

Eine Ergänzung der traditionellen Anamneseaktivitäten, die ich nicht nur bei der Arbeit mit Veteranen für nützlich halte, besteht darin, vorläufige Information über negative Kognitionen und über den mit potentiellen Ziel-Ereignissen verbundenen Affekt zu sammeln, während der Klient seine Geschichte erzählt. Möchte beispielsweise eine Klientin daran arbeiten, den Schmerz, unter dem sie infolge einer Vergewaltigung leidet, zu verringern, kann der Therapeut sie während ihrer Beschreibung des Geschehens fragen, was sie während der Ereignisse *und* während ihrer Schilderung desselben über sich selbst gedacht hat. Zwar sollte der Reaktion des Klienten normalerweise nicht weiter nachgegangen und zu diesem Zeitpunkt sollten Kognitionen noch nicht eingehender untersucht werden, so wie man es unmittelbar vor Beginn der Kategorie-3-Aktivitäten tun würde, doch spricht nichts dagegen, die Thematik sehr allgemein anzusprechen. Ebenso können Fragen gestellt werden, während der Klient über weitere Einzelheiten und über andere, nicht unbedingt traumatische Ereignisse berichtet, beispielsweise über einen Wohnortwechsel in der Kindheit.

Zur Behandlungsplanung ist zu sagen: Wenn wir davon ausgehen, daß sich EMDR einer Kombination der besten Informationserschließungs- und -vermittlungstechniken anderer Methoden bedient und ihnen ein Element hinzufügt, das die Informationsverarbeitung fördert, sollte bei der Behandlungsplanung fast generell berücksichtigt werden, daß EMDR schon relativ früh in der Therapie zum Einsatz kommt. Die Antwort auf die Frage, ob es ratsam ist, hierfür einen bestimmten Zeitpunkt zu empfehlen, hängt davon ab, ob Versuche, die Informationsverarbeitung zu fördern, in bestimmten Situationen nutzlos oder sogar nachteilig wären. Francine Shapiro weist darauf hin, daß dies unter verschiedenen Umständen der Fall ist. Dies sind generell Situationen, in denen der Zugang zu Informationen durch beschleunigende Maßnahmen so stark verbessert wird, daß der Klient selbst bei guter Unterstützung mehr Schaden erleidet, als er profitiert. Dies kann etwa bei Klienten mit schwacher Gesundheit der Fall sein, für die Abreaktionen körperlich gefährlich sein können, sowie bei Klienten mit starken Dissoziationsproblemen, bei denen zur Vermeidung einer gefährlichen Dekompensation Kategorie-4-Aktivitäten eingesetzt werden müssen.

Viele Kliniker erwarten, daß die Planung einer Behandlung mit der EMDR-Methode sich mit den eingeführten diagnostischen Kategorien auseinandersetzt, und in der Tat beschreibt und vermittelt Francine Shapiro im Level-1- und Level-2-Training die EMDR-Grundlagen unter Berücksichtigung der diagnostischen

Kategorien. Dies war und ist aus mehreren Gründen sinnvoll. Zum einen ist das DSM-IV die *Lingua franca* der Psychiatrie und Psychotherapie, und es empfiehlt sich natürlich, zur seriösen Beschreibung einer so radikal neuen Methode wie EMDR eine allgemein akzeptierte Sprache zu benutzen (und dadurch ihre Beurteilung zu erleichtern) und generell so wenig traditionelle Vorstellungen wie möglich umzustoßen.

Abgesehen vom Aspekt der Akzeptanz empfiehlt eine gebräuchliche Lernstrategie, sich stets mit einer Sache nach der anderen zu befassen. Lernen findet gemeinhin am besten im Rahmen von Kategorien statt, mit denen die Lernenden schon vertraut sind. Wenn also in der Anfangsphase des Lernens ein Workshopteilnehmer fragt: »Auf welches Ziel fokussieren Sie, wenn Sie EMDR zur Behandlung von PTBS benutzen?« könnte die beste Antwort sein: »Fordern Sie den Klienten auf, sich ein Bild vom schlimmsten Augenblick zu vergegenwärtigen.« Und wenn in der gleichen Situation ein Teilnehmer fragt: »Auf welches Ziel sollte man bei der Behandlung von Phobien fokussieren?« lautet die beste Antwort möglicherweise ebenfalls: »Fordern Sie den Klienten auf, sich ein Bild vom schlimmsten Augenblick zu vergegenwärtigen.« Hat man es jedoch mit fortgeschrittenen EMDR-Anwendern zu tun, besteht die beste Antwort vielleicht in einer Dekonstruktion der diagnostischen Kategorien, wie sie in der folgenden Antwort zum Ausdruck kommt: »Durch eine Diagnose kommt man nicht an die wichtigste Information – entscheidend ist das Identifizieren und Erschließen der Ereignisse und der Information, die der Klient für die Verarbeitung benötigt.«[2] Im Einklang mit den Traditionen der Verhaltensanalyse bin ich der Auffassung, daß eine Evaluierung im Sinne der diagnostischen Kategorien, so wichtig sie aus ökonomischer und gesellschaftlicher Sicht sein mag, für die klinische Beurteilung und für die Behandlungsplanung oft überflüssig ist. Identifiziert werden müssen Gedanken, Bilder, Gefühle usw. – problematische Stimuli und Verhaltensweisen – sowie bevorzugte Gedanken und Bilder. Obwohl einige Praktiker der Verhaltenstherapie EMDR nicht als verhaltenstherapeutische Behandlung ansehen, tritt diese Methode doch für die Rückkehr zum frühen behavioristischen Prinzip des Strebens nach Genauigkeit bei der Definition von Problemen ein, eine Position, von der sich der moderne Behaviorismus aufgrund verschiedener Faktoren wegentwickelt hat, insbesondere aufgrund der von der Gesundheitsindustrie eingesetzten finanziellen Verstärker sowie einer mittels Anwendung des medizinischen Modells auf psychische Probleme geborgten »Legitimität«.

Bei der Beurteilung und Behandlungsplanung wird prinzipiell unterschieden zwischen Problemen, die durch Lernen entstanden sind und die sich durch Verarbeitung möglicherweise auflösen lassen, und Problemen, denen eine systemisch-biologische Dysfunktion zugrundeliegt und die sich durch Behandlungsansätze, die auf Informationsverarbeitung basieren, nicht lösen lassen. Mit dem Begriff *biologisch* muß ich sehr vorsichtig umgehen, weil auch die Informationsverarbeitung eine biologische Aktivität ist. Wahrscheinlich ist es unproblematisch zu sagen, daß Aufmerksamkeitsdefizit-/Hyperaktivitätsstörungen (ADHD) und Bipolaren Affektiven Störungen Probleme sind, die durch biologische Faktoren verursacht werden und die sich durch Informationsverarbeitungsansätze grundsätzlich nicht auflösen lassen. (Natürlich lassen sich PTBS-Symptome, die fälschlich für die genannten Probleme gehalten werden, durchaus mit EMDR behandeln.) Wenn solche Klienten die negativen Selbsteinschätzungen und Emotionen verarbeiten, die durch die von ihren systemisch-biologischen Problemen verursachten Schwierigkeiten entstanden sind, kann dies die Wirkung der ursächlichen biologischen Probleme verringern. So kann es einer unter ADHD leidenden Klientin, die sich für wertlos hält, weil es ihr schwerfällt, in bestimmten Situationen zu lernen, sehr zugute kommen, wenn es gelingt, ihre Überzeugung in die Kognition »Jeder hat Probleme, und es ist besser, wenn ich weder mich selbst noch andere beurteile« zu verwandeln. Mir ist klar, daß einige Leser sich wundern werden, weshalb ich eine solche Überzeugung als »besser« bezeichne. Wahrscheinlich hatten sie eher etwas wie »Ich bin ein guter Mensch« oder »Ich bin wertvoll« erwartet. Meine Wahl einer scheinbar weniger positiven und sicherlich komplexeren Überzeugung hat etwas mit dem Wesen von Selbsturteilen zu tun, einem Thema, mit dem ich mich in Zusammenhang mit der positiven Kognition eingehender befassen werde.

Medikation

Zwar ist die Frage nach den Auswirkungen psychotroper Medikamente auf psychotherapeutische Behandlungen im allgemeinen nicht neu, doch ist dies bei Therapien, durch welche die Informationsverarbeitung beschleunigt wird, gewiß der Fall. Alle bisher verfügbaren Informationen zu dieser Thematik basieren auf klinischer Beobachtung. Einige dieser Beobachtungen habe ich im Rahmen einer Umfrage unter den ersten 1600 Klinikern, die eine EMDR-Ausbildung erhielten, gewonnen (Lipke 1995). Mehr als 400 der Angeschriebenen antworteten. Eine der Fragen lautete: »Welche Auswirkungen von Medikamenten oder illegalen Drogen auf die Resultate einer EMDR-Behandlung haben Sie beobachtet?« (S. 383) Unter den wenigen Psychiatern, die damals bereits eine EMDR-Ausbildung erhalten hatten, berichteten fünf, daß die Wirkung von EMDR ihrer Meinung nach durch eine Medikation nicht beeinflußt werde; sie machten allerdings keine näheren Angaben über die verwendeten Medikamente. Ein anderer Teilnehmer berichtete, Desipramin, ein trizyklisches Antidepressivum, scheine die Wirksamkeit von EMDR nicht zu verändern. Von den befragten Psychologen berichteten 12, Medikamente würden die Wirkung von EMDR generell nicht beeinflussen; 13 andere gaben spezifischer an, daß Antidepressiva keine Probleme zu verursachen schienen. Drei berichteten, Antidepressiva würden die Wirksamkeit von EMDR sogar verbessern. Einer berichtete, daß Anxiolytika (schwache Beruhigungsmittel) die Wirkung von EMDR verbesserten. Zwölf berichteten über eine deutliche oder zumindest leichte Verringerung der EMDR-Wirkung durch Medikamente jeder Art. Sechs andere erklärten, Nicht-Antidepressiva (vier erwähnten Benzodiazepine) würden die Wirkung von EMDR verringern.

Wie erwartet, zeigen diese Antworten, daß die Interaktion zwischen EMDR und Psychopharmaka komplex ist. In einem früheren Bericht über diese Resultate schrieb ich: »Aufgrund dieser Berichte kann festgestellt werden, daß die Einnahme von Psychopharmaka die Anwendung von EMDR nicht ausschließt und daß in bestimmten Fällen, beispielsweise bei schwerer Depression, Medikamente eine Stabilisierung herbeiführen können, die den Beginn einer EMDR-Behandlung erst möglich macht.« (S. 383) Meine persönliche klinische Erfahrung entspricht dieser Feststellung, einmal abgesehen davon, daß ich einige Klienten, die starke oder schwache Beruhigungsmittel einnahmen, erfolgreich mit EMDR behandelt habe. Allerdings habe ich den Eindruck, daß diese Medikamente die Tiefe der Reaktion auf die EMDR-Arbeit etwas einschränken.

Dies veranschaulicht die Geschichte eines Klienten, den ich hier Bob L. nennen werde.[3] Bob war wegen psychotischer Symptome – darunter die Überzeugung, andere würden seine Gespräche überwachen – seit langem mit Neuroleptika behandelt worden. Als ich anfing, ihn psychotherapeutisch zu behandeln, dachte er zwanghaft über ein kürzliches Erlebnis auf einem Boot nach. Er hatte einen Schraubenschlüssel geschwungen und gedroht, das Boot von jemandem anderem zu demolieren, der dem seinen gefährlich nahe gekommen war. Außerdem hatte er dem Mann auf dem anderen Boot angedroht, ihn zu töten. Der Zwang, immer wieder an diesen Vorfall denken zu müssen, peinigte den Klienten, und er schwor, daß er so etwas nie mehr tun wolle. Wir arbeiteten mit Hilfe von EMDR an dem Problem, um das Ereignis zu reprozessieren, und auf diese Weise gelang es, Bobs Belastung zu verringern.

In den drei Jahren, die seither vergangen sind, hat Bob L. nie mehr andere Menschen bedroht und ist auch nicht mehr gewalttätig geworden. Damit möchte ich nicht den Eindruck erwecken, daß EMDR Tendenzen zur Gewalttätigkeit aufzulösen vermag oder daß die paranoid-wahnhaften Gedanken dieses Klienten durch die EMDR-Arbeit generell beseitigt wurden. Vielmehr zeigt dieser Fall meines Erachtens, daß EMDR bei Klienten, die mit starken Beruhigungsmitteln behandelt werden, auf die Behandlung der im Beispielfall beschriebenen Probleme günstig wirken kann.

Damit kommen wir zu der Frage, wie sich feststellen läßt, welche Probleme eine systemisch-biologische Grundlage haben und welche nicht. Bei ADHD, Bipolaren Affektiven Störungen und jenen Problemen, die wir unter dem Begriff Schizophrenie zusammenfassen, existiert wahrscheinlich eine solche Grundlage. Bei anderen Störungen, die heute auf biologische Ursachen zurückgeführt werden, könnte sich diese Einschätzung verändern. Beispielsweise habe ich ebenso wie andere Therapeuten bemerkt, daß die übertriebene Schreckreaktion, ein PTBS-Symptom, das einer möglicherweise dauerhaften Veränderung zugeschrieben wurde, bei einigen PTBS-Klienten nach einer erfolgreichen EMDR-Behandlung nachließ.

Zusammenfassend kann als Orientierungshilfe für nicht-psychiatrische Psychotherapeuten festgestellt werden, daß eine Diagnose, die auf ein biologisches Problem deutet, dessen Symptome auf eine Medikation ansprechen, die zumindest teilweise Wirksamkeit einer EMDR-Therapie nicht ausschließt. Abgesehen davon sind noch so viele Fragen über die Ätiologie von Problemen, die auf irreversiblen systemischen Ursachen zu basieren scheinen, ungeklärt, daß wir durch Beobachtung der Reaktionen von Klienten auf EMDR möglicherweise etwas über Ätiologie herausfinden könnten – darüber, was tatsächlich und was in Wirklichkeit nicht systemisch-biologisch ist.

Potentiell negative Auswirkungen

Ein Klient fragte mich einmal: »Doktor, was ist der Haken an der Sache? Es gibt doch überall einen Haken.« Meine Antwort auf diese Frage basierte auf der bereits erwähnten Umfrage unter Absolventen der EMDR-Ausbildung (Lipke 1995). In ihr hatten 86 Prozent der Teilnehmer berichtet, bei einer EMDR-Behandlung tauche häufiger verdrängtes Material auf als bei anderen Behandlungsarten, die sie praktizierten. Außerdem hatten 29 Prozent von ihnen festgestellt, daß EMDR im Laufe der Sitzung häufiger zu einer Dissoziation führte, während 20 Prozent angaben, dies geschehe im Rahmen einer EMDR-Behandlung seltener als bei Behandlungen nach anderen Ansätzen. 49 Prozent hatten ein weniger häufiges Auftreten von Selbstmordgedanken und entsprechenden Aktivitäten bei Klienten beobachtet, wohingegen nur 2 Prozent äußerten, diese kämen in Zusammenhang mit EMDR häufiger vor. 32 Prozent hatten Dissoziationen im Anschluß an eine EMDR-Sitzung seltener als nach anderen Behandlungen bemerkt, und nur 14 Prozent gaben an, diese träten in Zusammenhang mit EMDR häufiger auf. Wir können also davon ausgehen, daß während einer EMDR-Sitzung bei einigen Klienten unangenehme Gefühle zunächst stärker werden und daß das Unbehagen nach der Sitzung gewöhnlich nachläßt.

Meine eigene klinische Erfahrung, die hauptsächlich in der Arbeit mit Vietnam-Veteranen besteht, ähnelt den Ergebnissen der zitierten Umfrage, allerdings erhalte ich häufiger Hinweise auf Probleme, die in der Zeit zwischen den einzelnen Sitzungen auftreten. Aufgrund der Klientenberichte und meiner klinischen Erfahrung vermute ich, daß Kriegsveteranen häufiger als die meisten anderen Traumaopfer mit Mehrfachtraumatisierung, Schuldgefühlen und Angst vor ihrer eigenen Gewalttätigkeit im emotional erregten Zustand zu kämpfen haben, weshalb die Traumaarbeit mit ihnen häufiger unterbrochen werden muß. Außerdem habe ich einige wenige Klienten betreut, die nach Beginn der EMDR-Traumaarbeit Zugang zu extrem schmerzhaftem Material bekamen, die Verarbeitung in der betreffenden Sitzung nicht abschließen konnten, sich dann weigerten, die EMDR-Arbeit fortzusetzen, und im Anschluß daran stärkere Intrusionen erlebten, obwohl entweder keine langfristige Beeinträchtigung ihrer allgemeinen Funktionsfähigkeit festzustellen war oder in anderen Bereichen sogar eine Besserung eintrat. Einer dieser Klienten litt unter schweren Kindheits- *und* Militärdiensttraumata. Er entschied sich freiwillig für eine stationäre Behandlung, weil er sich seiner traumabedingten Wut fast willenlos ausgeliefert fühlte und weil er befürchtete, wie bereits in der Vergangenheit erneut gewalttätig zu werden. Da der Klient während der EMDR-Behandlung in dieser geschützten Umgebung dissoziierte, wurde seine stationäre Behandlung um einige Wochen verlängert. Eine Fortsetzung der EMDR-Behandlung lehnte er ab. Einige intrusive Symptome sind bei ihm episodisch immer wieder in großer Stärke aufgetreten. Allerdings sind gewisse Verbesserungen in der Verhaltenskontrolle und in der Einsichtsfähigkeit eingetreten.

Informierung des Klienten

Behandlungsplanung kann für Kliniker Unterschiedliches beinhalten. Die meisten würden wohl bestätigen, daß ein Kollaborationsprozeß stattfinden muß, in dessen Verlauf der Therapeut den Klienten über seine Sicht der Situation und über die ihm verfügbaren Möglichkeiten ebenso informiert wie über die Gründe, aus denen er die eine oder andere Vorgehensweise empfiehlt. Obwohl dies meines Erachtens bei allen Therapiemethoden wichtig ist, versuchen viele Therapeuten die Bedeutung der expliziten Informierung des Klienten herunterzuspielen, weil sie der Auffassung sind, der Wert ihrer Methoden sei ohnehin klar zu erkennen, oder weil die Therapie ihrer Meinung nach selbst ausreichend über das Wesen der Arbeit informiert. Wird jedoch eine Behandlung wie EMDR empfohlen, in deren Verlauf die Klienten zu sehr ungewohnten Aktivitäten aufgefordert werden, brauchen fast alle Klienten vernünftige Erklärungen. Natürlich ist mir klar, daß manche Klienten nicht wollen, daß der Therapeut ihnen ausführliche Informationen gibt; diese bitte ich, sich trotzdem anzuhören, was ich ihnen mitteilen möchte, und zwar zumindest aus folgenden Gründen: (1) Eine informierte Einwilligung ist ohne ausführliche Information nicht möglich. (2) Wenn man darauf beharrt, einen Klienten informieren zu wollen, vermittelt dies dem Betreffenden oft das Gefühl, wertvoll zu sein und in der Lage, etwas zu verstehen. (3) Information verstärkt das Prinzip, daß unsere Arbeit im Rahmen einer Partnerschaft stattfindet, wobei der Therapeut der Juniorpartner ist – es sich also nicht um einen mysteriösen Prozeß oder Hexerei handelt.

Der letzte Punkt läßt sich im Rahmen einer EMDR-Behandlung am besten veranschaulichen, wenn die Bemühungen des Klienten um die vollständige Verarbeitung dysfunktionaler Information, ihre Umwandlung in adäquate positive Information und ihre letztendliche Integration in eine Sackgasse führen. Damit meine ich, daß sich der Klient zwischen zwei Serien von Augenbewegungen unwohl fühlt und keine weitere Veränderung mehr stattfindet. Tritt dies ein und vermögen simple Abwandlungen der Kategorie-3-Aktivität die Verarbeitung nicht wieder in Gang zu setzen, besteht die beste Intervention oft darin, den Klienten aufzufordern, die Ursache der Stagnation zu erklären. Dies führt gewöhnlich am schnellsten zum Erfolg, und dem Klienten ist dadurch wesentlich besser gedient, als wenn der Therapeut irgendwelche mysteriösen Interpretationen und Beobachtungen aus der Luft zaubert, um ihm den Zugang zu Aspekten der Assoziationsnetzwerke zu ermöglichen, die zu einem Fortschritt führen würden. Je mehr der Klient über den therapeutischen Prozeß weiß, um so wahrscheinlicher ist, daß er schwierige Situationen zu überwinden vermag. Und, um es noch einmal zu wiederholen: Durch Fragen dieser Art wird beim Klienten das Bewußtsein gestärkt, daß seine Meinung wichtig ist.

Eine Möglichkeit, die Bedeutung der Informationsvermittlung zu unterstreichen, besteht darin, dem Klienten ein Merkblatt in die Hand zu geben, auf dem die therapeutische Arbeit erläutert wird. Ich habe vielen meiner Klienten das folgende Merkblatt gegeben:

Gedanken über Psychotherapie

von Howard Lipke, Ph.D.

Dies ist ein Versuch, einige sehr komplizierte Ideen möglichst knapp zusammenzufassen. Ich hoffe, Ihnen auf diese Weise eine allgemeine Vorstellung davon vermitteln zu können, wie Psychotherapie funktioniert, und empfehle Ihnen, diesen Text als Grundlage für Fragen und Diskussionen zu benutzen.

Wenn Menschen sich Gedanken darüber machen, ob sie mit einer Psychotherapie beginnen sollen, tun sie dies meist, weil sie unter sehr unangenehmen Gefühlen, Gedanken und/oder Verhaltensweisen leiden. Manchmal ist ihnen klar, womit diese Unannehmlichkeiten zusammenhängen, manchmal haben sie das Gefühl, daß das, was sie quält, aus dem Nichts aufgetaucht ist. In jedem Fall entschließen sich Menschen zu einer Therapie, weil sie unangenehme Aspekte ihres Lebens verändern wollen. Manchmal sehnen sie sich danach, weniger Schmerz zu empfinden, und manchmal sagen sie, sie wollten »einfach nur verstehen«, weshalb sie so denken, fühlen oder handeln.

Obwohl Gefühle, Gedanken und/oder Verhaltensweisen eng miteinander verbunden sind und einander sehr stark beeinflussen, beginnt die Arbeit an einer Verbesserung der Gesamtsituation im Rahmen einer ambulanten Behandlung gewöhnlich entweder mit den Gefühlen oder mit den Gedanken. (Im Falle einer stationären Behandlung setzt die Arbeit aufgrund der besonders geschützten Situation häufig beim Verhalten an.) Psychotherapien fokussieren gewöhnlich (jedoch nicht immer) auf Gedanken, die wiederum Gefühle beeinflussen und verbessern. Psychotherapeuten arbeiten manchmal direkt an Gefühlen, indem sie beispielsweise während einer Therapie Entspannungsübungen durchführen lassen. Auch Medikamente werden manchmal eingesetzt, um Gefühle oder Verhaltensweisen direkt zu beeinflussen, was sich wiederum positiv auf die Gedanken auswirkt.

Woher problematische Gedanken, Gefühle und Verhaltensweisen kommen

Aus der Sicht der wissenschaftlichen Psychologie hat alles, was Menschen denken, fühlen oder tun, einen Grund. Gedankenmuster, Gefühle und Verhaltensweisen werden teilweise durch Erbfaktoren und teilweise durch Lebenserfahrungen bestimmt. Verschiedene allgemeine Tendenzen können durch Erbfaktoren stark beeinflußt werden; beispielsweise kann die leichte Erregbarkeit oder Reserviertheit eines Menschen auf vorgeburtliche Einflüsse zurückgehen. Hingegen ist die Neigung, in einer bestimmten Situation oder in der Nähe einer bestimmten Person in einen Zustand starker Erregung zu geraten, meist auf Erfahrungen zurückzuführen. So reagiert beispielsweise fast jeder beim Anblick einer Szene, die an ein Kriegserlebnis erinnert, sehr stark emotional und möglicherweise sogar destruktiv (Gefühle), völlig unabhängig von den Erbanlagen und sogar noch viele Jahre nach diesem Erlebnis. Außerdem können solche Erlebnisse die Selbstsicht (Gedanken) und die Verhaltensmuster des betreffenden Menschen dauerhaft verändern.

Problematische Muster des Denkens, Fühlens und Verhaltens entstehen häufig durch die im folgenden beschriebenen beiden Faktoren (wobei man diese Vorgänge durchaus auch noch anders verstehen kann; es handelt sich nicht um eine Auflistung aller Verständnismöglichkeiten):

1. Verursachung durch ein sehr stark nachwirkendes oder traumatisches Ereignis: Beispielsweise kann bei einem Menschen, der als Kind oder Erwachsener von einer Autoritätsperson geschlagen wurde, ein Muster starken emotionalen Reagierens auf Autoritäten entstehen. Je nach den spezifischen Umständen kann das deutlichste emotionale Muster entweder Angst oder Wut sein. Außerdem kann ein Denkmuster entstehen, das jede Autoritätsperson als böse oder egoistisch beurteilt. Es kann sich auch eine bestimmte Selbstsicht herausbilden, die den Betreffenden davon abhält, seine Ziele auch nur ernsthaft zu verfolgen, weil er sich für zu schwach dazu hält und weil er glaubt, daß ihn ohnehin eine Autoritätsperson am erfolgreichen Abschluß hindern wird. (Natürlich ist das Problempotential bei Mehrfachtraumatisierungen größer.)

2. Verursachung durch weniger stark nachwirkende, aber wiederholte Ereignisse, insbesondere solche aus der Kindheit: Beispielsweise ist nachvollziehbar, daß leichte, liebevoll gemeinte, aber andauernde Kritik von seiten einer Autoritätsperson *einige* Auswirkungen haben kann, wie sie bei Menschen auftreten, die geschlagen wurden. Bei Menschen, die entweder ständig kritisiert oder geschlagen worden sind, entstehen die problematischen Gefühle, Gedanken und Verhaltensweisen oft aus automatischen Reaktionen auf das betreffende Erlebnis. Doch kann eine solche automatische Reaktion später einen völlig anderen Zweck erfüllen. Wenn jemand das Urteil einer Autoritätsperson, er sei inkompetent, als zutreffend akzeptiert und aufgrund dessen ein Vermeidungsverhalten entwikkelt, so kann daraus ein dauerhaftes Schutzverhalten entstehen, das den Betreffenden niemals auch nur versuchen läßt, etwas durch gezielte Bemühung zu erreichen. Lernt ein Mensch zu akzeptieren, daß er inkompetent ist, und strengt er sich aufgrund dessen nie an, ein bestimmtes Ziel zu erreichen, so kann er die Überzeugung entwickeln, daß ein Versagen für ihn mit einer weniger starken Enttäuschung verbunden ist, weil (und wenn) er weniger Mühe auf das Erreichen des Ziels verwandt hat. Sich für inkompetent zu halten und sich deshalb erst gar nicht sonderlich zu bemühen kann also ein Schutzverhalten sein. In diesem Fall wurde die schlechte Behandlung durch eine Autoritätsperson als Beispiel herangezogen. Ebenso können aber auch durch lange Vernachlässigung oder gar durch zuviel Aufmerksamkeit Problemmuster oder Problemschemata, wie sie manchmal genannt werden, entstehen.

Psychotherapie

Wenn Psychotherapie mit der Arbeit an Denkprozessen beginnt, versucht sie herauszufinden, was ein Klient erlebt hat, welche Denkmuster er erlernt hat und wie nützlich diese Muster ihm sind. Bei dieser Arbeit wird der Intellekt des Betreffenden genutzt, um ihm bei der Entwicklung eines neuen, umfassenderen Verständnisses zu helfen. Die Veränderungen im Bereich des Denkens können die Entwicklung angenehmerer Gefühle und eines funktionelleren Verhaltens zur Folge haben. Manchmal reicht es sogar schon, belastende Erlebnisse zu identifizieren, um eine Zustandsverbesserung einzuleiten. Sitzen die Muster jedoch sehr tief, muß zuweilen sehr intensiv an den Ereignissen gearbeitet werden, durch die erstere entstanden sind. In keinem Fall reicht das bloße Erkennen der Muster für eine dauerhafte Veränderung. Dazu muß der Klient neue Denkweisen erlernen.

Wie bereits erwähnt, durchbricht die Psychotherapie manchmal Muster, indem sie an der Veränderung von Gefühlen arbeitet. Einige Formen dieser Arbeit sind Biofeedback, Meditation und Entspannungsübungen.

Außerdem gibt es eine sehr wirksame Art der Psychotherapie, über die erstmals 1989 geschrieben wurde und die mittlerweile vielen Menschen hilft, gleichzeitig Veränderungen im Bereich des Denkens *und* des Fühlens zu erreichen. Diese Methode wird EMDR (*Eye Movement Desensitization and Reprocessing*) genannt. Die Klienten vergegenwärtigen sich dabei zunächst gleichzeitig Gedanken und Gefühle und führen dann unter Anleitung des Therapeuten eine körperliche Aktivität aus, gewöhnlich schnelle Augenbewegungen. Manchmal wird durch EMDR sehr schnell eine emotionale Entlastung und ein besseres Verständnis des Geschehenen erreicht. Manchmal werden zuweilen anfangs intensive

Emotionen oder Gedanken an unerwartete Ereignisse geweckt, durch die intensive Emotionen entstehen. Die Folge kann sein, daß der Klient von der Angst gepackt wird, daß die Therapie erfolglos bleiben oder seinen Zustand noch verschlimmern könnte. Gelingt es ihm, die Arbeit fortzusetzen, gelangt sie gewöhnlich zu einem guten Abschluß. Allerdings ist diese Behandlung ebenso wie eine medizinische oder medikamentöse auch mit einigen Risiken verbunden. So ist der plötzliche Abbruch einer EMDR-Behandlung problematisch. Man würde ja auch während eines chirurgischen Eingriffs nicht einfach vom Operationstisch aufstehen und davongehen!

Niemand weiß bisher genau, warum EMDR so wirksam ist. Mir persönlich erscheint die Erklärung am plausibelsten, daß Ereignisse, die mit sehr starken negativen Emotionen verbunden sind, im Gehirn auf andere Weise gespeichert werden als Ereignisse anderer Art. Sie erstarren in ihrer ursprünglichen Form und werden nicht in die übrige Erfahrung integriert. Beispielsweise kann sich eine Frau, die fast in einem Feuer umgekommen wäre, an das Feuer stets auf genau die Weise und mit den gleichen Emotionen erinnern wie im Augenblick des Erlebnisses der realen Situation. Sobald sie sich an das Feuer erinnert, denkt sie etwas wie: »Ich werde sterben« oder: »Das ist so schrecklich, daß ich es nicht ertragen kann.« Irgendwo in ihrem Gehirn ist auch die Erkenntnis gespeichert, daß sie sich glücklich schätzen kann, überlebt zu haben, und daß sie etwas Wichtiges über das Leben gelernt hat, doch sind diese Gedanken nicht mit ihrer Erinnerung an das Feuer verbunden, weil die Bilder von diesem Erlebnis einschließlich der begleitenden Gedanken erstarrt und von der übrigen Information im Gehirn abgeschnitten sind. Viele Wissenschaftler sind der Meinung, daß das Gehirn in der Traumphase des Schlafs (der REM-Phase, wobei REM für *Rapid Eye Movements* = »schnelle Augenbewegungen« steht) Erinnerungen an emotionale Ereignisse »verdaut« und diesbezügliche Gedanken und Gefühle mit dem übrigen Erfahrungsschatz der betreffenden Person verbindet (beispielsweise mit dem Gedanken »Ich bin froh, daß ich überlebt habe«). Doch aus verschiedenen Gründen erfüllt die Traumphase diese Aufgabe manchmal nicht. Nun vermutet man, daß EMDR die gleiche Funktion wie die REM-Phase erfüllen könnte und dies außerdem effizienter, weil die betreffende Person dabei wach ist und auf die Hilfe eines Therapeuten zurückgreifen kann.

Doch obwohl EMDR schnell und gut wirkt und hilft, die schmerzhaften Nachwirkungen von Erlebnissen aufzulösen, müssen die Klienten möglicherweise lernen, mit schwierigen Situationen, die es selbst im Leben der glücklichsten Menschen gibt, auf neuartige Weise fertig zu werden. Dieser Teil der Psychotherapie besteht oft darin, zunächst neuartige Verhaltensweisen zu üben und sich anschließend mit den Gedanken und Gefühlen zu beschäftigen, die in Zusammenhang mit neuen Situationen auftauchen.

Ich hoffe, diese kurze Beschreibung hilft Ihnen, den Therapieprozeß zu verstehen. Es ging mir hier nicht um Vollständigkeit. Bitte verstehen Sie diese Beschreibung als Ausgangspunkt, von dem aus Sie Fragen zu Ihrer Situation oder zum Therapieprozeß stellen können.

Diese Kurzbeschreibung ist weder besonders umfassend, noch kann sie ein gründliches Gespräch ersetzen. Sie vermittelt jedoch gewisse Grundlagen und initiiert einen Prozeß, der für eine effektive Beratung unverzichtbar ist. Ein Klient, der *nicht* gleich mit EMDR behandelt werden soll, wird sich nach dem Lesen der obigen Beschreibung wahrscheinlich fragen, warum ihm *keine* EMDR-Behandlung angeboten wird. Der nachfolgenden Therapie ist es sicher dienlicher, wenn der Kliniker auf diese Frage direkt eingeht, statt ihr auszuweichen. Einem Klienten, von dem ich vermute, daß er mitten in der Traumaarbeit aufhören könnte, oder einem, der nicht bereit ist, sich mit den möglicherweise auftauchenden negativen Gedanken auseinanderzusetzen, erkläre ich meine Bedenken. Ebenso tue ich dies, wenn ich mir Sorgen mache, jemand könnte die Therapie abbrechen und sich dann schlimmer als vor ihrem Beginn fühlen, wenn er sich mit seinen Gedanken und Gefühlen in bestimmten Bereichen rückhaltlos konfrontiert, bevor er gelernt hat, mit den Auswirkungen einer solchen Konfrontation fertig zu werden. Wenn ein Klient mir als dem Therapeuten vorwerfen würde, daß ich ihm nichts zutraue, würde ich ihm erklären, daß ich seine Gefühle und seine Frustration darüber verstehen kann, ich mich aber nicht in der Lage sehe, schneller mit ihm zu arbeiten. Anschließend würde ich ihm zu erklären versuchen, daß ich, wenn ich mich anders verhalten würde, seinen Schmerz nicht ausreichend respektieren und mich somit nicht verantwortlich und kompetent verhalten würde. Ich habe selten erlebt, daß Klienten ein ehrliches Eingehen auf ihren Schmerz und meine eigenen Grenzen als Therapeut nicht akzeptiert haben.

Am schwierigsten sind für mich Fälle, in denen Klienten über angeblich belastende Ereignisse berichten, von denen ich mit gutem Grund annehme, daß sie gar nicht oder völlig anders als geschildert geschehen sind. Bei der Arbeit mit Kriegsveteranen muß man sehr vorsichtig sein, wenn Klienten Ereignisse auf eine sehr unwahrscheinlich anmutende Weise schildern, denn manchmal sind Dinge tatsächlich so geschehen. Eine Konfrontation mit einer vermuteten sachlichen Unrichtigkeit kann auch deshalb schädigend wirken, weil insbesondere Menschen, die unter kriegsbedingten Traumata leiden, durch soziale Benachteiligung bzw. direkte Ablehnung oder durch ihre eigenen Selbstzweifel ohnehin schon geschädigt worden sind. Ich habe zweifellos schon EMDR-Arbeit an erfundenem Zielmaterial durchgeführt, ohne es zu wissen; manchmal war dies selbst dem Klienten nicht klar.

Neissen & Harsch (1992) haben diesen Punkt betreffend gezeigt, daß Emotionen betreffende Erinnerungen akkurat oder inakkurat reaktiviert werden können, und zwar fast unabhängig vom subjektiven Gefühl der Gewißheit, daß es sich um eine völlig exakte Erinnerung handelt.

Es bleibt noch zu erwähnen, was ich für den wichtigsten Teil der Phase der Behandlungsplanung halte: die Zustimmung zu einem Behandlungsvertrag. Ein ausführliches Eingehen auf Therapieverträge wäre an dieser Stelle nicht sinnvoll, doch möchte ich darauf hinweisen, daß ein vorläufiger Vertrag, in dem die zu behandelnden Probleme und das angestrebte Ergebnis festgelegt werden, meiner Meinung nach ein wichtiges Fundament für eine ethisch vertretbare und effektive Behandlung ist. Das Erstgespräch kann mit der Übereinkunft enden, sich ein weiteres Mal zu treffen und weiter über die angestrebten Ziele zu sprechen. Ziele können festgelegt werden, bevor die Information des Klienten erfolgt, doch sollte nach dem informierenden Gespräch erneut darüber gesprochen werden, um sie eventuell zu modifizieren oder um sie noch einmal ausdrücklich zu bestätigen. Wie wichtig Ziele sind, wird mir oft bei der Supervision klar: Macht ein Klient keine Fortschritte, stelle ich gewöhnlich fest (und der Therapeut stimmt mir meist zu), daß der Therapeut sich über die Ziele des Klienten nicht genügend im klaren ist oder daß er selbst Ziele verfolgt, die mit denjenigen des Klienten nicht übereinstimmen.

2. Vorbereitung

Einige der Elemente, mit denen sich Francine Shapiro in der Vorbereitungsphase befaßt, beispielsweise die Erklärung der EMDR-Arbeit, habe ich bereits im Abschnitt über Anamnese und Behandlungsplanung erläutert. Zusätzlich zu den weiter oben gemachten Vorschlägen möchte ich noch auf einige Punkte eingehen, die bereits in Zusammenhang mit den wissenschaftlichen Erklärungen von EMDR angesprochen wurden.

Umgang mit stärker werdenden Belastungen

Wichtig ist in dieser Behandlungsphase, daß der Klient bereit ist, eine eventuell zwischen den Sitzungen auftretende höhere Belastung in Kauf zu nehmen. Viele Klienten beherrschen Entspannungsübungen, Selbsthypnose oder Meditationstechniken, die sie benutzen, um mit akutem Streß fertig zu werden. Der Therapeut sollte feststellen, ob sich diese bereits vorhandenen Fähigkeiten für die Arbeit nutzen lassen, und andernfalls eine effektive Methode des Streßmanagements vermitteln.

Allerdings können Entspannungstechniken manchmal auch die gegenteilige Wirkung haben und Belastungen erzeugen (Heide & Borkovec 1984). In meiner klinischen Praxis hat es sich manchmal als kontraproduktiv erwiesen, Kriegsveteranen und anderen Menschen, die ein hohes Maß an Wachsamkeit für überlebenswichtig hielten, Entspannungsmethoden beizubringen. Die Betreffenden sehen in der Empfehlung, sich zu entspannen, manchmal ein Zeichen dafür, daß der Therapeut ihre Situation nicht versteht. Deshalb spreche ich in dieser Phase der EMDR-Behandlung gewöhnlich von »Streß-Management-Methoden«, die dem Klienten helfen könnten, unnötige Spannungen unter Kontrolle zu behalten. Oft erläutere ich in diesem Zusammenhang die Arousal-Theorie, das Yerkes/Dodson-Gesetz und erwähne auch kurz, daß für die Ausführung von unterschiedlich komplexen Aufgaben jeweils bestimmte Arousal-Stufen optimal sind und daß übermäßiges Arousal oder ein überhöhtes Maß an Wachsamkeit die Gefahr vergrößern kann. Manchmal vergleiche ich auch ein für Kriegssituationen und militärischen Wachdienst optimales Arousal – also gefährliche, aber einfache Aufgaben, deren Ausführung ein hohes Maß an Wachsamkeit erfordert – mit einem für Friedenszeiten optimalen Arousal – also Situationen, in denen ein ähnlich hohes Maß an Arousal wahrscheinlich eine Überinterpretation von Bedrohungen zur Folge hat und eine gefährlichere Situation provozieren kann. In diesem Zusammenhang bringe ich Klienten oft Atemübungen bei, beispielsweise das abwechselnde Atmen durch die beiden Nasenöffnungen[4], und andere Methoden, mit deren Hilfe sie erreichen können, was sie selbst als das für sie optimale Arousal-Niveau ansehen.

Einige EMDR-Therapeuten haben über Erfolge mit Hilfe der Vorstellung eines »sicheren Ortes« in Verbindung mit Kategorie-3-Aktivitäten berichtet, ein Verfahren, das vor Beginn der nächsten Behandlungsphase angewandt wird. Wenn ich in dieser Phase die Vorstellung eines sicheren Ortes nutze, verbinde ich sie nicht mit einer Kategorie-3-Aktivität. Francine Shapiro beschreibt das Etablieren eines sicheren Ortes in ihrem Lehrbuch sehr ausführlich. Dieses Verfahren hat sich bei der Arbeit mit einigen meiner Klienten als nützlich erwiesen; allerdings sind viele Kriegsveteranen nicht in der Lage, sich einen sicheren Ort vorzustellen, und sie empfinden diese Prozedur deshalb nicht als nützlich, sondern als kontraproduktiv.

Widerstand gegen den Beginn der Arbeit

Dieses Thema anzusprechen ist für mich sehr schwierig, weil ich mich unwohl dabei fühle, Klienten zu irgend etwas zu überreden. Wenn sich ein Klient eindeutig negativ über EMDR äußert, ich jedoch der Meinung bin, daß diese Arbeit für ihn von großem Nutzen sein könnte, spreche ich mit ihm zu Beginn und im Verlauf des therapeutischen Gesprächs über seine spezifischen Einwände. Ich vermittle ihm auch Informationen über EMDR und über Behandlungsalternativen, wobei ich die typischen Verläufe und Resultate der verschiedenen Möglichkeiten beschreibe. Gelegentlich sage ich einem Klienten auch scherzhaft, daß er mich zur Durchführung einer EMDR-Behandlung überreden muß, und manchmal muß er das tatsächlich. Vermeiden möchte ich möglichst, daß ein Klient sich zur EMDR-Arbeit gedrängt fühlt, eine schmerzhafte Abreaktion durchlebt und sich dann weigert, mit den Augenbewegungen fortzufahren, um die Belastung vollständig aufzulösen.

Hypnose

Einige Klienten fragen, ob EMDR Hypnose ist, und haben aus diesem Grunde Bedenken gegen eine solche Behandlung. Ich antworte ihnen gewöhnlich, daß aus wissenschaftlicher Sicht nicht klar ist, was Hypnose ist, und füge hinzu, daß ich EMDR als »Enthypnotisierung« verstehe. (Ich weise darauf hin, daß meine Ansicht sowohl dem aktuellen Forschungsstand als auch meiner klinischen Erfahrung entspricht.) Außerdem spreche ich kurz über die verschiedenen Gedächtnissysteme im Gehirn und erkläre, daß Ereignisse, die mit starken negativen Emotionen assoziiert sind, in einem Gedächtnissystem verkapselt sein können und deshalb nicht mit dem übrigen im Gehirn gespeicherten Wissen verbunden werden. Insofern könnte man sagen, daß das Zielereignis den Betroffenen hypnotisiert: Fokussiert er darauf, wird sein übriges, integriertes Wissen ausgeklammert, so wie ein Hypnotisierter, der überzeugt ist, auf der Bühne der Carnegie Hall zu stehen und in einer Oper zu singen, alles, was belegt, daß dies *nicht* wahr ist, ausblendet. EMDR ist eine »Enthypnotisierungsmethode«, da diese Form therapeutischer Arbeit darauf zielt, das »hypnotisch fixierte« Ereignis mit der restlichen Erinnerung zu verbinden. Um noch einmal auf das Beispiel aus der Traumaarbeit zurückzukommen: Wenn ein Mensch sich an ein Feuer erinnert, dem er ausgeliefert war, kann sein Wissen, daß er mittlerweile in

Sicherheit ist, mit der Erinnerung an das Ereignis verbunden werden. Dadurch wird sein Gefühl, im Feuer gefangen zu sein, neutralisiert: Er kann dann die Erleichterung darüber genießen, daß die Gefahr vorüber ist, statt sich weiter von dem Gefühl terrorisieren zu lassen, daß er immer noch in Gefahr ist.

Manchmal weise ich einen Klienten darauf hin, daß die Traumaarbeit im Fall einer Hypnosebehandlung im hypnotisierten Zustand stattfindet, wohingegen bei einer Enthypnotisierung er selbst und der Therapeut die im hypnotisierten Zustand aufgenommene Information zu integrieren versuchen.

Um dies mit dem Vier-Aktivitäten-Modell und mit dem deklarativen und dem nichtdeklarativen Gedächtnissystem in Verbindung zu bringen: Wird Zielmaterial, das sich im Speicher des nichtdeklarativen Gedächtnisses befindet, mit Hilfe von Hypnose zugänglich gemacht, so werden wichtige Aspekte der betreffenden Erfahrung unterdrückt. Der Hypnotherapeut arbeitet mit dem Material, während sich der Klient unter Hypnose befindet. Im Grunde hofft er, daß die in der Hypnose herbeigeführten Veränderungen zu einer Integration der separaten Gedächtnissysteme führen. Im Gegensatz dazu hilft der Therapeut dem Klienten bei einer EMDR-Behandlung, das im nichtdeklarativen Gedächtnis gespeicherte Material zugänglich zu machen und anschließend – statt in diesem Zustand an dem erschlossenen Material zu arbeiten – mit Hilfe einer Kategorie-3-Aktivität die Integration der Informationsnetzwerke über die Grenzen der verschiedenen Gedächtnissysteme hinweg zu fördern. In der Terminologie der Hypnose ausgedrückt, wird der Klient beim Kontakt mit dem Zielmaterial in einen der *Trance/Dissoziation* ähnlichen Zustand versetzt, jedoch durch die Kategorie-3-Aktivität davon abgehalten, wirklich in die Trance bzw. Dissoziation einzutreten. Ich verstehe die therapeutische Hypnotherapie als eine Kombination von Kategorien-1- und Kategorie-4-Aktivitäten.

Ebenso wird bei der Behandlung von Süchten oder unerwünschten Verhaltensweisen mit Hilfe von Hypnose versucht, dem Klienten beizubringen, wie er teilweise dissoziieren kann, wenn er den Drang verspürt, seinem Verlangen (dem Ziel-Verhalten) nachzugeben. Verspürt der Klient – im Rahmen der normalen Aktivität – den Drang, das unerwünschte Verhalten auszuführen, wird dieser Drang dissoziiert, vielleicht durch eine erlernte Verbindung zum nichtdeklarativen Gedächtnis. Wird dieser Prozeß lange und oft genug wiederholt, integriert er möglicherweise das Wissen, daß er keine Zigaretten zu erwarten braucht, wenn Sie als Therapeut am Telefon mit ihm sprechen; der Drang ist dann nicht mehr dissoziiert, sondern einfach nicht mehr vorhanden. Ich werde hierauf zurückkommen, wenn ich mich mit der Anwendung von EMDR bei Suchtabusus auseinandersetze.

Das Ausprobieren der Augenbewegungen oder anderer Aktivitäten ist Bestandteil der Vorbereitungsphase. Verschiedene Arten von Kategorie-3-Aktivitäten wurden in Kapitel 3 ausführlich beschrieben. Klienten, die trotz echter Bemühung Schwierigkeiten mit der Ausführung von Augenbewegungen haben, kann man manchmal helfen, indem man sie zunächst eine einzige Augenbewegung ausführen läßt, dann zwei, und so weiter. Denken Sie daran, daß die Bewegungen nicht unbedingt lang und besonders schnell zu sein brauchen; manche Klienten, die zu solchen Augenbewegungen nicht in der Lage sind, profitieren von dieser Aktivität trotzdem. Manchmal kann ein Klient nicht ertragen, daß der Therapeut mit der Hand in seinem Gesichtsfeld Wischbewegungen ausführt. In diesem Fall können Sie als Therapeut Ihre Hände zu beiden Seiten seines Gesichtsfeldes plazieren und abwechselnd einen Finger an einer der beiden Hände erheben. Zum gleichen Zweck können Sie auch elektrische Blinklichter benutzen, was übrigens die meisten Klienten vorziehen. Abgesehen von diesen Variationsmöglichkeiten gibt es noch die bereits erwähnten, ebenfalls erfolgreichen Aktivitäten, bei denen gar keine Augenbewegungen erforderlich sind. Manchmal ist es ratsam, abwechselnd auf die Handflächen des Klienten oder auf die Seiten seiner auf den Knien ruhenden Hände zu tippen oder mit den Fingern abwechselnd an seinem rechten und linken Ohr zu schnippen. Meiner Meinung nach hat abwechselndes Handtippen eine etwas sanftere Wirkung und ist deshalb vor allem bei Klienten vorzuziehen, die zu starken und anhaltenden emotionalen Reaktionen neigen. Bei besonders empfindlichen Klienten, die es nicht ertragen, vom Therapeuten körperlich berührt zu werden, kann Handtippen oder das Tippen des Klienten selbst auf seine eigenen Knie die beste Stimulationsmethode sein.

Beispiele, die der Klient in der Vergangenheit selbst erlebt hat

Manchmal entwickeln Klienten Widerstand gegen eine Behandlung, weil sie es für sinnlos halten, auch nur den Versuch zu machen, ein Ereignis aus ihrer Vergangenheit zu »reprozessieren«; sie wollen sich deshalb das mit dem Anvisieren des schmerzhaften Erlebnisses verbundene Unbehagen ersparen. Solche Klienten kann man fragen, ob sie sich an eine Situation aus ihrer Kindheit erinnern, in der eine Freundschaft zerbrochen ist oder in der sie bei einem Spiel verloren haben, und ob ihnen klar ist, wie schrecklich dies damals für sie war und wie wenig es ihnen heute noch ausmacht – daß sie es möglicherweise sogar als lustig empfinden oder als eine wichtige Lernerfahrung. Ich fordere die Betreffenden dann auf, darüber nachzudenken, was aus der Emotion, die sie damals mit jenem Ereignis verbunden haben, geworden ist.

Ich erkläre Klienten in diesem Zusammenhang manchmal Sinn und Zweck der SUD-Skala, gewöhnlich etwa in folgendem Wortlaut: »Erinnern Sie sich an eine Situation in der Schule, in der Sie große Schwierigkeiten mit jemandem hatten, wobei Ihnen das betreffende Erlebnis heute, wenn Sie daran zurückdenken, nichts mehr ausmacht. Wenn Sie sich eine von 0 bis 10 reichende Skala vorstellen, auf der 10 für das stärkstmögliche Belastungsgefühl steht, welche Zahl hätten Sie dann für das Gefühl gewählt, das Sie in der damaligen Situation hatten? Und wie würden Sie das Gefühl, das Sie jetzt haben, wenn Sie an das Erlebnis denken, bewerten? Welchen SUD-Wert würden Sie sich geben, wenn [hier wird das Ziel eingefügt, an dem in der Therapie gearbeitet werden soll] geschehen würde? Und welchen SUD-Wert geben Sie sich jetzt, also im Augenblick, in dem Sie daran denken?« Als Therapeut können Sie noch etwas hinzufügen wie: »Natürlich muß das Gehirn eine solche Emotion verdauen, damit das Ereignis als Erinnerung abgespeichert werden kann und nicht mehr so erlebt wird, als würde es gerade stattfinden. Der Zweck dieser Therapie ist, Ihrem Gehirn zu helfen, dieses Ereignis als Erinnerung zu erleben.« Vielleicht ist dies auch der richtige Zeitpunkt, um auf die REM-Schlaf-Hypothese zu sprechen zu kommen: daß das Gehirn diese Arbeit in der REM-Phase erledigt und daß Schlafstörungen entstehen, wenn Menschen infolge einer besonders hohen Belastung aus dem Traum aufwachen, in dem das Erlebte eigentlich hätte verarbeitet werden sollen. Durch das Aufwachen kommt also die natürliche Verarbeitung zum Stillstand, die auch durch die EMDR-Arbeit abgeschlossen werden kann, weil der Klient dabei die Möglichkeit hat, die Fortsetzung mit Unterstützung des Therapeuten durch Willenskraft zu beeinflussen.

Auch über Widerstand, der mit Überzeugungen des Klienten bezüglich der Angemessenheit einer Linderung oder völligen Auflösung des Ziel-Problems zusammenhängt, kann in diesem Zusammenhang gesprochen werden. Manifestiert sich diese Art von Widerstand, ist es ratsam, ihn möglichst früh offenzulegen. Mit der Frage, wie dies geschehen kann, werden wir uns später beschäftigen.

Metaphern

In meiner Beschreibung der Gedächtnissysteme habe ich mich einer Sprache bedient, die Therapeuten und Wissenschaftler verstehen, die jedoch für Gespräche mit Klienten nicht unbedingt geeignet ist. Wenn diese Terminologie von Nutzen ist, erschließt sie Informationsnetzwerke, die die Kognition »Ich weiß, was vor sich geht, und es ist gut« sowie damit verbundene Emotionen und anderweitige Informationen enthalten. Bei den meisten Klienten jedoch ist es sinnvoller, Metaphern zu benutzen.

Francine Shapiro empfiehlt einfache und möglichst anschauliche Metaphern, beispielsweise die, daß der Klient sich auf einem fahrenden Zug befindet, und die erinnerten Ereignisse »nur registriert«. Das erneute Durchleben von Situationen der Vergangenheit wird manchmal auch mit der Reise durch einen Tunnel verglichen, wodurch die Vorstellung der unablässigen Vorwärtsbewegung stärker hervorgehoben wird. Vor diesem Hintergrund kann es dann sinnvoll sein, den Klienten während der Augenbewegungen durch die Aufforderung »Bewegen Sie sich einfach weiter, damit sie hindurchkommen« zu unterstützen.

Bei der Vorbereitung des Klienten auf die Arbeit sind manchmal auch komplexere Metaphern von Nutzen. Beispielsweise hat sich die Erinnerung an den Aufenthalt an Bord eines Flugzeugs, das kurz vor der Landung am Himmel kreist, als nützlich erwiesen: Die Landung steht für das Bewußtmachen, und die Fahrt in den Hangar repräsentiert die Desensibilisierung. Vor der Behandlung beginnt die »Landung« der zu einem bestimmten Zeitpunkt zugänglichen Erinnerung (ihr Weg ins Bewußtsein). Sie ist jedoch so schmerzhaft, daß sie wieder »in die Luft geschickt« (verdrängt) wird. Bei einer EMDR-Behandlung wird der Erinnerung geholfen zu »landen«, was immer noch schmerzhaft sein kann, und anschließend wird sie »im Hangar geparkt« (desensibilisiert). Selbst wenn dieser Prozeß ganz und gar erfolgreich verläuft, ist der Schmerz danach nicht immer völlig gebannt. Möglicherweise müssen noch weitere »Flugzeuge« landen, die sogar noch schmerzlichere Erinnerungen enthalten.

Ich versichere meinen Klienten, daß die Technik, die der ersten Erinnerung bei der »Landung« und beim »Abstellen im Hangar« geholfen hat, auch den nachfolgenden Erinnerungen zugute kommen kann. Ich weise sie aber auch darauf hin, daß dies für sie sehr unangenehm werden kann. Außerdem informiere ich sie darüber, daß die Beschäftigung mit jeder dieser Erinnerungen jeweils mehr als eine Sitzung in Anspruch nehmen kann und daß während dieser Arbeit zwischen den einzelnen Sitzungen trotzdem stark negative Reaktionen auftreten können oder zumindest negativere Reaktionen als vor Beginn dieser Arbeit. Manchmal mache ich Klienten zudem darauf aufmerksam, daß sie sich aufgrund unerwünschter und destruktiv wirkender Dissoziationen und/oder belastender Gedanken und Gefühle in einer Behandlung befinden – wobei die Tatsache, daß sie Dissoziationen erleben, ihnen im Behandlungskontext sogar helfen kann, in Zukunft derartiges nicht mehr zu erleben.

3. Bewertung

> *»Wenn ihr hervorbringt, was in euch ist, wird das, was ihr hervorbringt, euch retten. Bringt ihr nicht hervor, was in euch ist, wird das, was ihr nicht hervorbringt, euch zerstören.«*
>
> Jesus nach dem Thomas-Evangelium
> (Pagels 1979, S. 126)

Im Zentrum der Beurteilungsphase der EMDR-Behandlung steht die Erschließung der Assoziationsnetzwerke. Obwohl ich im Rahmen der Anamnese und der Identifikation des akuten Problems häufig Fragen über Kognitionen und Emotionen stelle, können sich die Komponenten bei Beginn der Kategorie-3-Aktivität bereits verändert haben, so daß diese Elemente erneut festgestellt werden müssen. In einfachen Fällen kann die Erschließung des visuellen Bildes, der negativen Kognition sowie der begleitenden Emotionen und Gefühle einen erfolgreichen Verlauf der Arbeit ermöglichen. Zwar ist es nicht die bevorzugte Methode, aber oft reicht schon allein das Erschließen eines Aspekts des dysfunktionalen Netzwerks aus, um die letztendlich zum Erfolg führende Verarbeitung des gesamten Netzwerks in Gang zu bringen, wobei der natürliche Fluß der Assoziationskette und die Kategorie-3-Aktivität den permanenten Zugang gewährleisten. Dazu kommt es, wenn durch den Beginn des Erschließungsprozesses starke Emotionen hervorgerufen werden. Dies sollte signalisieren, daß es Zeit ist, mit der Kategorie-3-Aktivität zu beginnen, statt daß der Therapeut weiter versucht, durch sein Eingreifen den Erschließungsprozeß in Gang zu halten.[5] Bei anderen Klienten muß bei der Erschließung mit aller Sorgfalt an der Überwindung der Hemmung gearbeitet werden, die der Vermeidung des mit dem Erschließungsprozeß verbundenen Schmerzes dient. Angesichts dessen, daß Klienten im Laufe der Verarbeitung oft auf geeignetere positive Kognitionen stoßen, könnte eingewandt werden, daß das Etablieren einer positiven Kognition vor Beginn der Verarbeitung nicht unbedingt erforderlich sei. Da sich aber nur sehr schwer voraussagen läßt, in welchen Fällen es nicht nötig ist, den Zugang zu allen Elementen zu ermöglichen, wird dies vorsichtshalber in jedem Fall dringend empfohlen.

Ich halte es für äußerst nützlich, das zu erschließende Material in zwei Kategorien zu untergliedern: (1) das dysfunktionale Netzwerk, wobei das nichtdeklarative Gedächtnis eine wichtige Rolle spielt; und (2) die Information, die für die Verarbeitung des dysfunktionalen Netzwerks genutzt werden kann. Die positive Information ist gewöhnlich deklarativ und wird meist mit Hilfe der positiven

Kognition erschlossen. Ich werde die potentiell heilend wirkende Information als Bestandteil eines positiven Assoziationsnetzwerks bezeichnen, von welchem eine positive Kognition ein Element ist. So wie das dysfunktionale Netzwerk Kognitionen, visuelle Bilder, Emotionen, Gedanken, Empfindungen (oft in Subnetzwerken miteinander verbunden, die manchmal als *Schemata* bezeichnet werden) enthält, kann das positive Assoziationsnetzwerk nicht nur Gedanken, sondern auch visuelle Bilder, Emotionen usw. enthalten, die zu dem, was wir hier als *positive Schemata* (manchmal auch Ich-Ideale oder Archetypen genannt) bezeichnen, verbunden sein können.

Die bedingte Einführung der positiven Kognition vor Beginn der Kategorie-3-Aktivität ist gewöhnlich der Erschließung eines vollständigen positiven Assoziationsnetzwerks vorzuziehen, weil letztere zu einer Kategorie-4-Aktivität werden und die zwingend erforderliche Erschließung des negativen Assoziationsnetzwerks verhindern kann. Doch kann die Arbeit mit vollständigen positiven Assoziationsnetzwerken zunächst nützlich sein, wenn es dem Klienten an Kraft fehlt, um mit der beschleunigten Verarbeitung negativen Materials auch nur zu beginnen. Mit dem Wesen positiver Schemata werde ich mich später eingehender befassen.

Bisher haben wir uns in unserer Beschäftigung mit der Beurteilungsphase auf die Erschließung heilender Information konzentriert, die bereits irgendwo im Gedächtnis des Klienten gespeichert ist. Allerdings verfügen viele Klienten gar nicht über die Information, die dem negativen Assoziationsnetzwerk hinzugefügt werden muß, und falls sie vorhanden ist, ist sie möglicherweise nur sehr schwach repräsentiert. In diesem Zusammenhang ist die Kategorie-2-Aktivität, die Vermittlung neuer Information, besonders wichtig.

In der folgenden Beschreibung des Bewertungsprozesses werde ich auf zwei grundlegende Strategien eingehen, die bei der Fokussierung der Erschließungsaktivität des Klienten benutzt werden können: (1) Arbeit am dysfunktionalen Netzwerk und (2) Arbeit am positiven Netzwerk.

Das dysfunktionale Netzwerk

Bei einer EMDR-Behandlung wird das dysfunktionale Netzwerk gewöhnlich in dieser Reihenfolge erschlossen: visuelles Bild, Kognition, Emotion und belastende Körperempfindung. Das visuelle Bild steht deshalb an erster Stelle, weil es sowohl am spezifischsten für eine Ziel-Situation ist als auch konkret, weshalb es sich gut als Marker für das Ziel eignet. Manchmal fehlt Klienten ein visuelles Bild, das sie als Ziel anvisieren können. Gründe hierfür sind häufig eine Dissoziation des visuellen Aspekts der Erfahrung und das schlichte Fehlen visueller Stimuli während eines Ziel-Ereignisses. In Fällen, in denen ein Problem bezüglich »falscher Erinnerungen« bestehen könnte, fordere ich den Klienten gewöhnlich auf, vom visuellen Aspekt des Ziels abzusehen; besteht dieses Problem nicht, fordere ich ihn möglicherweise auf, eine visuelle (innere) Repräsentation der Ziel-Situation aufzubauen.

Das Erschließen des dysfunktionalen Netzwerks über die damit verbundenen Emotionen oder Körperempfindungen läßt sich, verglichen mit der Erschließung von Kognitionen, relativ einfach bewerkstelligen. Hinsichtlich der Emotionen tritt allerdings insbesondere bei Traumafällen das Problem auf, daß Klienten, und insbesondere Kriegsveteranen, gar nicht erkennen, daß sie außer Wut auch noch andere Emotionen haben. Dies kann unter anderem zur Folge haben, daß der Klient auf die Aufforderung hin, die Emotion zu identifizieren, eine Überzeugung nennt, die er für ein Gefühl hält. Er sagt dann etwas wie: »Ich hatte das Gefühl, nicht respektiert zu werden« oder: »Ich hatte das Gefühl, fast getötet zu werden.« Auf eine solche Äußerung hin sollte der Therapeut als erstes erklären, was das Wesen von Emotionen ausmacht. Gewöhnlich verstehen die Klienten dies. Eine Möglichkeit, die Dinge klarzustellen und die Erfahrung des Klienten trotzdem nicht zu entwerten, besteht darin, daß man fragt: »Und wenn jemand sich Ihnen gegenüber respektlos verhält, wie würden Sie die Emotion oder die Emotionen, die Sie dann erleben, nennen? Traurigkeit? Wut? Angst? Frustration?«

Klienten, die angeben, sie seien beim Fokussieren auf das Ziel völlig gefühlstaub oder emotionslos, empfinden die beschleunigte Informationsverarbeitung im Rahmen der EMDR-Behandlung möglicherweise als zu bedrohlich; deshalb sollte vor Beginn der eigentlichen Verarbeitung gründlich am Aufbau von Rapport gearbeitet werden, und der Klient sollte darauf hingewiesen werden, daß er im Laufe dieser Arbeit mit starken Emotionen konfrontiert werden kann. Klienten, denen es schwerfällt, die Konzepte der EMDR-Arbeit zu verstehen, werden wahrscheinlich von edukativer Arbeit profitieren. In Anhang 1 dieses Buches wird eine Form der Gruppentherapie beschrieben, die der Identifikation von Emotionen dient; diese läßt sich für den Gebrauch in der Einzeltherapie leicht modifizieren. Selbst außerhalb des EMDR-Kontexts ist es meinen klinischen Beobachtungen und den Berichten vieler Klienten zufolge nützlich, das Identifizieren und Benennen von Emotionen zu beherrschen.

Natürlich können nachdrückliche Warnungen vor dem möglichen Auftreten unangenehmer Erfahrungen die Wahrscheinlichkeit einer effektiven Verarbeitung verringern. Doch kann andererseits insbesondere bei der Arbeit mit Kriegsveteranen das unerwartete Auftauchen überwältigender Bilder und Emotionen gefährliche Abwehrreaktionen auslösen und im harmlosesten Fall den Verlauf des therapeutischen Prozesses negativ beeinflussen – und dieses Risiko sollte man nicht eingehen.

Kognitionen

Ich möchte nun noch einmal ausführlicher auf die Erschließung der mit dem Ziel verbundenen Überzeugungen eingehen, einerseits weil dies ein relativ komplexer Aspekt ist und andererseits wegen der historischen Bedeutung der Kognition in der Psychotherapie. Außerdem haben viele, die an einer EMDR-Ausbildung teilnehmen, mit diesem Aspekt die größten Schwierigkeiten.

Die negative Kognition

Der erste Grund für Schwierigkeiten beim Ausfindigmachen der negativen Kognition ist – entsprechend dem vorher angesprochenen Problem des Identifizierens von Emotionen –, daß Gedanken häufig fälschlich als Emotionen bezeichnet werden. Manchmal gelingt trotz unzureichender Identifikation einer Kognition wegen guter Erschließung des Ziel-Netzwerks eine Verarbeitung, doch häufig verursacht oder verschlimmert eine solche Fehlbezeichnung ein Problem bei der Erschließung. Berichtet beispielsweise ein Klient: »Ich war wütend«, so ist es ratsam, mit Hilfe der Frage »Wenn Sie diese Wut jetzt spüren, welche *Überzeugung* über Sie selbst oder über die Welt kommt Ihnen dann in den Sinn?« eine kognitive Aussage zu elizitieren. Außerdem erkläre ich dem Klienten in solch einem Fall, warum es wichtig ist, zwischen Kognition und Emotion zu unterscheiden. Mir erscheint es als nützlich, wenn Klienten lernen, daß diese Unterscheidung es ihnen erleichtert, Gedanken als Hypothesen zu verstehen, wodurch wiederum die Chance, daß es gelingt, sie zu verändern, erheblich vergrößert wird.

Auf diesen Unterschied aufmerksam zu machen ist ein wichtiger Bestandteil meines Gesprächs mit dem Klienten. Man kann ihm erklären, daß Gedanken und Gefühle zusammenhängen und daß man sich trotz ihrer ständigen gegenseitigen Beeinflussung jeweils separat mit ihnen beschäftigen muß, damit eine Veränderung möglich wird. Dies läßt sich am Beispiel eines Autos, das einer Kollision mit einem Pfeiler entgegenfährt, veranschaulichen. Zu der Kollision kommt es durch das *Zusammenwirken* von Fahrgeschwindigkeit und Fahrtrichtung. Um den Zusammenstoß jedoch zu verhindern, sind *separate* Aktivitäten zur Veränderung von Fahrgeschwindigkeit und Fahrtrichtung erforderlich. Ebenso kann auch jemand, der die Richtung seiner Aktivitäten verändern will, dies am besten erreichen, indem er eine Weile jeweils separat an der Identifikation und Veränderung seiner Denkmuster und seiner Gefühle arbeitet, bevor er beide in Zusammenhang bringt.

Schwierigkeiten können auch entstehen, wenn der Klient eine negative Kognition wählt, die für ihn zur Zeit des Ziel-Ereignisses von Bedeutung war, oder eine, die lediglich das Geschehen beschreibt. In beiden Fällen kann es sich um eine exakte Wiedergabe der Gedanken handeln, die bei Herstellung des Kontakts zum Ziel in der Gegenwart auftauchen. Doch sind beide bei der Erschließung des Ziel-Netzwerks wahrscheinlich nicht von optimalem Nutzen, und wahrscheinlich haben sie auch keine so umfassende Wirkung wie globalere negative Kognitionen. Bei den wenigen Klienten, deren Probleme und Ziele relativ simpel sind, die die Bedeutung einer globaleren Kognition abstreiten und die sich nicht so leicht dazu bewegen lassen, nach einer solchen zu suchen, beginnt man wahrscheinlich am besten mit dem, was sie selbst vorbringen. Kommt die Verarbeitung später zum Stillstand, hat der Therapeut oft bessere Chancen, mit dem Klienten zusammen an den mit negativen Kognitionen verbundenen Problemen zu arbeiten.

Mehrere komplexe Therapiemethoden – so die Rational-Emotive Therapie (RET), die kognitive Verhaltenstherapie (KVT) und die Schema-fokussierte Therapie (SFT) – können zur Hälfte als Studium der Kunst des Zugänglichmachens negativer Kognitionen verstanden werden. Albert Ellis (1995) bezeichnet negative Kognitionen als irrationale Überzeugungen, durch die alles beherrschende negative Emotionen entstehen. Youngs (1990) *Schema-fokussierte Therapie* hilft dem Klienten, Überzeugungsmuster zu erkennen, die die Funktionsfähigkeit prägen und einschränken. Die Arbeit an der negativen Kognition in der EMDR-Arbeit kann von der Beschäftigung mit Techniken profitieren, die von den genannten und anderen Therapeuten entwickelt wurden. Doch so verlockend es sein mag, ausgedehnte therapeutische Gespräche zu führen[6], eine EMDR-Sitzung sollte keinesfalls in eine KVT- oder RET-Sitzung umgewandelt werden.

Als Francine Shapiro den kognitiven Aspekt der EMDR-Arbeit entwickelte, bezeichnete sie die negative Kognition zunächst als »vorhandene Kognition« – womit sie den Gedanken oder die Überzeugung meinte, die beim Kontakt mit einer Ziel-Situation im Geist des Klienten auftaucht. Da die Ziel-Situation gewöhnlich negativ definiert wird, konnte natürlich auch die betreffende Kognition negativ sein. Nehmen wir beispielsweise an, eine Klientin erinnert sich an einen Raubüberfall, bei dem sie fast umgekommen wäre. In exakt dieser Situation mit genau diesem Ausgang können dem Klienten viele zutreffende Gedanken kommen. Denken diese Klienten bei der Erinnerung an den schlimmsten Augenblick der betreffenden Situation:

1. »Ich bin froh, daß es vorbei ist«, ist dies wahrscheinlich mit der Emotion Erleichterung verbunden;[7]
2. »Ich habe das überlebt. Ich bin wohl ganz schön zäh«, ist Stolz damit verbunden;
3. »Dieser Räuber hätte mich nicht angreifen dürfen. Schließlich ist es mein gutes Recht, in einen Laden zu gehen«, ist Wut damit verbunden.
4. »Ich werde jetzt sterben«, ist dies gewöhnlich mit Angst verbunden.

Menschen, die (1) oder (2) denken, werden sich wahrscheinlich nicht um eine Therapie bemühen. Bei Menschen, die (3) denken, *kann* dies der Fall sein. Und bei denjenigen, die (4) denken, ist zu hoffen, daß sie einen Therapeuten um Hilfe ersuchen. Weil es sich um augenblickliche Überzeugungen handelt, auf die eine emotionale Reaktion erfolgt, ist im Hinblick auf den kognitiven Aspekt des Netzwerks »vorhanden« fast mit »negativ« austauschbar.

Um dem anhaltenden Einfluß des Ereignisses Rechnung zu tragen und um die therapeutische Wirkung der Kognition bei der Erschließung des Netzwerks zu verstärken, empfiehlt Francine Shapiro, negative Kognitionen, die vom Klienten in der Vergangenheitsform ausgedrückt wurden, in die Gegenwartsform umzuwandeln. Zu der unter (4) angeführten Kognition ist noch anzumerken, daß ängstliche Klienten manchmal nicht der Frage entsprechende Antworten in der Vergangenheitsform geben, beispielsweise: »Ich wäre fast gestorben«, an denen sie hartnäckig festhalten. Wird als Kognition der Satz »Ich wäre fast gestorben« genannt, gibt es für uns keinen Grund anzunehmen, daß mit dieser Erinnerung nicht auch ein Gefühl der Erleichterung verbunden ist, denn die betreffende Person ist ja nicht getötet worden. Nur wenn die Überzeugung als aktive Bedrohung in der Gegenwartsform aufrechterhalten wird, besteht Grund zu akuter Angst. Deshalb können wir den Klienten auffordern, darüber nachzudenken, ob er seine Aussage in die Gegenwartsform übertragen kann. Aufgrund dieser Bemühung, die darauf zielt, das negative Assoziationsnetzwerk insgesamt zugänglich zu machen und die Wahrscheinlichkeit seiner Verarbeitung zu erhöhen, kann eine Kognition wie »Ich muß ständig sehr auf der Hut sein, weil ich fast umgekommen wäre« entstehen.

Meine Arbeit mit Kriegsveteranen veranschaulicht oft die Bedeutung der Kognition bei der Verarbeitung dysfunktionaler Netzwerke. Meist entwickeln Klienten mit Kriegstraumata stärkeren Widerstand gegen die Therapie und profitieren langsamer davon als Klienten, die andere Traumata erlebt haben. Dies hängt meiner Meinung nach einerseits mit der Gesamtzahl traumatischer Erlebnisse zusammen, denen Menschen im Kriegsdienst ausgesetzt waren, und andererseits mit dem Wesen der Kriegstraumata und der Bösartigkeit der negativen Überzeugungen über die eigene Person, die durch Kriegserlebnisse entstehen. Im Krieg tun Soldaten Dinge, die in diesem Kontext von der Staatsgewalt befürwortet und sogar belohnt, in anderen Zusammenhängen jedoch von dergleichen Autorität verteufelt werden. Einige Kriegsteilnehmer, die ihr Handeln im Krieg mit den für diese Situation geltenden Normen rechtfertigt hatten, bezeichnen sich anläßlich der Erschließung des dysfunktionalen Netzwerks nicht nur offen oder verdeckt (unbewußt) als Mörder, Babykiller, Feiglinge oder Nazis (mehr als einer meiner Klienten hat sich wörtlich so ausgedrückt), sondern sie glauben teilweise auch, daß sie es verdient haben, auf ebenso grausame Weise bestraft zu werden, wie sie selbst andere »bestraft« hatten (die sie im damaligen Zusammenhang mit den gleichen abfälligen Begriffen bezeichnet hatten), in dem festen Glauben, jene hätten diese »Strafe« verdient. Solche Gedanken sind bei vielen Veteranen Bestandteile des Assoziationsnetzwerks, in dem ihre Kriegserlebnisse gespeichert sind, und verständlicherweise ist es schwierig, dieses kognitive Material vollständig zu erschließen, selbst wenn andere Aspekte des Netzwerks zugänglich sind.

Der Persönlichkeitstheoretiker George Kelly (1955) hat eine Methode entwickelt, mit deren Hilfe Klienten Kognitionen zugänglich machen können, die bei unsensiblem Vorgehen starke, unerträgliche Emotionen aktivieren und aufgrund dessen den Rapport unterbrechen können. Kelly nannte seinen Ansatz *Psychologie der Persönlichen Konstrukte (PPK – Personal Construct Theory)*. Nach Kellys Ansicht handeln Menschen in ihrem alltäglichen Leben wie Wissenschaftler, indem sie aufgrund von Evidenz Konstrukte entwickeln. Doch tritt keines dieser Konstrukte in einem Vakuum in Erscheinung. Entwickelt man beispielsweise das Konstrukt, das Etikett oder die Idee (diese Worte werden als gleichbedeutend angesehen) »intelligent«, und ordnet entweder ein bestimmtes Individuum oder sich selbst der Kategorie »intelligent« zu, wissen wir erst dann, was diese Bezeichnung letztendlich beinhaltet, wenn klar ist, was die Alternativkategorie ist. (Nach Kelly haben Kategorien stets ein Gegenstück.) In unserem Beispielfall könnten wir sagen, daß die Alternativ- oder Kontrastkategorie »alles andere« oder »nicht intelligent« lautet, doch haben Menschen gewöhnlich differenziertere Vorstellungen. Für einige impliziert »intelligent« etwas, das anders als der »Durchschnitt« ist; für andere impliziert »intelligent« etwas, das anders als

»dumm« ist, und für wieder andere bedeutet es etwas, das anders als »vernünftig« ist.[8]

Interessant wäre auch, im Sinne Kellys darüber nachzudenken, ob das Verfolgen negativer Assoziationsketten zur Integration positiven Materials führen kann, selbst wenn es nicht gelingt, das positive Material im Rahmen der Suche nach der positiven Kognition zu erschließen. Kellys Theorie zufolge wird durch die Erschließung der negativen Kognition teilweise auch deren »Gegenteil« erschlossen, das dann mit dem Fortschreiten der Kategorie-3-Aktivität innerhalb des betreffenden Assoziationsnetzwerks dominant werden kann.

Die Nützlichkeit von Kellys Vorstellungen ging mir erstmals während meiner Arbeit mit einem erfolgreichen Geschäftsmann auf, der unter der Erinnerung an ein Kindheitserlebnis litt, eine Situation, in der man ihn im Dunkeln allein gelassen hatte.[9] Der Klient war sehr stolz auf seine Motorradsammlung und auf seine Fahrkünste auf dem Motorrad. Als wir mit der EMDR-Arbeit an seinem Kindheitserlebnis begannen, fokussierte er auf eine negative Kognition, in der es um Verletzlichkeit ging. Zwar erreichte er eine beträchtliche Desensibilisierung und eine Verringerung des SUD-Werts auf 2 oder 3, doch belastete das Ereignis ihn offensichtlich immer noch, und trotz Anwendung verschiedener Standardinterventionen stellte sich keine weitere Verbesserung ein. Auf entsprechende Fragen hin sagte er, er wisse nicht, weshalb sein Unbehagen bei der Erinnerung an dieses Erlebnis nicht völlig aufgelöst werde. Da es bei den Ziel-Ereignissen um Angst ging und in Anbetracht dessen, daß die Ausübung seines Hobbys (Motorradfahren) Mut erforderte, fragte ich ihn, ob er ansonsten unter irgendwelchen Angstgefühlen litte und ob er schon jemals seinen Mut angezweifelt habe. Er antwortete, aufgrund dessen, wie er sich verhalte, müsse er wohl zugeben, daß er dies nicht tue. Aus Respekt davor, wie Klienten vor der Therapie versucht haben, mit schmerzhaftem Material fertig zu werden, und um den Rapport nicht zu gefährden, bemühe ich mich generell um ein taktvolles Verhalten. Deshalb erklärte ich ihm die Ansichten George Kellys darüber, wie Menschen die Welt erleben:

> Eine Theorie darüber, wie wir Urteile fällen, besagt, daß es einerseits das Urteil gibt, das wir fällen, indem wir beispielsweise uns selbst oder jemand anders als intelligent oder stark bezeichnen, daß aber manchmal außerdem auch noch ein Vergleich im Spiel ist, den wir nicht ausdrücklich erwähnen. Wenn wir uns als intelligent bezeichnen, können wir damit beispielsweise »verglichen mit durchschnittlich« oder »verglichen mit dumm« meinen. Dieser unausgesprochene Vergleich ist sehr wichtig, denn wenn

> etwas geschieht, das uns glauben läßt, wir seien nicht intelligent, meinen wir möglicherweise tief innerlich, daß wir dumm sind. Auch wenn wir uns ohne jede Einschränkung der positiven Kategorie zuordnen, kann es sein, daß wir uns weiter sorgen, wir könnten letztendlich doch in die gegenteilige Kategorie fallen. Sie haben gesagt, daß für Sie mit jenem Kindheitserlebnis die Überzeugung verbunden ist, daß sie verletzlich sind. Nun frage ich mich, ob es vielleicht noch eine andere Überzeugung gibt – nicht, daß Sie diese unbedingt haben müssen, aber aufgrund dessen, wie Sie über Mut denken, erscheint mir dies als eine logische Notwendigkeit. Ist für Sie der Gegensatz zu Mut Feigheit, könnten Sie daran denken, während Sie auf das Ziel-Ereignis fokussieren?

Dann forderte ich den Klienten auf, Augenbewegungen auszuführen. Die Spannungen nahmen daraufhin sofort ab, und dem Klienten wurde augenblicklich klar, daß er sich als Kind akzeptabel verhalten hatte.

Bei diesem Klienten war es nicht so wichtig, daß er die spezifische negative Kognition »Ich bin ein Feigling« benutzte; entscheidend scheint mir vielmehr zu sein, daß er den Zugang zu dem Konstrukt zugelassen hatte. Es gibt Bereiche, in die sich manche Klienten ohne Begleitung nicht hineinwagen, und oft müssen wir als Therapeuten herausfinden, um welche Bereiche es sich dabei handelt, und dem Klienten dann helfen, dorthin zu gelangen. Um dies Klienten nahezubringen, erkläre ich ihnen manchmal, daß die Strategie, Gedanken von sich wegzustoßen (Kategorie-4-Aktivität), zu einer zeitweiligen Linderung führen und durchaus sinnvoll sein kann, wenn es darum geht, mit Alltagsdingen fertig zu werden, daß aber ungeachtet dessen Dinge, die wir wegdrängen, immer wieder zurückkehren. Erst nachdem wir etwas zugelassen und sorgfältig untersucht haben, erhält es den ihm gebührenden Stellenwert.

Sobald Sie Zugang zu einem Netzwerk haben, können Sie es verarbeiten. Wenn nicht, wird der Kampf, den Sie führen, um zu verhindern, daß es für Sie zugänglich wird, falls er Sie nicht vernichtet, Sie zumindest daran hindern, Ihr Potential vollständig zu nutzen.

Die positive Kognition

Nach dem Versuch, das Ziel oder das negative Assoziationsnetzwerk mit Hilfe eines visuellen Bildes und einer negativen Kognition teilweise zugänglich zu machen, unterbricht Francine Shapiro den Verarbeitungsprozeß und fordert den Klienten auf festzustellen, welche positive Kognition er bevorzugt. Diese Kognition wird hinsichtlich ihrer emotionalen Glaubhaftigkeit bewertet, und in den meisten Fällen kommt der Therapeut erst nach Ende der Arbeit am Ziel-Netzwerk wieder darauf zurück. Während der Arbeit mit Augenbewegungen oder anderen Kategorie-3-Aktivitäten formulieren viele Klienten spontan bessere positive Kognitionen in Verbindung mit entsprechenden bildlichen Vorstellungen, Emotionen und Empfindungen, die mit dem Ziel-Netzwerk zu verschmelzen und es zu transformieren scheinen.

Die Suche nach einer positiven Kognition kurz vor Beginn der Kategorie-3-Aktivität ist eine von mehreren Möglichkeiten, die positiven Assoziationen zugänglich zu machen, um sie (so hofft man) mit dem dysfunktionalen Ziel-Material zu verbinden. Wenn die Informationsverarbeitung – oft durch starke emotionale Belastung – zum Stillstand kommt, versucht der Therapeut, den Prozeß mit Hilfe des von Francine Shapiro so genannten *kognitiven Einwebens* von positivem Material zu reaktivieren. Bereits in Zusammenhang mit der positiven Kognition bzw. dem positiven Schema wurde erwähnt, das kognitives Einweben oft nichtsemantische Elemente umfaßt, beispielsweise beruhigende Bilder von einer geliebten, unterstützend wirkenden Gestalt. Deshalb werde ich diesen Aspekt der Behandlung hier einfach als *Einweben* bezeichnen und das Wort »kognitiv« in diesem Zusammenhang nicht benutzen.

Francine Shapiro hat klar erkannt, daß es nicht nur wichtig ist, dem Klienten in seinen positiven Assoziationen zu folgen, sondern daß der Therapeut außerdem versuchen sollte, nichtkognitive positive Phänomene einzubeziehen; allerdings hat sie diese Konzepte nicht formell in die Bewertungsphase einbezogen. So wie Frau Shapiro den Verlauf der EMDR-Arbeit beschreibt, ist das positive Netzwerk in der Bewertungsphase noch nicht vollständig ausgebildet. Vielmehr werden je nach Erfordernis beim einzelnen Klienten Teile von ihm angewandt und/oder entwickelt. Ich halte es für sinnvoller, die positive Kognition von Anfang an als nur ein Element eines positiven Assoziationsnetzwerks anzusehen, das insgesamt stärker aus deklarativen als aus nichtdeklarativen Elementen zusammengesetzt ist, die nach Auflösung des Traumas mit dem negativen Netzwerk verbunden werden.

Ich habe festgestellt, daß das Zugänglichmachen oder Hinzufügen positiver Elemente um so wichtiger wird, je komplexer die Situation des Klienten ist. Weil Bilder dabei eine so wichtige Rolle spielen, halte ich es für angebracht, diesen Aspekt der EMDR-Prozedur zu erweitern, indem man die positive oder bevorzugte Kognition zur allgemeineren Vorstellung eines *positiven Assoziationsnetzwerks* (PAN) erweitert, dessen Sub-Netzwerke wir als *positive Schemata* bezeichnen können. Wird ein positives Schema vor Beginn der Kategorie-3-Aktivität identifiziert, kann es auf die traditionell gesuchten positiven Kognitionen beschränkt werden, beispielsweise »Ich bin ein fähiger Mensch« oder »Es liegt in der Vergangenheit«; es kann aber auch aus Bildern von Ich-Idealen oder spirituellen Überzeugungen bestehen, Möglichkeiten, mit denen wir uns in einem späteren Abschnitt beschäftigen werden.

»Problem« und »Lösung«

Abgesehen von der Einbeziehung der positiven Kognition (des positiven Schemas) in den Verarbeitungsprozeß möchte ich auch dazu anregen, dieselbe als potentielle »Lösung« anzusehen. In diesem Zusammenhang ist das »Problem« das negative Assoziationsnetzwerk. In ihm ist Information gespeichert, die in aktiviertem Zustand *exzessiven* Schmerz und dysfunktionales Verhalten verursacht. Somit beinhaltet das negative Netzwerk in einem gewissen Sinne ein Problem, das gelöst werden muß. Die Lösung ist das positive Material, dessen Hinzufügung die Auflösung der dysfunktionalen Aspekte des Netzwerks, hauptsächlich überwältigender Emotionen oder lebhafter visueller Bilder, ermöglicht. Dies werde ich gelegentlich »Finden der Lösung« nennen. Das Positive als Lösung zu bezeichnen, so wie es in dem Ausdruck »Die Lösung des Problems, wie man eine Möglichkeit findet, mit einem Ereignis Frieden zu schließen« geschieht, ist manchmal sowohl klinisch als auch konzeptuell von Wert. Geht man mit der Absicht, eine Lösung zu finden, an die Arbeit heran, wird dadurch oft weniger anfänglicher Widerstand aktiviert, als wenn man versucht, Klienten dazu zu bringen, in einem erlebten Trauma etwas Positives zu sehen. Allerdings kann die Vorstellung einer Lösung auch Probleme mit sich bringen.

Rando (1993) geht in ihrer sehr ausführlichen Auseinandersetzung mit Gram und Trauer darauf ein, daß Klienten die mit dem Erlebten verbundene Veränderung auch akzeptieren müssen. Außerdem weist sie darauf hin, daß Menschen, die einen Verlust erleiden, dadurch zwar tatsächlich stärker werden oder auf irgendeine Weise daran wachsen können, es aber inadäquat wäre, den Verlust selbst als ein lösbares Problem anzusehen. Sie benutzt, ähnlich wie Piaget in seiner Beschreibung der menschlichen Entwicklung, den Begriff *Akkomodation*, um den Adaptationsprozeß zu beschreiben, den ein Mensch nach einer Verlusterfahrung durchlaufen kann. Ich schließe mich ihrer Meinung an, halte aber im Hinblick auf die klinische Praxis, solange Klienten akut unter negativen Emotionen und dysfunktionalen negativen Gedanken leiden, das Wort »Lösung« für passender, wobei ein zusätzlicher Vorteil dieses Begriffs ist, daß er sich ausschließlich auf den dysfunktionalen Aspekt des Schmerz verursachenden Schemas bezieht.

Bevor ich mich weiter in die Implikationen der Begriffe des positiven Schemas oder der Lösung vertiefe, erscheint mir eine gründliche Beschäftigung mit den Wurzeln dieser Ideen in einem wichtigen Element der EMDR-Arbeit, der positiven Kognition, sinnvoll.

Positive oder bevorzugte Kognition?

Die positive Kognition wurde ursprünglich als bevorzugte Kognition bezeichnet, so wie die negative Kognition zunächst vorhandene Kognition genannt wurde. Um der Klarheit willen erwies es sich fast immer als notwendig, die bevorzugte Kognition als positiv zu bezeichnen. Zum einen erwies es sich generell als einfacher, nach der positiven Kognition zu fragen, zum anderen entspricht die Entscheidung für das Wort »positiv« Banduras (1989) Gedanken und Untersuchungen über Selbstwirksamkeit (*self-efficacy*).

Die Entscheidung für das Wort »positiv« gegenüber »bevorzugt« muß unter zwei Aspekten gesehen werden, über die sich Francine Shapiro im klaren ist. Erstens kann der Rapport leiden, wenn der Klient glaubt, daß der Therapeut, indem er nach einer positiven Kognition Ausschau hält, der Tiefe seines Verlustes oder seiner Verzweiflung nicht gerecht wird. In solchen Fällen vermittelt das Wort *bevorzugt* mehr Mitgefühl. Zweitens entscheiden sich Klienten trotz der Arbeit an starken positiven Kognitionen in der Bewertungsphase sehr oft für neutraler klingende, aber offensichtlich zutiefst befriedigende Kognitionen wie »Es ist vorüber«, die sie mit einem Seufzer der Erleichterung hervorbringen. Generell ist es in der klinischen Praxis besser, eine nicht optimale positive Kognition zu akzeptieren, als dem Klienten eine Lösung aufzudrängen, die ihm als unerreichbar erscheint, weil durch letzteres die Glaubwürdigkeit des Therapeuten in seiner Funktion als mitfühlender Zuhörer erschüttert wird. Therapeuten müssen deshalb bereit sein, eine weniger umfassende Lösung zu akzeptieren, auch wenn sie ihnen nicht wie eine positive Kognition erscheinen mag. Selbst wenn zur näheren Charakterisierung der Kognition der Begriff *positiv* benutzt wird, sollte der Geist des Attributs *bevorzugt* in diesem Teil der Arbeit mitschwingen.

Abgesehen von der Art der Bezeichnung fällt es Klienten manchmal schwer, eine positive Alternative zu ihrer negativen Kognition zu nennen. Oft sind sie dazu nicht bereit, weil sie glauben, ihre augenblicklichen Gedanken oder, genauer gesagt, Urteile seien die einzig möglichen – was natürlich ein Teil des Problems ist, dessentwegen sie sich für eine Therapie entschieden haben. Ich probiere es in solchen Fällen gewöhnlich mit einer kurzen Intervention im RET-Stil, meist einer Kategorie-2-Aktivität. Ich erkläre, daß es zu jeder beliebigen Situation viele wahre Gedanken gibt. Manchmal führe ich zunächst ein Beispiel an, in dem es um etwas Unverfängliches geht, beispielsweise um die Frage, ob die Wüste sonnig oder heiß ist. Wenn der Klient antwortet, beides treffe zu, erkläre ich ihm, daß bezüglich einer Situation oft ein Gedanke dominiert und daß derjenige Gedanke, auf den wir uns am stärksten konzentrieren, oft darüber entscheidet, welchen Einfluß eine bestimmte Situation auf uns hat. Manchen Klienten schildere ich anschließend noch eine für sie relevantere und dramatischere Situation, die aber mit ihrer eigenen nicht identisch ist, damit sie nicht das Gefühl bekommen, ich versuche, ihre Wahl einer bevorzugten Kognition massiv zu beeinflussen. Beispielsweise könnte ich sagen:

> Ein besonders traumatisches Beispiel wäre, daß einer Ihrer Freunde im Krieg in Ihrer unmittelbaren Nähe umgekommen wäre. Vielleicht würde dieser Mensch noch leben, wenn Sie sich damals anders verhalten hätten. Deshalb fällt Ihnen beim Nachdenken über diese Situation möglicherweise der Satz »Es war meine Schuld« ein. Es kann jedoch durchaus sein, daß Sie das unter den gegebenen Umständen Bestmögliche getan haben und daß Ihnen deshalb im Hinblick auf diese Überlegung der Satz »Ich war jung und hatte Angst; er weiß, daß ich mein Bestes getan habe« einfällt.[10] Es kann sein, daß beide Gedanken gleichermaßen wahr sind. Trotzdem möchte ich Sie fragen, von welchem Sie sich eher wünschen würden, daß er Ihnen spontan einfällt, wenn Sie an diese Situation denken. Welcher von beiden würde Ihnen helfen, ein von positiven Empfindungen geprägtes Leben zu führen?«

Anschließend fordere ich den Klienten auf, darüber nachzudenken, ob ihm zu seinem Ziel-Ereignis eine positive Kognition einfällt – Worte zu wählen, die er bevorzugen würde, Worte, die ungeachtet dessen, ob er sie völlig akzeptiert, zutreffen könnten.

Manchmal wehren sich Klienten dagegen, nach einer positiven Kognition zu suchen, weil sie glauben, jede nicht negative Darstellung eines Ereignisses sei eine Rationalisierung und müsse deshalb Unsinn sein. Mit Klienten, die dieser Meinung sind, diskutiere ich manchmal über die Komplexität von Kausalzusammenhängen. Manchmal frage ich sie dann nach dem Ursprung des Wissens, das ihre Beschäftigung mit der positiven Kognition behindert. Auf diese Weise mache ich sie mit der Ansicht vertraut, daß Überzeugungen erlernt werden und sich deshalb verändern lassen:

THERAPEUT: Wo haben Sie gelernt, daß Erklärungen, die ein komplexeres Verständnis von Verantwortung erfordern, Rationalisierungen oder schlicht Unsinn sind?

KLIENT: Von meinem Vater, von den Marines.

THERAPEUT: Können Sie sich vorstellen, daß beide irgendein Interesse damit verfolgt haben, daß sie Ihnen eine so simple Vorstellung von Kausalität vermittelt haben?

KLIENT: Wie meinen Sie das?

THERAPEUT: Könnte es nicht beispielsweise das Ziel der Marines gewesen sein, Ihnen beizubringen, nicht zuviel zu denken und Befehlen bedingungslos zu folgen?

KLIENT: Sind Sie bei den Marines gewesen?

THERAPEUT: Nein, aber ich kenne viele, die bei ihnen waren. Soweit mir bekannt ist, *muß* das Militär den Soldaten beibringen, ihr Leben zu riskieren. Und damit Menschen dies zu tun bereit sind, müssen sie lernen, nicht zuviel zu denken. Dies kann man beispielsweise erreichen, indem man Menschen dazu bringt, die Dinge sehr vereinfacht zu sehen und es als Unsinn zu bezeichnen, wenn man sich für einen angeblichen »Fehler« nicht selbst die Schuld gibt. Sicher werden Sie einsehen, daß ein solches Verhalten auch Eltern und anderen Menschen, die das Verhalten ihrer Mitmenschen zu beeinflussen versuchen, das Leben leichter macht.

KLIENT: Wo Sie es jetzt sagen, muß ich zugeben, daß man es so sehen kann. Aber manchmal hat man doch trotzdem ganz einfach die Schuld an etwas.

THERAPEUT: Ja, natürlich haben wir oft einen wichtigen Anteil daran, daß Dinge falsch laufen – aber das bedeutet doch nicht, daß wir gar nicht erst versuchen sollten, die Komplexität der Dinge zu verstehen, und daß wir unser erworbenes Wissen nicht auch anwenden sollten. Wie also könnte man ein solches Ereignis auf andere Weise verstehen?

Es kann sich herausstellen, daß die durch diese Suche zum Vorschein gebrachte Information zu einem neuen Ziel für die Verarbeitung führt. Dabei kann es sich um Situationen handeln, in denen jemand sich dysfunktionale Anschauungen über die Geschlechterrollen angeeignet hat, die dann zum ersten Ziel für die Verarbeitung werden, also noch vor der Arbeit an dem zuerst gewählten »traumatischen Ereignis«.

Manchmal wählen Klienten als positive Kognition den Gedanken, daß das fragliche Ereignis gar nicht stattgefunden hat. In solchen Fällen erkläre ich, daß wir zwar den tatsächlichen Verlauf der Dinge nicht verändern können, aber ihre

Auswirkungen auf unser Leben, und anschließend erläutere ich einige Grundgedanken der Rational-Emotiven Therapie. Außerdem erläutere ich dem Klienten den Unterschied zwischen Erinnern und erneutem Durchleben einer Situation. Klienten stehen ihrer Erinnerung an erlebte Traumata oft ambivalent gegenüber, oder sie haben das starke Gefühl, daß diese Erinnerung nicht völlig gelöscht werden sollte. Ich werde mich in einem später folgenden Abschnitt über Desensibilisierung und Widerstand ausführlicher mit dieser Thematik beschäftigen.

Es gibt einige nützliche positive Kognitionen, die in EMDR-Handbüchern genannt werden und die Klienten oft spontan nennen; werden diese jedoch ohne Zuhilfenahme des kritischen Urteilsvermögens benutzt, kann es schwierig werden, die Verarbeitung zum Abschluß zu bringen. Jede Kognition, die eine vollständige und dauerhafte Auflösung des Problems impliziert – bzw. von welcher der Klient annimmt, sie würde dies tun – oder die erfordert, ein utopisches Maß an Gewißheit oder Perfektion zu erreichen, macht mit hoher Wahrscheinlichkeit einen vollständigen Abschluß der Verarbeitung unmöglich. Wählen Klienten beispielsweise als positive Kognition »Ich bin im Besitz der Kontrolle«, kann dem die Überzeugung zugrunde liegen, daß alles, was passiert, ihrem Einfluß unterliegt und daß sie nie die Kontrolle über eine Situation verlieren können. In solchen Fällen frage ich, ob Kontrolle für sie Vollkommenheit beinhaltet, daß sie, ganz gleich, was passiert, die Kontrolle über das Geschehen behalten, oder ob sie meinen, daß sie über zahlreiche Möglichkeiten verfügen, die sie zur Lösung auftretender Probleme heranziehen können. Ich versuche (oder kann vielleicht einfach nicht umhin), meine Reaktion ein wenig auszuschmücken, um den Klienten mögliche Veränderungen an Beispielen zu veranschaulichen, statt ihnen lediglich eine positive Kognition zu nennen – letztere müssen sie dann selbst formulieren. Beharrt ein Klient auf einer unmöglich realisierbaren positiven Kognition, ist ein baldiger Abschluß der Bewertungsphase, der den Beginn der Kategorie-3-Aktivität noch in der gleichen Sitzung ermöglicht, nicht zu erwarten. In diesem Fall müssen die Ziele des Therapievertrags überprüft werden.

Wie eine positive Kognition den Abschluß der Verarbeitung behindern kann, veranschaulicht das Beispiel einer Klientin, die an den mit einem mittlerweile behobenen medizinischen Problem zusammenhängenden Gefühlen arbeitete, die ihr nach wie vor zu schaffen machten, sobald sie an die Behandlung dachte. Nachdem es ihr gelungen war, den SUD-Wert auf 2 zu reduzieren, erwiesen sich alle weiteren Bemühungen als vergeblich. Auch die Aufforderung, an die positive Kognition zu denken und gleichzeitig Augenbewegungen auszuführen, führte nicht zu einer weiteren Besserung. Ihre positive Kognition war: »Ich bin okay«. Ich fragte sie, ob ihre positive Kognition beinhalte, daß ihr Problem nie mehr zurückkommen könne oder daß sie nie mehr Gesundheitsprobleme bekommen würde. Nach kurzem Nachdenken antwortete sie, vielleicht bedeute der Satz, daß sie nie mehr Gesundheitsprobleme bekommen werde. Daraufhin verwandelte sie ihre positive Kognition in den Satz »Ich fühle mich jetzt okay, und ich kann das genießen.« Nachdem wir diese Kognition durch eine Serie von Augenbewegungen etabliert hatten, löste sich ihre Angst auf. Dieses Beispiel veranschaulicht nicht nur die klinische Anwendung eines Behandlungsprinzips, sondern auch, daß die Verarbeitung durch ein Verschmelzen von Assoziationsnetzwerken zustande kommt, also nicht einfach nur eine Desensibilisierung ist.

Die ursprüngliche Bezeichnung der positiven Kognition als bevorzugte Kognition hat noch einen anderen Vorteil: Sie ermöglicht ein Überdenken der allgemeinen Selbstbeurteilung – und regt manchmal sogar zu einer solchen Revision der Selbstsicht an. Wie Studien und theoretische Untersuchungen über das Fokussieren der Aufmerksamkeit auf die eigene Person erkennen lassen, können exzessive Selbstbewertung und -beurteilung pathologischen Charakter annehmen (Ingram 1990; Wolfe 1992). Der übertriebenen Beschäftigung mit sich selbst ein Ende zu machen wird auch von der buddhistischen und taoistischen Philosophie empfohlen. Unter anderem haben Watts (1961) und Linehan (1993) dieses Thema im Hinblick auf die Psychotherapie in wundervoller Weise untersucht.

Besteht bei der Arbeit an einem begrenzten Problem das Ziel des Klienten lediglich darin, sein Leiden unter einem bestimmten Ereignis zu verringern, und wird dann durch diesen umfassenderen Aspekt (die Frage der Selbstsicht und Selbstbeurteilung) in der Therapie mehr angerissen, als der Klient eigentlich will, so geht dies über die Grenzen des im Therapievertrag Festgelegten hinaus. Wählt der Klient also eine bevorzugte Kognition, die eine adäquate, allgemein positive Selbstbeurteilung beinhaltet – beispielsweise: »Ich bin als Mensch okay« –, gehe ich auf das allgemeine Problem der Selbstbeurteilung gewöhnlich nicht ein, sofern die gewählte Kognition nicht Vollkommenheit impliziert. Leidet der Klient hingegen unter zahlreichen Problemen und Traumata und sieht sich generell in einem sehr negativen Licht, ist eine Auseinandersetzung mit den allgemeineren Problemen kaum zu vermeiden und muß über das Problem der Selbstbeurteilung informiert werden. Manchmal erkläre ich solchen Klienten, daß Menschen grundsätzlich auf drei Arten über sich selbst denken können. Diese sind, in der Folge ihrer zunehmenden Adaptabilität: negativ, positiv und nicht-urteilend. Ich erkläre, daß wir Menschen nicht anders können, als uns zeitweise allen drei genannten Kategorien entsprechend zu verhalten. Gleichzeitig weise ich darauf hin, wie wichtig es ist, daß wir lernen, den adaptiveren Möglichkeiten in unserem Leben mehr Gewicht zu geben.

Die Arbeit mit der positiven Kognition ist meiner Ansicht nach der Aspekt der EMDR-Arbeit, dessen Bedeutung am stärksten unterschätzt wird. Es gibt verschiedene Gründe, aus denen sie von Therapeuten häufig übergangen wird. Einer von ihnen ist, daß die positive Kognition, nachdem sie festgestellt wurde, während vieler Behandlungssitzungen (bis der größte Teil der Arbeit erledigt ist) selbst dann unbeachtet bleibt, wenn Francine Shapiros Protokoll strikt befolgt wird. (Die positive Kognition zunächst zu formulieren und sie dann wieder zu ignorieren ist so, als würde ein Anwalt zunächst absichtlich ein inakzeptables Argument vorbringen und es anschließend schnell wieder zurücknehmen. Der Schaden – oder, im Fall der Therapie, das Gute – ist dann bereits angerichtet.) Ein weiterer Grund ist, daß Klienten positive Kognitionen im Laufe der Verarbeitung oft spontan verbessern, weshalb ihre Therapeuten lieber erst gar keine Zeit darauf »vergeuden« wollen, bei der Formulierung einer Aussage zu helfen, die wenig später sowieso hinfällig wird. Ein dritter Grund für die Vernachlässigung der positiven Kognition ist, daß für die meisten Therapeuten und Klienten die Linderung von Schmerz und die Desensibilisierung im Vordergrund stehen. Auch ich gehe manchmal in diese Falle; doch wenn ich gut «in Form bin«, beziehe ich das Positive nicht nur im Sinne von Kognitionen ein, sondern verstehe es außerdem im Sinne von Assoziationsnetzwerken, wobei ich alle Gedanken und Bilder einbeziehe, die mit dem als Ziel gewählten dysfunktionalen Netzwerk verbunden sein *könnten*, es aber nicht *sind*. Darüber hinaus versuche ich, mir zu vergegenwärtigen, daß das Bemühen um die Identifikation positiver Kognitionen, selbst wenn diese später durch andere ersetzt werden, helfen kann, die für die Integration des Netzwerks erforderliche Information zugänglich zu machen.

Ich fasse meine Sichtweise im folgenden noch einmal kurz zusammen:

1. EMDR hat zum Ziel, die Integration dysfunktionaler (negativer) und funktionaler (positiver) Assoziationsnetzwerke oder Schemata zu fördern und dadurch dysfunktionale Netzwerke in funktionale zu verwandeln.
2. Das negative Assoziationsnetzwerk kann als »Problem« verstanden werden. Das erschlossene oder neu eingeführte positive Material kann als »Lösung« bezeichnet werden.
3. Der EMDR-Theorie und -Praxis zufolge ist die positive Kognition der wichtigste Aspekt des positiven Netzwerks, der vor Beginn der Kategorie-3-Aktivität zugänglich gemacht werden muß.
4. Bei der Arbeit mit Klienten, die unter einfachen, unkomplizierten Problemen leiden, kann die positive Kognition als Bestandteil eines Netzwerks oder Sche-

mas verstanden werden. Doch ist es in jedem Fall am wirksamsten und den Zielen des Klienten am förderlichsten, die positive Kognition so zu nutzen, wie Francine Shapiro es empfiehlt.

5. Bei der Arbeit mit Klienten, die unter komplexeren Problemen leiden oder deren positives Schema nicht reichhaltig genug ist, sollte eine umfassendere Repräsentation des positiven Schemas genutzt und mit dem Klienten expliziter daran gearbeitet werden.
6. Daß in stärkerem Maß am Positiven gearbeitet werden muß, wird manchmal erst nach Beginn der Kategorie-3-Aktivität deutlich.

Das positive Schema

Definition und Konzept

So wie äußerlich am Verhalten des Therapeuten nicht unbedingt erkennbar ist, ob seinem Denken das AIP-Modell zugrunde liegt, beeinflußt auch die Bevorzugung des positiven Schemas gegenüber der positiven Kognition als theoretischer Grundlage das Verhalten des Therapeuten in der Bewertungsphase gewöhnlich nicht. Deshalb ist es in den meisten Fällen am ökonomischsten, den Klienten aufzufordern, eine positive Kognition zu formulieren, und sich dann dem negativen Netzwerk zuzuwenden (den Klienten aufzufordern, zur Vorstellung des visuellen Bildes zurückzukehren, ihn nach der begleitenden Emotion zu fragen usw.), um das mit dem Ziel verbundene Assoziationsnetzwerk auf die Kategorie-3-Aktivität vorzubereiten.

Mir ist klar, daß ich durch die Empfehlung eines umfassenderen Konzepts möglicherweise ein leichter zu verstehendes, unkomplizierteres Zugangsschema zunichte mache. Dennoch glaube ich, daß man dies riskieren sollte, um das gesamte Verfahren dem meiner Meinung nach EMDR und jeder anderen Psychotherapie zugrunde liegenden Prozeß ähnlicher zu machen: Information zu integrieren, die zuvor in separaten Assoziationsnetzwerken isoliert war, statt einfach nur eine positive Kognition hinzuzufügen. Wird dies von Anfang an beherzigt, kann es meiner Meinung nach kaum passieren, daß EMDR fälschlich für eine simple Desensibilisierungstechnik gehalten wird, und der Therapeut kann dann seinen Klienten wirksamer und flexibler bei der Verarbeitung schwierigen Materials helfen.

Vor Beginn der Desensibilisierungsphase (dem Beginn der Kategorie-3-Aktivität) kann es in drei Situationen ratsam sein, dem Klienten bei der Erschließung oder Neuentwicklung eines umfassenderen Schemas zu helfen, und zwar durch Hinzufügen von Elementen wie visuellen Bildern, Ich-Idealen und Archetypen:

1. In den ersten Sitzungen, während der Anamnese und der Zieldefinition, wenn der Klient nach Möglichkeiten zur Integration seiner negativen Assoziationsnetzwerke sucht und darüber nachdenkt, welche seiner Stärken ihm bei seinen Bemühungen zugute kommen könnten.
2. Wenn ein Klient nicht akzeptieren kann, daß die zur Debatte gestellten positiven Kognitionen für ihn Realität werden *könnten* (darauf deutet der VoC-Wert 1 hin). Dies kommt bei Kriegsveteranen sehr häufig vor, und man kann dieser Schwierigkeit begegnen, indem man das positive Schema in die Diskussion einführt und es als unabhängiges Ziel für die Kategorie-3-Aktivität nutzt. Diese Verfahrensweise wurde kürzlich im Rahmen der Ausbildungen des EMDR-Instituts als *Ressourcenverankerung* (*ressource installation*) bezeichnet.
3. Wenn der Klient allgemein sehr labil ist und zeitweilig dissoziiert, und insbesondere, wenn er während dieser Episoden gefährliche Verhaltensweisen manifestiert. In solchen Fällen muß intensiv am positiven Schema gearbeitet werden, bevor die Netzwerke, in denen sich die Traumaaspekte befinden, direkt erschlossen werden können.

Mit der positiven Kognition als Bestandteil eines Netzwerks, das viele verschiedene Elemente enthält, haben wir uns aus theoretischer Perspektive bereits befaßt. Die ursprüngliche Idee, die positive Kognition zum positiven Schema zu erweitern, entstand nicht aufgrund einer Theorie, sondern durch Beobachtung spontaner »Lösungen«, die Klienten im Hinblick auf die Verarbeitung von Information entwickelten, sowie aufgrund von therapeutischen Interventionen (Einweben), die bei Blockierung der Verarbeitung vorgenommen wurden. Die beschleunigte Informationsverarbeitung bezieht sich häufig auf klinische Erkenntnisse dieser Art, um zu einem umfassenderen Verständnis des Verarbeitungsprozesses zu gelangen.

Die klinische Situation, an die ich in diesem Zusammenhang denke, ist die eines Klienten, der im Krieg miterlebte, wie ein Freund in unmittelbarer Nähe umkam. Obwohl ihm intellektuell klar war, daß er den Freund nicht hätte retten können, wurde er trotzdem von Schuldgefühlen verfolgt, weil er sich vorwarf, daß er den Tod des Freundes nicht verhindert hatte. Dieses »Schuldgefühl des Überlebenden«, wie es oft genannt wird, ist sehr verbreitet und wird als Ursache für psychischen Schmerz oft unterschätzt. Als der Klient sich die Episode vergegenwärtigte und gleichzeitig Augenbewegungen ausführte, veränderte sich die Stärke seiner Belastung kaum. Ich fragte ihn, wo sein Freund nun sei. Er antwortete: »Im Himmel« und führte eine weitere Serie von Augenbewegungen aus. Danach wurde er sehr ruhig und lächelte. Er sagte, er sehe, wie sein Freund ihm vom Himmel aus zulächle. Die positive Information, die anfing, sich mit dem Assoziationsnetzwerk, in dem die Kriegserinnerungen gespeichert waren, zu verbinden, umfaßte mehr als nur eine positive Selbstaussage. Außerdem befanden sich ein visuelles Bild und eine Vorstellung von einem jenseitigen Leben sowie eine emotionale Reaktion darin. Mein Klient hatte mehr als nur eine positive Überzeugung zugänglich gemacht.

Weniger dramatisch ist das Beispiel eines Klienten, der berufliche Probleme hatte, die, wie er sagte, sein Leben so stark beeinträchtigten, daß er ständig unglücklich war und an nichts mehr Freude hatte. Wir beschäftigten uns während der EMDR-Arbeit mit seiner Arbeitssituation. Dazu benutzten wir konventionelle selbstbezügliche negative und positive Kognitionen, und zwar sowohl, um die Verarbeitung während der Sitzung zu initiieren, als auch in Form des Einwebens, wenn die Verarbeitung ins Stocken geriet. Es gelang dem Klienten jedoch nicht, seine negativen Emotionen aufzulösen. In der Mitte der zweiten Sitzung, während er seinen Assoziationen der Düsternis und Verzweiflung folgte, tauchte plötzlich ein angenehmes Bild von seiner lächelnden Enkelin vor ihm auf. Dadurch kam es zwar nicht sofort zur völligen Auflösung seiner Probleme (die sich auch im Laufe der folgenden Wochen nicht entscheidend besserten), sondern die neue Entwicklung verschaffte ihm einen Augenblick lang Erleichterung. Interessant an diesem Fall erscheint mir, daß das gesamte verbale Material, das wir während unserer Arbeit erschlossen hatten – beispielsweise die Tatsache, daß es in seinem Leben viel Positives gab, unter anderem seine Familie –, ihm nicht die Erleichterung zu verschaffen vermocht hatte, die für ihn mit der Erinnerung an das Bild seiner Enkelin verbunden war. Erst der Zugang zu jenem visuellen Aspekt seines positiven Netzwerks, dem positiven Schema, verschaffte ihm die ersehnte Erleichterung. Entscheidend für den Erfolg dieser Intervention war vermutlich das Ausmaß, in dem das Bild der Enkelin, das für den Klienten vielleicht eine Art Zukunftsperspektive repräsentierte, das Assoziationsnetzwerk durchdrang, das sein berufliches Problem enthielt.[11]

Ein einfaches Beispiel dafür, wie ein Therapeut ein positives Schema ins Leben rief, ist der Fall eines Klienten, der auf Szenen aus seiner Zeit als Neunjähriger fixiert war. Diese hatten zum Inhalt, wie er von Erwachsenen wegen Versagens bei der Ausführung von Aufgaben, die seine damaligen Fähigkeiten eindeutig überstiegen, gescholten wurde. Der Klient wurde aufgefordert, sich ein aktuelles Bild von sich als Erwachsenem vorzustellen und dieses mit den Erwachsenen in seinem Ziel-Bild interagieren zu lassen. Da er es in den asiatischen Kampfkünsten zu großer Meisterschaft gebracht hatte, stellte er sich vor, daß er sich in seinem Kampfanzug an die Erwachsenen wandte und sie aufforderte, das Kind in Ruhe zu lassen. Die Folge war eine beträchtliche emotionale Erleichterung.

Positive Schemata, die zu Beginn der Behandlung etabliert werden, und für das kognitive Einweben verwendetes Material haben zwei Ähnlichkeiten, deretwegen sie in einem engen Zusammenhang gesehen werden müssen. Erstens erfüllen beide im uns interessierenden theoretischen Rahmen die gleiche Aufgabe, nämlich Material zu liefern, das mit dem negativen Netzwerk so verbunden werden kann, daß dieses einen positiven Charakter annimmt und integriert wird. Zweitens sollte der Inhalt des positiven Schemas und des Einwebens abgesehen von den wenigen Fällen, in denen eine paradoxe Intervention beabsichtigt ist[12], neutral (»Es ist vorbei«) oder positiv (»Ich habe daraus gelernt«) sein. Deshalb sehe ich diese beiden Phänomene als weitgehend identisch an, was bedeutet, daß Einweben, wenn es im klinischen Zusammenhang gesehen wird, auch als positives Schema verstanden werden kann, als Material, das vor Beginn der Kategorie-3-Aktivität erschlossen werden muß.

Trotz des offensichtlichen Vorhandenseins und Werts der nonverbalen Aspekte positiver Schemata ist es schwierig, diesen die Bedeutung zukommen zu lassen, die sie verdienen, einfach weil es soviel leichter ist, über den »Kopf« zu reden und zu schreiben als über das »Herz«. Der Komödiant Emo Phillips sagte einmal mit seiner ätherischen Stimme: »Das interessanteste Organ ist das Gehirn... aber wer hat mir das nur eingeflüstert?«

Der Gebrauch des positiven Schemas kann weitaus mehr beinhalten als nur die Arbeit mit positiven Kognitionen. Wenn der Therapeut während einer Sitzung, in der mit der Kategorie-3-Aktivität begonnen werden soll, zunächst die negative und die positive Kognition feststellt, können bei der Anwendung des positiven Schemas Zeitprobleme entstehen. Beginnt der Therapeut jedoch mit der Formulierung der negativen und positiven Aspekte der Assoziationsnetzwerke schon in den Sitzungen, in denen die Anamnese erfolgt und Rapport aufgebaut wird, kann die Vorbereitung auf die Kategorie-3-Aktivität in der betreffenden Sitzung sehr schnell vonstatten gehen. Bei der Arbeit mit Veteranen, die an chronischer kriegsbedingter PTBS leiden, ist es innerhalb des DVA-Systems sowohl vielerorts möglich als auch in den meisten Fällen klinisch notwendig, für die Anamnese, den Aufbau von Rapport und die Formulierung eines Therapievertrags mehrere Sitzungen einzuplanen.

In der Idee des positiven Schemas treffen Elemente aus den Bereichen der Psychologie, der Philosophie und der Spiritualität aufeinander. Wenn bei Klienten der Wert des Lebens durch ein Trauma in Frage gestellt wurde, ist nicht zu erwarten, daß sie nach Abschluß der Verarbeitung wieder in den Zustand zurückkehren werden, in dem sie vor dem traumatischen Erlebnis waren. In solchen Fällen verschmelzen Bereiche, die während einer Therapie oft künstlich getrennt gehalten werden, zu einer natürlichen und manchmal unvermeidlichen Einheit. Wahrscheinlich eignet sich diesbezüglich die humanistische[13] Psychologie am besten als Ergänzung der EMDR-Arbeit. Abraham Maslow (1968) hat darauf hingewiesen, daß die traditionelle Psychologie seiner Zeit vor allem an Defiziten und Störungen interessiert gewesen sei (eine Tendenz, die übrigens in der heutigen klinischen Psychologie eher noch stärker geworden ist) und nicht in ausreichendem Maße in der Lage, den Aspekt des Menschseins zu verstehen. Maslow hielt die Entwicklung einer Psychologie des Seins und Werdens und letztendlich der Transzendenz für notwendig, die auf eine umfassende und adäquate Weise das Wesen des Menschseins reflektiert.

Es war für mich ein zutiefst verwirrender, aber auch erhellender und bewegender Prozeß, Klienten, die im Krieg erlebt hatten, wie sie selbst, ihre Freunde und ihre Überzeugungen vernichtet wurden, bei der Suche nach positiven Kognitionen und einem positiven Schema zu helfen. Einige von ihnen hatten ausgerechnet jene Menschen getötet, die zu schützen man sie gelehrt hatte. Sie hatten sich in jenen Situationen entweder hilflos und handlungsunfähig gefühlt, oder sie hatten Dinge getan, die sie später zutiefst bereuten, in Situationen, in denen sie das Gefühl gehabt hatten, über ihr ganzes weiteres Leben zu entscheiden. Man hatte ihnen beigebracht, sich an Werten zu orientieren, die ihren vorherigen spirituellen oder humanistischen Vorstellungen oft entgegengesetzt waren. Sie waren wiederholt mit Situationen konfrontiert worden, in denen sie entweder mit ihren ursprünglichen oder mit den für den Krieg angeeigneten Werten in Konflikt gerieten, ohne daß es einen Ausweg aus diesem Dilemma gegeben hätte. Einigen, die solche Situationen durchlebt haben, ist es gelungen, diese Ereignisse zu verarbeiten; andere haben den Zugang zu den Netzwerken, in denen jene Erlebnisse gespeichert sind, versperrt; und manche haben sich an mich gewandt, weil sie sich von mir Rat und Hilfe erhofften, und was ich durch sie gelernt habe, ermöglichte mir, ihnen zu helfen.

Der beste Ansatzpunkt für die Identifikation (Erschließung) oder Entwicklung (Einführung und Erschließung) eines positiven Schemas ist, die Überzeugungen des Klienten zu erkunden, in unserem Fall diejenigen, die ihm Kraft geben. (Im Rahmen der Anamnese habe ich bereits nach seinen spirituellen

Überzeugungen gefragt.) Klienten sprechen manchmal über ihre Familien und darüber, daß sie sich an bestimmten Grundsätzen zu orientieren versuchen, die ihnen wichtig sind, und sie sprechen auch über ihre spirituellen Überzeugungen. Manchmal frage ich sie dann, in welcher Beziehung diese kraftspendenden Faktoren zum Ziel-Netzwerk stehen. Oft sagen Klienten, sie hätten keine Beziehung zu jenem Ziel oder wenn sie über die Dinge nachdächten, die ihnen Kraft gäben, würden sie sich einfach nur schuldig fühlen. In solchen Fällen versucht der Therapeut nicht, auf die Gefühle des Klienten einzuwirken, sondern er bemüht sich, durch Fragen herauszufinden, was der Klient in das Ziel-Netzwerk integrieren möchte. Es geht bei dieser Arbeit darum, einen Kontakt zum Positiven herzustellen und dem Klienten zu helfen, eine Beziehung zur Kategorie-3-Aktivität zu entwickeln.

Die Arbeit an spirituellen Aspekten ist für einen Psychotherapeuten eine sehr delikate Angelegenheit. Abgesehen davon, ob dies für einen streng wissenschaftlich orientierten Therapeuten überhaupt möglich ist, gibt es auch Einwände von solchen, die spirituellen Themen gegenüber offen sind. Für diese ist es möglicherweise eine Blasphemie, spirituelle Überzeugungen als nur ein Element einer Klasse potentiell positiv wirkender Überzeugungen anzusehen. (Ich habe diesen Einwand zwar glücklicherweise selbst noch nicht gehört, aber das könnte mit der relativen Einseitigkeit meiner sozialen Kontakte zusammenhängen.) Weil mir klar ist, daß die Kraft der spirituellen Überzeugung für manche die einzige Möglichkeit ist, ihre Verzweiflung zu lindern (James 1902, 1958), bin ich mit dem Öffnen der Tür zu diesem Bereich besonders vorsichtig und achte dabei in erster Linie auf das, was sich nach Ansicht des Klienten (also nicht unbedingt nach meiner Meinung) dahinter befinden könnte.

In den bisher angeführten Beispielen habe ich versucht, das Grundkonzept des positiven Schemas zu veranschaulichen. Das nun Folgende ist aus Erlebnissen aus meiner klinischen Praxis konstruiert. Es soll den Prozeß der Suche nach der anfänglichen positiven Kognition illustrieren, wobei ich mich an den EMDR-Richtlinien für die Identifikation positiver Kognitionen orientiere. Dem folgt ein Dialog, der die Heranführung des Klienten an das umfassendere Konzept des positiven Schemas beinhaltet. Was hier anhand der Etablierung eines anfänglichen positiven Schemas demonstriert wird, läßt sich ebensogut auf das Einweben nach Beginn der Verarbeitung übertragen.

Ich beginne mit dem Beispiel eines Kriegsveteranen, der mit seinen Kameraden ein feindliches Dorf bombardierte, wobei Frauen, Kinder und Greise ums Leben kamen. (Wenn das Bombardement ohne unmittelbare Provokation erfolgt wäre, wären erheblich komplexere Probleme entstanden, und wir hätten uns auch mit den Ereignissen befassen müssen, die zu diesem Vorfall geführt hatten. Um der Übersichtlichkeit willen werde ich den Klienten in einer passiveren Rolle darstellen und mich mit der angedeuteten schwierigeren Thematik später befassen.)

Das anfängliche Ziel-Bild des Klienten war das eines weinenden Kindes. Seine negative Kognition lautete: »Ich bin ein Mörder.«

THERAPEUT: Wenn Sie diese Szene vor Augen haben, welche Worte oder Überzeugung würden Sie dann am liebsten in Ihrem Bewußtsein auftauchen sehen?

KLIENT: Am liebsten würde ich denken, daß es nicht passiert ist.

THERAPEUT: Wir wissen beide, daß wir die Vergangenheit nicht ändern können, aber wir können sie und auch uns selbst anders verstehen, auf eine Weise, die weniger katastrophale Auswirkungen hat. Wie würden Sie Ihre Rolle bei diesem Vorfall lieber sehen, auch wenn Sie nicht glauben, daß das, was Sie sich wünschen, *im Augenblick* den Tatsachen entspricht?

KLIENT: Ich würde lieber glauben, daß ich im Grunde ein guter Mensch bin. Aber wie könnte ich das nach dem, was ich getan habe, jemals sein?

THERAPEUT: Wenn Sie jetzt an das, was geschehen ist, denken, wie glaubwürdig erscheint Ihnen dann der Satz »Ich bin im Grunde ein guter Mensch«?

KLIENT: Ich glaube das nicht. Null.

(*Der allgemeinen EMDR-Praxis entsprechend wird diese vom Klienten mit »null« bewertete Kognition nicht als positive Kognition akzeptiert.*)

THERAPEUT: Ich entnehme dem, was Sie sagen, daß Sie im Augenblick keine Möglichkeit sehen, mit dem Geschehenen Frieden zu schließen. Was sagen Ihre religiösen Überzeugungen darüber, wie Sie dieses Ereignis in Ihrem Leben verstehen können?

KLIENT: Meine religiösen Überzeugungen haben mir in Vietnam nicht sonderlich geholfen.

THERAPEUT: Welche Einstellung haben Sie heute zur Religion?

KLIENT: Ich glaube immer noch an Gott.

THERAPEUT: Was sagen Ihre Überzeugungen Ihnen darüber, wie Sie mit dem, was in Vietnam geschehen ist, fertig werden können?

KLIENT: Ich glaube nicht, daß es okay ist, Kinder umzubringen.

THERAPEUT: Ich kenne Ihre Religion nicht besonders gut, aber die Vorstellung des Vergebens wäre wahrscheinlich nicht entwickelt worden, *wenn nur Menschen vergeben würde, deren Handlungen grundsätzlich völlig okay sind.* Wie kann ein Mensch Ihrer Meinung nach Vergebung erlangen?

Vergebung kann ein sehr komplexes Thema sein. Manchmal wird die Verarbeitung von Material unterbrochen, weil der Klient einerseits überzeugt ist, daß er sich unter den gegebenen Umständen nichts hat zuschulden kommen lassen, andererseits aber glaubt, er müsse sich eigentlich doch schuldig fühlen. In solchen Fällen kann es falsch sein, wenn der Therapeut versucht, den Aspekt des Vergebens anzusprechen.

Außerdem kann ein Netzwerk, in dem Schuldgefühle gespeichert sind, auch die falsche Überzeugung enthalten, *weil etwas geschehen sei*, sei es auch beabsichtigt gewesen. Dies vertreten manchmal Menschen, die sich mehr davor fürchten, die Kontrolle zu verlieren, als davor, etwas falsch gemacht zu haben.

In den vorangegangenen und folgenden Gesprächsteilen mache ich auf deutlich erkennbare und subtile Weise Information zugänglich und/oder führe sie neu ein. Meist tue ich dies in Form von Fragen, weil ich mich in die Rolle eines teilnahmsvollen Forschers zu versetzen versuche – was mir nicht schwerfällt, da ich dies ja tatsächlich bin. Ich *weiß* die richtigen Antworten nicht. Wenn ich Information neu einführe, indem ich beispielsweise Hypothesen darüber bilde, daß Vergeben unnütz wäre, wenn es nur auf Handlungen angewandt würde, die ohnehin akzeptabel sind, versuche ich, diese Dinge nur als Vorschläge zur Sprache zu bringen. Ich vermeide es jedoch auch, gar keine eigene Meinung zum Ausdruck zu bringen, so wie einige von Carl Rogers beeinflußte Ansätze es tun, denn das Vermeiden einer eigenen Stellungsnahme läßt sich nicht mit der Realität echter menschlicher Interaktion in Einklang bringen, und außerdem möchte ich den Assoziationsnetzwerken des Klienten durch mein Verhalten permanent vermitteln, daß er es mit einem Gleichgestellten und Verbündeten zu tun hat.[14]

KLIENT: Ich glaube, daß einem Menschen vergeben wird, wenn er bereut, wenn ihm leid tut, was er getan hat.

THERAPEUT: Und was passiert dann?

KLIENT: Wahrscheinlich lebt er dann normal weiter.

THERAPEUT: Könnten Sie dann auch mit Ihrer Familie Frieden schließen?

KLIENT: Ja.

THERAPEUT: Gibt es einen Gedanken oder etwas, wovon Sie sich wünschen würden, daß es Ihnen in den Sinn kommt, sobald Sie an dieses Erlebnis denken?

KLIENT: Ich würde dann gern daran denken, daß Vergebung möglich ist.

THERAPEUT: Ist mit diesem Gedanken ein Bild oder eine Vorstellung verbunden?

KLIENT: Es könnte ein Bild von mir in einem Zustand inneren Friedens sein.

THERAPEUT: Wenn Sie jetzt an die Szene in jenem Dorf denken, wie glaubwürdig erscheint Ihnen dann, daß Vergebung möglich ist?

Klient: Ich glaube es immer noch nicht so recht.

Therapeut: Wie würden Sie Ihren Glauben daran auf einer Skala von 1 bis 7 bewerten, auf der 1 für völlig falsch und 7 für völlig zutreffend steht?

Klient: Vielleicht mit einer 2.

In diesem Beispiel haben wir eine neue Kognition über das Vergeben entwickelt, statt den Klienten aufzufordern, selbst zu beurteilen, ob er ein guter Mensch ist. Im Gespräch über den Weg zum Frieden kommt der Klient selbst spontan auf die Thematik des Vergebens, die ich aufgreife, weil sie die vollständige Verarbeitung des Problems ermöglichen könnte. Ich weise auf die Möglichkeit hin, ein Bild mit der Kognition zu verbinden, obgleich ich dieses Bild nicht in die VoC-Bewertung einbeziehe. Ich habe dem Klienten zu helfen versucht, den Aspekt seines Assoziationsnetzwerks, der sich auf seine Suche nach Frieden bezieht, besser zugänglich zu machen, weil dies den vollständigen Abschluß der Verarbeitung wahrscheinlicher machen könnte. Um die vielen Möglichkeiten der Erschließung eines positiven Schemas in der beschriebenen Situation noch besser zu veranschaulichen, schildere ich im folgenden einen anderen Gesprächsverlauf:

Therapeut: Sie meinen, daß Sie im Augenblick keine Möglichkeit sehen, mit diesem Ereignis Frieden zu schließen. Was sagt Ihre Religion darüber, wie Sie dieses Ereignis verstehen sollten?

Klient: Ich glaube nicht, daß man Vergebung erwarten kann, wenn man an der Ermordung von Kindern beteiligt war.

Therapeut: Mir erscheint interessant, daß einige der wichtigsten und positivsten Gestalten in der Geschichte, darunter sogar einige Heilige, in ihrem Leben Dinge getan haben, die wohl jeder Mensch bereuen würde. Darf ich Sie fragen, wer der spirituell am weitesten fortgeschrittene Mensch ist, den Sie kennen oder von dem Sie jemals gehört haben?

Klient: Das ist X. (*X könnte Malcolm X, Moses, Jesus, Buddha oder die Großmutter des Klienten sein. Wer es ist, sollte dem Therapeuten gleichgültig sein.*[15] *Wichtig ist einzig und allein, daß der Klient diesen Menschen als am Heilungsprozeß beteiligt ansieht.*)

Therapeut: Können Sie sich vorstellen, wie X nach einem solchen Vorfall Frieden fände, wenn er daran beteiligt gewesen wäre? Bitte tun Sie dies jetzt. (*Pause*) Was könnte X darüber sagen, wie man damit leben kann?

Klient: Ich muß eine Möglichkeit finden weiterzuleben. Vielleicht kann ich im Gedenken an diese Kinder Gutes tun.

Therapeut: Stellen Sie sich dieses Ziel-Bild nun vor, und schätzen Sie anhand einer Skala von 1 bis 7 ein, ...

Die folgende an spirituelle Vorstellungen anknüpfende Möglichkeit, bei diesem Klienten die Verarbeitung zu fördern, bevorzuge ich in besonderem Maße.[16] Wie alles bisher Beschriebene kann auch das folgende Schema zum Einweben benutzt werden, um Informationen zugänglich zu machen oder um sie neu einzuführen, wenn die zuvor benutzten Ansätze bei einem Klienten nichts mehr bewirken:

Therapeut: Dem, was Sie sagen, entnehme ich, daß Sie im Moment keine Möglichkeit sehen, mit diesem Ereignis Frieden zu schließen. Ich möchte Sie etwas fragen: Was glauben Sie, geschieht mit Menschen nach ihrem Tod?
Klient: Wenn sie Glück haben, werden sie begraben.
Therapeut: Lebt irgend etwas von ihnen weiter?
Klient: Wenn sie gut sind, kommen sie in den Himmel.
Therapeut: Was meinen Sie, wo das Kind, das Sie weinen sehen, jetzt ist?
Klient: Natürlich im Himmel, wo denn sonst.
Therapeut: Können Sie sich das bildlich vorstellen? (*Je nach Situation kann der Therapeut den Klienten auch auffordern, im Geiste etwas zu dem Kind zu sagen.*)
Klient: Ja.

Wenn der Klient emotional angerührt ist, Rapport zu ihm besteht, noch genügend Zeit vorhanden ist und andere Voraussetzungen der gründlichen Vorbereitung und Behandlungsbereitschaft erfüllt sind, beginne ich an diesem Punkt sofort mit Kategorie-3-Aktivität. Denken Sie stets daran, daß die Arbeit im Zugänglichmachen und in der Verarbeitung von dysfunktional gespeicherter Information besteht. Man könnte es auch so ausdrücken: Manchmal ist es nicht gut, die Verarbeitung zu unterbrechen, um den VoC-Wert festzustellen oder erneut auf das Bild und die negative Kognition zu fokussieren. Später kann und muß mit diesen Elementen gearbeitet werden, um die Verarbeitung des gesamten Assoziationsnetzwerks abzuschließen. Andernfalls besteht eine erhöhte Gefahr, daß die akute Belastung wiederkehrt. Die in Francine Shapiros Protokoll beschriebene Technik des Zugänglichmachens von Information ist sehr effizient und hat sich bewährt. Doch sind manchmal andere Vorgehensweisen erforderlich, damit die beste Chance des Klienten, belastendes Material zu erschließen und zu verarbeiten, nicht ungenutzt bleibt.

Weshalb es so wichtig ist, später auf die gemiedenen Aspekte des Netzwerks einzugehen, wenn man zur Kategorie-3-Aktivität übergeht, wird verständlich, wenn man sich dies am Beispiel der anfänglichen negativen Kognition »Ich bin ein Mörder« vergegenwärtigt. Der Stellenwert dieser Überzeugung innerhalb des Assoziationsnetzwerks muß beurteilt werden, nachdem durch Verarbeitung der spirituellen Aspekte die Auflösung der schmerzlichen destruktiven Emotion begonnen hat. Möglicherweise muß die Arbeit an dieser Kognition oder an anderen Elementen des Netzwerks fortgesetzt werden, um die neu entwickelte Überzeugung dauerhaft zu machen.

Doch wenn der Klient nicht antwortet: »Natürlich im Himmel! Wo denn sonst?«, sondern:

Klient: Ja, aber was hat das mit der ganzen Sache zu tun?

Therapeut: Haben Sie schon einmal darüber nachgedacht, daß *Sie* möglicherweise am Schmerz des Kindes festhalten, nicht das Kind? Haben Sie seit dem Krieg so gelebt, daß Sie darauf stolz sein können?

Klient: Nein.

Therapeut: Was meinen Sie, wie Sie die Erinnerung an jenes Kind besser in Ehren halten können: indem Sie weiter so leben wie bisher oder indem Sie etwas Positives tun?

Klient: Indem ich etwas Positives tue.

Therapeut: Wenn Sie sich nun das Ziel vorstellen, als wie glaubwürdig erscheint Ihnen dann der Gedanke »Ich kann etwas Positives tun« gemessen auf einer Skala, die von 1 bis 7 reicht, ...

Nach einer solchen Intervention entwickeln Klienten manchmal das Gefühl, daß das Opfer seinen Frieden gefunden hat, und daraufhin beginnt das negative Netzwerk sich aufzulösen. Zuweilen gelingt es Klienten nicht, ihr destruktives negatives Material durch verbale oder imaginative Arbeit aufzulösen. In solchen Fällen ist es von Nutzen, wenn die Betreffenden freiwillig für einen guten Zweck arbeiten, denn auch auf diese Weise kann das positive Material erschlossen oder erzeugt werden, das sie für die Verarbeitung des Ziel-Netzwerks benötigen. Das positive Schema beinhaltet dann tatsächliches Verhalten. Allerdings läßt sich diese Empfehlung bei Klienten, die zum Vermeiden tendieren, nur schwer umsetzen. Unabhängig davon, ob ein Klient infolge eines starken Traumas Schuldgefühle entwickelt hat, kann er in sich gekehrt und/oder emotional abgestumpft (anhedonisch) sein. Oft müssen vor Beginn der Arbeit an den Assoziationsnetzwerken, die diese Funktionsweise hervorrufen, zunächst einfach Elemente erschlossen werden, die positive Aktivität beinhalten (beispielsweise durch die gelenkte Imagination) und mit Kategorie-3-Aktivität verbunden werden.

Abgesehen von Klienten, die glauben, sie hätten es verdient zu leiden, habe ich zumindest einen Menschen das moralische Urteil aussprechen hören, es sei weder wünschenswert noch adäquat, wenn jemand, der durch sein Verhalten andere traumatisiert habe, von den Qualen, unter denen er aufgrund dessen leide, befreit werde. Diese Äußerung stammt übrigens erstaunlicherweise von einem anerkannten PTBS-Psychotherapeuten, der sie in einer Rede anläßlich einer internationalen Konferenz vortrug. Man kann mehrere mir plausibel erscheinende Argumente gegen diese Ansicht anführen. Erstens ändern die Qualen, unter denen ein Täter infolge seines früheren Tuns leidet, nichts an dem, was bereits geschehen ist; außerdem schränken sie die Möglichkeiten des Betreffenden, positive Ziele zu verfolgen, erheblich ein. Zweitens ist es nicht Aufgabe der Psychotherapie, kriminelles und unmoralisches Verhalten zu bestrafen; vielmehr tritt der Psychotherapeut dem Klienten mit einer akzeptierenden Haltung gegenüber, um ihm zu helfen, akzeptable Ziele zu verfolgen. Hält ein Therapeut die Ziele eines Klienten nicht für gesellschaftlich akzeptabel oder zumindest neutral, sollte er einen Behandlungsvertrag mit diesen Voraussetzungen nicht akzeptieren. Drittens ist an Kriegen die Gesellschaft als Ganzes beteiligt und deshalb auch für alles, was in diesem Zusammenhang geschieht, mitverantwortlich. Beispielsweise zahlt ja auch der Therapeut Steuern und unterstützt dadurch den Krieg. Insofern wäre die Auffassung eines Therapeuten, ein Soldat hätte es nicht verdient, psychotherapeutisch behandelt zu werden, heuchlerisch.

Zwar habe ich selbst es noch nicht miterlebt, aber ich kann mir vorstellen, daß die religiöse Überzeugung eines Klienten durch die Verarbeitung entkräftet werden kann. Ich hatte anläßlich einer EMDR-Konferenz im Jahre 1995 Gelegenheit, eine kurze informelle Umfrage zu diesem Thema durchzuführen. Als Roger Solomon und Jeffrey Mitchell eine Präsentation zum Thema Spiritualität durchführten, stellte ich als Teilnehmer dieser Veranstaltung die Frage, ob irgend jemand unter den Anwesenden schon einmal einen Klienten aufgefordert hätte, auf seine spirituellen Überzeugungen zu fokussieren und dann Augenbewegungen auszuführen. Etwa zwanzig Anwesende meldeten sich. Ich fragte sie weiter, ob irgendeiner dieser Klienten anschließend seine religiösen Überzeugungen aufgegeben habe. Einer aus dieser Gruppe erhob die Hand und berichtete, der betreffende Klient sei Priester gewesen. Diese Umfrage war in verschiedener Hinsicht aufschlußreich, doch besonders interessant für uns ist, daß Interventionen, die spirituelle Aspekte einbeziehen, sich offenbar sehr häufig positiv auf die Verarbeitung auswirken.

Francine Shapiro und ihre Kollegen führen in ihren Büchern und Ausbildungsveranstaltungen eine Liste positiver Kognitionen an, die bestimmten weit verbreiteten negativen Kognitionen entgegenwirken sollen. Diese Liste erhebt keinen Anspruch auf Vollständigkeit oder Verbindlichkeit, sondern ist eher als Anregung zu verstehen, da einige der genannten Kognitionen in bestimmten Fällen kontraproduktiv wirken können.[17] Sie ist nur als Anregung für die Auswahl einer Kognition gedacht, falls einem Klienten spontan nichts einfällt. Ich möchte hier eine ähnliche Liste positiver Kognitionen und damit verbundener nichtkognitiver Elemente anbieten, die zusammen ein Schema bilden, das sich (so die Hypothese) mit einem dysfunktionalen Assoziationsnetzwerk verbindet und dies in einen funktionalen Zustand versetzt. Ich möchte ausdrücklich darauf hinweisen, daß meine Liste Anregungen aus zahlreichen Quellen enthält, die oft schon recht alt sind. In gewissem Sinne sind diese Schemata potentielle »Lösungen« (Antworten) zu der Frage »Wie kann man mit diesen schrecklichen Geschehnissen leben?« Die von mir im folgenden beschriebenen Schemata lassen sich in zwei Kategorien unterteilen: diejenigen, die sich auf andere Personen als den Klienten, und diejenigen, die sich auf den Klienten und seine Ansicht über sich selbst und die Welt beziehen. Klienten, die im Krieg waren oder die in anderen Zusammenhängen Mitmenschen geschädigt haben, müssen sich oft mit der ersten Art von Schema beschäftigen, bevor sie sich der zweiten zuwenden können.

Die beschriebenen Schemata werden in die Therapie einbezogen, wenn der Klient sie benötigt, entweder zu Beginn der Behandlung oder in deren weiterem Verlauf, so wie die oben wiedergegebenen Beispieldialoge es veranschaulichen. Aus einem solchen Gespräch kann sich zwar auch eine einfache positive Kognition entwickeln, aber das beinhaltet nicht, daß wir die Vorstellung eines Schemas deshalb für irrelevant halten sollten. Meines Erachtens beeinflußt nicht nur die positive Kognition die Verarbeitung, sondern alles, was in einem solchen Gespräch anklingt und dazu beiträgt, das Positive zugänglich zu machen, also auch alles – und darauf kann gar nicht nachdrücklich genug hingewiesen werden –, was durch die Beziehung des Klienten zum Therapeuten erschlossen wird.

Das Entwickeln von Lösungen

1. Lösungen, die zunächst auf andere Personen als den Klienten fokussieren

Diese Lösungen beziehen sich auf Situationen, in denen sich der Klient schuldig fühlt, wobei als untergründige Emotion oft Trauer mitspielt. Sie ermöglichen es dem Klienten, Frieden zu finden, und haben oft zum Inhalt, daß sich letztendlich das Gute oder die Unschuld durchsetzt. Beispiele dafür sind:

Lohn oder Linderung ist denen gewiß, die gelitten haben. Die spirituelle Variante dieses Schemas sieht vor, daß die Guten und Unschuldigen durch Aufnahme in den Himmel oder durch andere spirituelle Wohltaten belohnt werden, beispielsweise durch Ansammlung von positivem Karma. Ihr Leiden ist nicht nur zeitlich begrenzt, sondern die negative Erfahrung führt außerdem auch zu einer positiven. In der obigen Fallvignette glaubt der Klient, daß das Kind, das er getötet hat, in den Himmel gekommen ist. In Form des Satzes »Das Kind ist im Himmel« ist dies eine positive Kognition. In Form der Vorstellung einer himmlischen Belohnung in Verbindung mit entsprechenden visuellen Bildern wird das Ganze zu einem Schema. Das Bild der Aufnahme in den Himmel ist nur eine von vielen Möglichkeiten, ein negatives Netzwerk aufzulösen, das Leiden und Tod beinhaltet.

Wie bereits erwähnt, hat mein Kollege Al Botkin einen ähnlichen Ansatz entwickelt. Ich verstehe Botkins Methode in dem Sinne, daß er den Klienten nach der vorbereitenden Arbeit auffordert, sich seine Verbindung zu der verstorbenen Person zu vergegenwärtigen und dann Augenbewegungen auszuführen. Was folgt, hängt von der Reaktion des Klienten ab. Botkin berichtet, daß bei seinen Klienten gewöhnlich spontan positive Bilder von Verstorbenen auftauchen und daß durch diese Art des Umgangs mit Schmerz gewöhnlich ein starkes Gefühl der Vergebung entstehe und es dadurch zur Auflösung der Fixierung auf die negativen Aspekte komme. Allerdings muß darauf hingewiesen werden, daß diese Intervention im Rahmen eines intensiven fünfwöchigen stationären Behandlungsprogramms erfolgt, wobei eine kleine Gruppe von Klienten und Therapeuten Beziehungen zueinander entwickelt, durch die eine Atmosphäre der Sicherheit, des Akzeptiertwerdens und der Erwartung positiver Behandlungsresultate geschaffen wird. Außerdem ist dieses Behandlungsprogramm in ein von Orv Lips geleitetes unterstützendes PTBS-Programm eingebettet.

Die Erinnerung an verstorbene Freunde wird durch eine positive Lebensweise besser in Ehren gehalten als durch unnötige Verlängerung des Leidens. Nachdem der Klient gefragt wurde, ob dies seiner Meinung nach zutrifft, folgt ein Gespräch über die verstorbenen Freunde und ihre positiven Eigenschaften. Man kann den Klienten auch auffordern, sich (in Form innerer Bilder) vorzustellen, wie die Freunde über ihn sprechen, und ihn anschließend eine Kategorie-3-Aktivität ausführen lassen. (Dies wird in Kapitel 5 eingehender erläutert.)

Das Leiden des Opfers hat ein Ende gefunden, und nur noch der Klient empfindet nun Schmerz. Es liegt in seiner Verantwortung, den Schmerz des Opfers loszulassen, denn das Opfer selbst hat bereits alles getan, was es zu diesem Loslassen beitragen konnte.

Eine Fortsetzung des Leidens um der Opfer willen vergrößert den Schmerz in der Welt. Das gleiche gilt für selbstzerstörerische Handlungen wie Selbstmord. Außerdem ist es dem Klienten nicht möglich, Gutes zu tun, solange er unter schwächendem Schmerz leidet. Um dies zu veranschaulichen, erzähle ich Klienten oft eine Geschichte, die von Francine Shapiro stammt: Jemand besuchte einen berühmten Schriftsteller und sagte ihm, er wolle etwas tun, um all die Freude zurückzuzahlen, die der Autor anderen durch seine Bücher bereite. Daraufhin antwortete dieser: »Sie verstehen das nicht richtig. Es geht nicht darum, zurück-, sondern darum, vorauszuzahlen.« In Situationen wie der hier beschriebenen initiiere ich nach dem Erzählen dieser Geschichte manchmal Augenbewegungen.

Wenn ein Klient keine Hilfe annehmen kann, ohne dadurch seine Selbstachtung gefährdet zu sehen, entwertet er seine eigenen Bemühungen, anderen zu helfen. Ein Klient, der finanzielle Erfolge und Mißerfolge erlebt hatte, mußte in einer schwierigen geschäftlichen Phase die Hilfe seines Bruders in Anspruch nehmen. Er litt unter anderem unter Depressionen und führte dies auf seine finanzielle Abhängigkeit zurück, obwohl er wußte, daß diese nur zeitweilig war. Nach mehreren Serien von Augenbewegungen erinnerte er sich daran, wie schutzlos ihm einige Zivilisten erschienen waren, denen er in Vietnam geholfen hatte. Er glaubte, wenn er sich nicht stets auf seine eigenen Leistungen verließe, werde er ebenso verletzlich wie jene Vietnamesen. Ich fragte ihn, ob er den Vietnamesen gegenüber Respekt empfinde, obwohl sie seine Hilfe benötigt hätten. Er antwortete ohne jeden Vorbehalt, daß er das tue. Dann fragte ich ihn: »Was sagt es über die Aufrichtigkeit Ihres Respekts den Vietnamesen gegenüber aus, wenn Sie nicht in der Lage sind, Respekt für sich selbst zu empfinden, nur weil Sie Hilfe in Anspruch nehmen müssen?« Er lächelte und antwortete, darüber habe er noch nicht nachgedacht. Anschließend forderte ich ihn auf, eine Serie von Augenbewegungen auszuführen. Die Spannung, die er vorher empfunden hatte, hatte sich völlig aufgelöst.

Das gleiche Prinzip kann durch ein der Gestalttherapie ähnliches Einweben umgesetzt werden, indem man den Klienten auffordert, mit dem Therapeuten ein imaginäres Gespräch oder ein Rollenspielgespräch zu führen.

Zwischen Menschen besteht eine grundlegende Beziehung, die selbst durch die schmerzhaftesten Erfahrungen nicht zerstört wird. Dieser Gedanke, der oft mit asiatischen Philosophien in Zusammenhang gebracht wird, existiert in der einen oder anderen Form in den meisten Religionen. Man kann aber auch auf ein »nichtreligiöses« spirituelles Bild Bezug nehmen, auf dem dargestellt wird, wie die Lebenskraft des betrauerten Menschen explosionsartig frei wird und sich mit der universellen Lebenskraft verbindet. William James (1901) schreibt in seinem Buch *Die Vielfalt religiöser Erfahrung*, daß nach den Lehren aller bekannten Religionen der mystische Zustand der Gnade die Erweiterung des Gewahrseins und das Gefühl der Einheit allen Seins beinhaltet.

2. Lösungen, die zunächst auf die Fähigkeit des Klienten, sich selbst zu transformieren, sowie auf sein Selbstkonzept und/oder sein Erkennen der Situation fokussieren

Diese Lösungen basieren im allgemeinen auf den grundlegenden Vorstellungen, daß das Leben ein Entwicklungsprozeß ist oder zumindest sein kann und daß es möglich ist, einen Sinn zu schaffen. So wie das Gute sich am Ende als siegreich erweist und seinen gerechten Lohn erhält (wie in den obigen Schemata beschrieben), kann es auch aus Schlechtem entstehen. Menschen können ihre Situation verbessern und Fortschritte machen. Die hier beschriebenen Schemata beziehen sich auf den Schmerz, den Klienten aufgrund ihrer Anschauungen über sich selbst und das Wesen der Welt haben, nicht aufgrund des Leidens, das durch Mitgefühl und Sympathie gegenüber anderen hervorgerufen wird. Lösungen dieser Art können sowohl grundlegende Kognitionen wie »Ich bin jetzt in Sicherheit« oder »Es ist vorbei« sein als auch komplizierte Schemata, die Bilder von Trost oder Weisheit vermittelnden Familienmitgliedern oder historischen Persönlichkeiten enthalten.

Bei der Nutzung von Schemata dieser Kategorie erscheint es mir sinnvoll, die Klienten darauf aufmerksam zu machen, daß die schmerzhafte Erinnerung, zu der sie Kontakt haben, nur als Netzwerk chemischer und elektrischer Beziehungen existiert, das noch nicht die Information erhalten hat, daß das Ereignis vorüber und mittlerweile Vergangenheit ist. Ich erkläre den Klienten weiterhin, daß dieses Netzwerk große Macht hat und daß es viel Schmerz enthält, weise sie aber auch darauf hin, daß sie die Möglichkeit haben, die Situation durch Herstellung neuer chemischer und elektrischer Verbindungen zu verändern.

Schemata dieser Kategorie können spiritueller Natur sein oder nicht. Die Möglichkeit des Sühnens realer oder imaginärer Sünden und die spirituelle Erlösung des Klienten gehören dieser Kategorie an. Die Vorstellung von Fortschritt, die beinhaltet, daß wir eine angeborene Neigung haben, aus früheren Problemen oder Fehlern zu lernen, ist eine ausgesprochen kraftvolle nichtreligiöse Version dieses Schemas. Diese Lösung, die positive Kognitionen wie »Ich kann daraus lernen« oder »Ich kann dies nutzen, um es in Zukunft besser zu machen« beinhaltet, hat in neuerer Zeit eine starke Basis in der von Maslow (1970) entwickelten Humanistischen Psychologie, deren Bedürfnishierarchie den Menschen einen angeborenen Drang zur Selbstverwirklichung bescheinigt – sofern dieser Drang nicht blockiert wird.

Wissen über die Lebensgeschichte des Klienten und über die Werte, die ihm wichtig sind, sind für das Bemühen, ihm bei der Entwicklung eines positiven Schemas zu helfen, besonders wichtig.

Einbeziehung einer dritten Partei. Bei der Entwicklung eines Schemas können Bilder geliebter oder bewunderter Menschen von Nutzen sein. So kann man den Klienten auffordern, sich vorzustellen, welche positive Kognition eine solche Person beisteuern könnte. Ein Gespräch über geschätzte Vorfahren und über ihre Kämpfe und Fehler kann die Vorstellung zugänglich machen, daß wir Schwierigkeiten überwinden oder aus Fehlern lernen können. Zuweilen erscheint es mir nützlich, mit Hilfe von Techniken der Gestalttherapie den Kontakt zu den visuellen Repräsentationen und den Gedanken eines geliebten und liebevollen Großelternteils herzustellen, der dann mit dem Klienten ein »Gespräch« führen kann, was dem Entstehen eines den Fortschritt fördernden Schemas dienlich ist.

Die Rolle der dritten Partei kann sogar der Klient selbst spielen, indem er sich in seiner Vorstellung zeitlich zurückversetzt und sich dann selbst als jüngeren Menschen unterstützt. Dies wird manchmal »Arbeit mit dem inneren Kind« genannt. (Eine ausführliche Beschreibung dieser Methode enthält Price 1996). Eine Klientin arbeitete an einer immer noch belastenden Situation aus ihrer Kindheit, in der sie während einer Camping-Reise mit der Familie einer Freundin über eine schmale Brücke ging. In der Mitte der Brücke bekam sie so starke Angst, daß sie sich nicht mehr bewegen konnte. Sie wurde von den anderen ein paar Minuten lang zurückgelassen, und als die Familie zu ihr zurückkam, wurde sie nur zum Weitergehen aufgefordert. Als die Frau zwischen Serien von Augenbewegungen über die Situation sprach, erlebte sie diese offensichtlich teilweise wieder. Ich fragte sie, ob sie sich vorstellen könne, daß jemand zu ihr gekommen wäre, um ihr zu helfen, auf die andere Seite der Brücke zu kommen. Sie stellte sich vor, der Bruder ihrer Freundin hätte dies getan, und führte dann eine weitere Serie von Augenbewegungen aus, war aber offensichtlich immer noch beunruhigt. Ich fragte sie, wessen Hilfe sie sich wünsche. Sie antwortete, sie wolle sich selbst helfen. Ich forderte sie auf, sich dies vorzustellen, und sie tat dies während einer weiteren Serie von Augenbewegungen. Daraufhin löste sich ihre Angst auf.

Für diese Klienten war die Vorstellung, sich selbst zu helfen, die Schema-Version von Kognitionen wie: »Es ist Vergangenheit«, »Ich war damals ein kleines Mädchen; jetzt bin ich erwachsen und kann mit solchen Situationen fertig werden« oder: »Ich kann mir selbst helfen«. Auch in diesem Fall wurde das positive Schema in Form des Einwebens eingeführt. Ebensogut hätte man es im Laufe der EMDR-Behandlung anstelle einer positiven Kognition einführen können.

Klienten, die nicht wegen Dingen, die sie getan haben und nun bereuen, leiden, sondern die sich durch die Langsamkeit ihrer Bewegung auf ihre Ziele zu entmutigt fühlen oder denen die Angriffe anderer zu schaffen machen, kann man helfen, indem man sie auffordert, sich Situationen oder Geschichten zu vergegenwärtigen, in denen Beharrlichkeit belohnt wurde. Gute Beispiele hierfür sind die Lebensgeschichten von Frederick Douglass oder Helen Keller. Auch die Überlieferungen der großen Weltreligionen enthalten zahlreiche Beispiele dieser Art. Die Lebensgeschichten von Jesus, Buddha und Mohammed berichten über Niederlagen und unermeßliches Leiden, bevor schließlich eine unvorstellbare Wendung zum Positiven eintrat. Natürlich sollten Therapeuten auf spirituelle Überzeugungen nur sehr vorsichtig Bezug nehmen, da Klienten die Schriften, die ihnen heilig sind, auf sehr unterschiedliche Weisen interpretieren und da sie möglicherweise anzweifeln, ob es dem Therapeuten zusteht, etwas zu diesen Überzeugungen zu sagen.

Wir schaffen den Sinn von Ereignissen und den Sinn unseres Lebens selbst. Dies ist die Basis der existentialphilosophischen Richtung der Psychotherapie, die wohl am eindrucksvollsten von Viktor Frankl (1946, 1959) beschrieben wurde. Wenn der Tod oder Verlust eines Menschen uns dazu bringt, das Leben als sinnlos und durch sinnlosen Schmerz gekennzeichnet zu definieren, dann *ist* das Leben für uns dementsprechend. Nutzen wir einen solchen Verlust jedoch als Inspiration, und erkennen wir aufgrund dessen unsere Macht, Glück zu erschaffen und Schmerz zu begrenzen, dann ist *das* für uns, was das Leben ausmacht.

Manchmal schildere ich sehr verzweifelten Klienten, die nicht in der Lage sind, auf andere Weise Lösungen zu finden, die Geschichte des Winston Smith aus Orwells Buch *1984* (1949). Viele Klienten kennen entweder das Buch oder den Film darüber. Ich beginne das Gespräch, indem ich sie daran erinnere, wie Winston Smith, als ihm die Folter droht, seine Freundin an die Agenten des Großen Bruders verrät. Ich erkläre ihnen, daß die starke emotionale Wirkung des

Buches auf Orwells überzeugender Beschreibung dessen beruht, daß wir alle Schwachpunkte haben, die andere nutzen können, um uns zu fast jeder Handlung zu bringen. Akzeptieren wir dies – ob wir die betreffende Schwelle nun tatsächlich überschreiten oder nicht –, akzeptieren wir damit auch, daß wir dazu in der Lage sind, fast alles zu tun, und dieses Wissen kann Menschen in die Verzweiflung treiben. Wir können dann versuchen, mit einem Ereignis oder mit dem Wissen um unser Potential fertig zu werden, indem wir uns – vermeintlich – so stark machen, daß nichts uns zur Überschreitung (oder zum erneuten Überschreiten) einer ethischen Schwelle zu bringen vermag. Allerdings ist es keine gute Lösung, wenn wir uns einfach nur stärker machen, denn wir können uns unserer Stärke nie völlig sicher sein. Am Ende trifft Smith seine Freundin zufällig wieder. Man hat sie ebenso wie Smith freigelassen, weil beide für den Staat nicht mehr gefährlich sind; sie haben der Verzweiflung nachgegeben. Ihr Problem ist nicht ihre Schwäche angesichts drohender Folter, sondern ihr Aufgeben nach der bedrohlichen Situation, der sie nicht standzuhalten vermochten: die Tatsache, daß sie sich nur noch durch ihre Verletzlichkeit definieren. Ich erkläre den Klienten, daß dies unser aller Problem ist – daß es diejenigen, die Extrembedingungen, wie sie im Krieg bestehen, ausgesetzt waren, zwar in besonderem Maße betrifft, wir aber ungeachtet dessen alle darunter leiden. Wir können aber mit unseren Schwächen auch Frieden schließen, so wie viele vor uns es getan haben, und daraus kann unsere wahre Stärke erwachsen.[18]

Noch einmal sei darauf hingewiesen, daß Einwebe-Interventionen wie die auf Orwells *1984* basierende die Bereitschaft des Therapeuten voraussetzen, sich auf eine so tiefe Verzweiflung einzulassen. Durch die Art, wie der Therapeut solche Themen anspricht, wird wahrscheinlich ebensoviel heilendes Material erschlossen wie durch das Einweben selbst.

Wenn wir von der Grundposition ausgehen, daß wir Sinn selbst erschaffen, können wir viele Metaphern und Symbole entwickeln und nutzen. Ich möchte darauf hinweisen, daß die folgenden Schemata einander nicht ausschließen und daß eines, das bei einem bestimmten Klienten von Nutzen ist, bei einem anderen kontraproduktiv sein kann.

Das Leben ist eine Reise oder Expedition. Der Klient kann sich vorstellen, daß er durch viele unterschiedliche Landschaften reist und sich den verschiedensten Herausforderungen stellen muß. Ein Klient, der Handelsvertreter war, einen verständnislosen Chef hatte und von seiner Familie nicht unterstützt wurde, litt häufig unter Angst und Panikattacken und außerdem unter ständiger Streitsucht, die zu seiner Persönlichkeit eigentlich gar nicht paßte. Die Empfehlung, er solle das Leben als eine Reise verstehen, in deren Verlauf einige Kämpfe auszufechten waren, nicht als einen Kampf, in dessen Verlauf einige Reisen zu machen waren, führte in Verbindung mit Augenbewegungen zur Verringerung seines Angstniveaus und erwies sich auch beim Auftauchen neuer Schwierigkeiten als für die Aufrechterhaltung des verringerten Angstniveaus nützlich.

Ein anderer Weg zu diesem Schema hat sich bei Klienten mit gutem Vorstellungsvermögen, denen es schwerfällt, die Möglichkeit einer emotionalen Auflösung zu akzeptieren, als nützlich erwiesen. Ich forderte eine Klientin auf, sich vorzustellen, daß ein Raumschiff landen und freundliche Außerirdische sie auffordern würden, eine Reise durch das Universum anzutreten, um Sterne, Planeten und andere Lebensformen zu erforschen, sogar das Phänomen der Zeitreise. Nachdem sie sich dies kurz vorgestellt hatte, fragte ich sie: »Wenn dies geschehen würde, wie würden Sie Ihre Vergangenheit dann erleben? Könnten Sie Frieden mit ihr schließen?« Die Antwort war »Ja«. Dann forderte ich sie auf, Augenbewegungen auszuführen. Anschließend führten wir ein Gespräch über positive Schemata und etablierten eines für sie.

Kämpfen gehört zum Leben. Dies und der Satz, daß das Problem des einen Menschen die Lösung des anderen ist, veranschaulicht der Fall eines anderen Klienten. Er zeigt, daß es manchmal von Wert ist, sich als Kämpfer zu sehen. Dieser Klient, ein Maschinenbauingenieur, hatte große finanzielle Schwierigkeiten, außerdem eheliche und gesundheitliche Probleme und war als Kind oft mißhandelt worden. Sein Ziel war zunächst, seine sozialen und beruflichen Beziehungen zu verbessern, was als Grundlage für die Arbeit an anderen Problemen notwendig war. Er erzielte in diesem Bereich Erfolge, indem er in der Therapie an einem mit diesem Themenbereich zusammenhängenden Kindheitserlebnis arbeitete. Doch fühlte er sich extrem mutlos, als er beschloß, das Rauchen einzuschränken, was eine wichtige Voraussetzung für die Lösung seiner akuten Gesundheitsprobleme war. Als wir spezifische Situationen anvisierten, in denen er sein Verhalten verändern sollte, wurde er noch mutloser und sagte, er wisse nicht, ob er noch mehr Probleme angehen könne. Er hatte das Gefühl, gegen zu viele Dinge gleichzeitig kämpfen zu müssen. Ich erinnerte ihn daran, wie gut er einige Hindernisse aus dem Weg geräumt hatte, und empfahl ihm, diese Probleme als Gegner in einem Kampf anzusehen und sich dies in Form eines inneren Bildes vorzustellen. Daraufhin entwickelte er ein Bild von einer Situation, in der er von Tigern angegriffen wurde. Ich forderte ihn auf, sich vorzustellen, er würde mit diesen Tigern nacheinander kämpfen. Dies tat er und führte gleichzeitig Augenbewegungen aus. Nach der ersten Serie sagte er, es tue ihm gut, die ersten Tiger besiegt zu haben, er befürchte aber, der nächste könne ihn überwältigen. Wir setzten die Augenbewegungen mit dem Bild fort. Er berichtete über einen heftigen Kampf gegen diesen Tiger. Sein Gefühl der Mutlosigkeit war verschwunden. In den nächsten Sitzungen berichtete er über wichtige Erfolge in seinen Bemühungen, das Rauchen einzuschränken.

Sinn muß nicht an die Selbstbeurteilung gekoppelt sein. Die Schemata dieser Gruppe wenden sich gegen die Vorstellung, daß Selbstbeurteilungen an spezifische Aktivitäten oder auch nur an die Zutreffendheit des Selbsturteils gebunden seien. Die Ansicht, daß man die Selbstbeurteilung von einem spezifischen Ereignis abkoppeln sollte, ist zumindest so alt wie die Maxime »Hasse die Sünde, liebe den Sünder«. Um diese Idee zu vermitteln, greife ich häufig auf Ansätze zurück, die andere Therapeuten entwickelt haben.

DISIDENTIFIKATION Roberto Assagioli (1965) schreibt über den Prozeß der *Disidentifikation*, er helfe dem Klienten, das Selbst nicht mehr als mit einem spezifischen Element identisch anzusehen, beispielsweise mit einem augenblicklichen Gefühl oder Gedanken. Steven Hayes (1987) hat diese Idee auf neuartige Weise praktisch angewandt. Er empfiehlt seinen Klienten, den Inhalt ihres Bewußtseins als ein Spiel zahlreicher konkurrierender Ideen und Gefühle zu verstehen. Wir können uns in einer Situation gleichzeitig verängstigt, wütend und neugierig fühlen und darüber hinaus auch noch über das Weglaufen, Kämpfen und Beobachten nachdenken. Diese unterschiedlichen Elemente kämpfen miteinander, und das Resultat dieses Kampfs entscheidet darüber, was wir am Ende tatsächlich tun. Ebenso können auch verschiedene Selbsturteile sich in einem Konflikt befinden. Schauen wir uns der Einfachheit halber als Beispiel einen Konflikt zwischen zwei Faktoren an: die Entscheidung darüber, ob Sie grundsätzlich ein starker oder ein schwacher Mensch sind. Wir können dies als eine Art Schachspiel verstehen, wobei die Züge der schwarzen Figuren die eine und die der weißen Figuren die andere Seite repräsentieren. Für den Klienten erhebt sich nun die Frage: Wenn die »Figuren« die Position der einen oder anderen Seite in diesem Kampf repräsentieren, wodurch wird dann das Selbst repräsentiert? Die meisten Klienten kommen nicht auf die richtige Antwort: das Spielbrett (S. 360). Hayes erklärt seinen Klienten, daß es unserer Natur entspricht, alle möglichen Gedanken und Gefühle zu haben; diese führen zu positiven und negativen Erfahrungen sowie allen möglichen Abstufungen zwischen diesen beiden Extremen. Dauerhaft unglücklich werden wir jedoch, wenn wir vergessen, daß das Selbst nicht mit den spezifischen Elementen identisch ist, sondern über dem Spezifischen steht. Die Auseinandersetzung mit diesem Konzept führt Klienten zu positiven Schemata, die spezifische negative Urteile nicht widerlegen, sondern die dem *Selbsturteil* zugestandene Macht und Bedeutung relativieren. Klienten, die gegen ihre Tendenz, sich ständig selbst zu beurteilen, nicht ankommen, ermöglicht dieser Ansatz, ihre Urteile zumindest an ihrem Potential, statt an ihren früheren Handlungen zu orientieren.

Ich akzeptiere mich voll und ganz, auch wenn ich dieses Problem immer noch habe.« Roger Callahan (1994) ließ zu Anfang seiner therapeutischen Tätigkeit Klienten diese von Carl Rogers (Callahan 1994*a*) entwickelte Aussage manchmal wiederholen und gleichzeitig auf die Kante ihrer Hand tippen. So verfuhr er, wenn er mit Desensibilisierungsversuchen keine Fortschritte erzielte. Obwohl er selbst die Bedeutung der Aussage als eher gering und die Wirkung des Handtippens als entscheidend ansieht, habe ich festgestellt, daß dieses positive Schema in Verbindung mit jeder Kategorie-3-Aktivität äußerst wirksam ist.

Die Vorstellung des Sich-selbst-Akzeptierens kann mit einer Darwinschen Perspektive verknüpft werden, insbesondere wenn Klienten geholfen werden soll, »inakzeptable« Gedanken oder Gefühle zu akzeptieren, die während eines Traumas auftauchen – Gedanken wie »Ich bin froh, daß es mich nicht erwischt hat«, wenn in nächster Nähe ein Freund stirbt, oder Faszination oder gar freudige Erregung beim Anblick schrecklicher Ereignisse oder bei der Beteiligung daran. Es kann von Nutzen sein, mit dem Klienten zusammen darüber zu spekulieren, wie derartige Reaktionen das Überleben der Spezies Mensch gesichert haben und wie sie dem Klienten selbst geholfen haben, bestimmte Situationen zu überstehen. Beispielsweise könnte das interessierte oder gar faszinierte Beobachten schrecklicher Geschehnisse unseren Vorfahren nützliche Informationen geliefert haben, die sie zur Sicherung ihres Überlebens oder zur Unterdrückung gefährlicher Panikgefühle brauchten. Menschen, die sich solches Wissen aneigneten, gelang es, zu überleben und das Gelernte ihren Nachkommen zu vermitteln, wohingegen andere, die nicht darüber verfügten, ausgerottet wurden. Durch Reflexionen dieser Art kann man Klienten helfen, derartige Reaktionen als unvermeidlich und als einen akzeptablen Teil ihrer Natur anzusehen.

In diesem Zusammenhang kann es auch von Nutzen sein, Carl Gustav Jungs Sicht der menschlichen Natur zu erläutern: daß im Menschen viele verschiedene Impulse und Bedürfnisse tief verwurzelt sind, unter denen sich einige wahrscheinlich als hartnäckig und destruktiv erweisen werden, wenn es nicht gelingt, sie in positiver, wenn auch abgeschwächter Form zu akzeptieren.

Wer ist der Richter? Manchmal sagen Klienten, ihr Problem sei ein schwaches Selbstwertgefühl, und bringen dies in Form einer negativen Kognition wie »Ich bin wertlos« zum Ausdruck. Ich empfinde es als traurig und gleichzeitig als einen Witz, wenn Klienten solche herabwürdigenden Aussagen über ihr Selbstwertgefühl machen, denn meist sind sie mit der »Hilfe« eines anderen Menschen zu dieser Überzeugung gelangt, der sie im vermeintlichen Interesse ihrer geistigen Gesundheit dazu gebracht hat, einen spezifischen negativen Gedanken oder das Erlebnis einer entsprechenden Situation zu dem umfassenden und äußerst deprimierenden Konzept des »schwachen Selbstwertgefühls« zu erweitern. Gewöhnlich wurden die Betreffenden ausdrücklich aufgefordert, an der Stärkung ihres Selbstwertgefühls zu arbeiten, und manchmal wird in Zusammenhang mit solch einer Empfehlung auch ein spezifischer Grund angegeben, der zu einer erhöhtenSelbstachtung berechtigt. Wenn Klienten über ihr schwaches Selbstwertgefühl klagen, fordere ich sie auf, dieser Vorstellung nachzugehen und sich zu fragen, ob dies bedeutet, daß sie sich selbst und ihre eigenen Ansichten nicht achten. Gewöhnlich bestätigen sie dies.

Therapeut: Wir sind uns beide darüber im klaren, daß Sie bei mir Hilfe suchen, weil ich auf dem Gebiet der Psychologie, des Verstehens von Menschen, Fachmann bin. Ich habe einen Doktortitel. (Um besonders »dick aufzutragen«, erwähne ich oft einige besondere Erfolge.) Nehmen wir nun einmal an, ich halte Sie für einen anständigen und sehr wertvollen Menschen, und ich glaube weiterhin auch, daß Sie gute Entscheidungen zu treffen vermögen. Ich bin grundsätzlich anderer Meinung als Sie über Ihre Selbstsicht. Falls ein schwaches Selbstwertgefühl Ihr Problem ist, kann ich Sie hiermit für geheilt erklären.

Klient: Nein. Ich glaube nicht, daß Sie das so einfach beurteilen können.

Therapeut: Wie bitte? Wenn Sie sich für wertlos halten und sich selbst nicht schätzen, wie können Sie mir dann in einem Bereich, in dem ich Experte bin, widersprechen?

Auf diesen Einwand hin lachen die Klienten manchmal, und ich erkläre ihnen, daß verallgemeinernde negative Selbsturteile weder besonders treffend noch nützlich sind. Wird diese Intervention benutzt, weil der Klient zu Beginn der Therapie Schwierigkeiten bei der Suche nach der positiven Kognition hatte, befrage ich ihn anschließend erneut nach positiven Kognitionen. Wird die Intervention als Einweben benutzt, fordere ich ihn nach dem Gespräch auf, wieder mit der Kategorie-3-Aktivität zu beginnen. Selbst wenn ein solches Gespräch nur eine positive Kognition zutage fördert, sehe ich dies als Zeichen für die Erschließung eines vollständigen positiven Netzwerks an, wodurch die Wahrscheinlichkeit der Integration positiver Information in das Ziel-Netzwerk steigt.

Sinn verändert sich mit der Perspektive. Insbesondere Vietnamveteranen glauben aufgrund dessen, was sie während oder nach ihrer Dienstzeit über die Kriegspolitik herausgefunden haben, und aufgrund des Kriegsendes, daß sie für »nichts« gekämpft haben und daß ihre Freunde für »nichts« gestorben sind. (Einige Veteranen äußerten, insbesondere der Fall der US-Botschaft sei für sie besonders katastrophal gewesen.) Mit der Erinnerung verbunden ist Wut über die »Kräfte«, die für die Niederlage verantwortlich seien und dadurch dem Tod so vieler jeden Sinn genommen hätten.

In solchen Fällen nutze ich gewöhnlich eine der beiden folgenden Perspektiven. Entweder fordere ich den Klienten auf, sich zu vergegenwärtigen, daß er (oder sein Freund) Gründe für die Teilnahme am Krieg hatte, und fordere ihn auf, diese zu nennen. Wenn er daraufhin nicht »Patriotismus« oder »das einzig Richtige tun« als Gründe angibt, frage ich ihn, ob diese Motive für ihn eine Rolle gespielt haben. Nur sehr wenige Klienten bekennen sich nicht zu dieser positiven Kognition. Daraufhin frage ich, ob man nicht genausogut sagen könnte, daß er (oder sein Freund) in den Krieg gezogen ist, weil er glaubte, dies sei richtig, und daß die Ansichten oder Motive anderer daran nie etwas zu ändern vermöchten. Anschließend fordere ich ihn auf, sich vorzustellen, was er hätte tun müssen, um der Teilnahme am Krieg auszuweichen, und wie er sich nun fühlen würde, wenn er dies getan hätte. Nur sehr wenige können sich auch nur vorstellen, daß sie den Kriegsdienst vermieden hätten. Die Erinnerung an die Situation, in welcher der Klient den entscheidenden Entschluß gefaßt hat, und an die Situation in seiner Familie zur Zeit des Krieges liefert oft positive Information, die bei der Verarbeitung dieser Art von Assoziationsnetzwerken, welche die Vorstellung »gekämpft/für nichts gestorben« enthalten, sehr nützlich sind. Ebenso nützlich kann es sein, den Klienten darauf aufmerksam zu machen, daß die Erkenntnis, seine oder seines Freundes Entscheidung könnte etwas mit dem Tod des anderen zu tun gehabt haben, eine Art sein könnte, den Freund oder die Sicht des Klienten in jüngeren Jahren zu ehren und zu respektieren.

Die zweite Art von Perspektive betrifft die Zeit. Ich beginne ein Gespräch über die Politik seit dem Krieg und fordere den Klienten auf, darüber nachzudenken, daß der Krieg in Vietnam, der die Ressourcen der Sowjetunion sehr belastete und aus dem die Sowjets die Berechtigung ableiteten, Afghanistan zu besetzen, letztendlich zum Zusammenbruch dieser Großmacht geführt und damit den Ländern des Ostblocks die Chance der Freiheit geschenkt haben könnte.

Natürlich gebe ich im Laufe eines solchen Gesprächs zu, daß diese Veränderungen auch sehr negative Entwicklungen mit sich gebracht haben, weise aber darauf hin, daß dies nichts daran ändert, daß die in Vietnam gebrachten Opfer – trotz der Motive und Pläne der damaligen Politiker – auf längere Sicht eine letztlich positive Wirkung haben könnten. Dann mache ich den Klienten darauf aufmerksam, daß seine Gefühle auf einem Verständnis basieren, das zur Zeit seiner traumatischen Kriegserlebnisse oder des Falls der US-Botschaft erstarrt ist. Manchmal frage ich auch, ob es nicht möglicherweise noch eine andere, ebenso zutreffende Art, das Geschehene zu verstehen, gibt, so daß nicht mehr Schmerz als notwendig damit verbunden wird. Je nach Situation unterhalten wir uns anschließend noch ein wenig oder beginnen mit der Kategorie-3-Aktivität.

In diesem Zusammenhang möchte ich die alte Geschichte von dem chinesischen Bauern erzählen, dessen Pferd davonlief. Ich fand sie in einem von Alan Watts' Büchern (1975). Die Geschichte geht weiter:

> Am Abend versammelten sich die Nachbarn und bemitleideten ihn, weil er solches Pech hatte. Der Bauer sagte: »Kann sein.« Am nächsten Tag kehrte das Pferd zurück und brachte noch sechs Wildpferde mit, und die Nachbarn kamen und riefen, welches Glück er hatte. Er sagte: »Kann sein.« Und am folgenden Tag versuchte sein Sohn, eines der wilden Pferde zu satteln und zu reiten, er wurde abgeworfen und brach sich ein Bein. Wieder kamen die Nachbarn und bekundeten ihr Mitleid wegen seines Unglücks. Er sagte: »Kann sein.« Am andern Tag kamen Offiziere ins Dorf und zogen junge Männer als Rekruten für die Armee ein, aber der Sohn des Bauern wurde wegen seines gebrochenen Beins zurückgestellt. Als die Nachbarn hereinkamen und ihm sagen wollten, wie glücklich sich alles gewendet hatte, sagte er: »Kann sein.« (Alan Watts, *Der Lauf des Wassers*, S. 58*f*)

Diese Geschichte veranschaulicht einen der wichtigsten Gedanken in Zusammenhang mit dem Problem, daß Menschen sich schmerzhaften Urteilen über sich selbst und das Leben verpflichtet fühlen: Das Bewußtsein, daß es schwierig ist, den Sinn von Ereignissen eindeutig und für alle Zeiten verbindlich zu beurteilen, führt nicht nur zu einer zutreffenderen Einschätzung des Lebens, sondern außerdem auch zu einer gewissen Entlastung. Außerdem zeigt die Geschichte, daß man nicht viel zu reden braucht, um viele besorgte Freunde zu haben – ein Aspekt, den viele verschlossene Klienten schätzen werden, die sich bei langen Gesprächen nicht wohl fühlen.

Das Leben ist kurz. Veteranen, die chronisch unter Selbstmordgedanken leiden, fällt es oft schwer, eine positive Kognition oder ein positives Schema zu finden. Sie haben zwar ihre Überzeugung, daß Selbstmord eine gute Lösung sei, noch nicht in die Tat umgesetzt, unterliegen aber der ständigen Versuchung, dies zu tun. Das Leben erscheint ihnen als lang und schrecklich. In solch einer Situation können Klienten das Anbieten positiver Kognitionen oder Schemata als mangelndes Verständnis des Therapeuten interpretieren und mit Abbruch des Rapports darauf reagieren. Ich habe solche Veteranen gelegentlich aufgefordert, sich an den Anfang ihres Lebens zu erinnern, an Ereignisse aus ihrer Kindheit, sich dann zu überlegen, wie weit das ihrem Gefühl nach zurückliegt, sich daraufhin in die Zukunft zu versetzen, sich vorzustellen, sie würden lange leben, und aus dieser Perspektive zurückblicken und spüren, wie ein langes Leben sich anfühlt. Einige dieser Klienten empfanden diese Sicht ihres eigenen Lebens als tröstlich und bestätigten auch deren Wert bei dem Bemühen, mit der Tatsache fertig zu werden, daß andere, die ihnen wichtig waren, ein so viel kürzeres Leben hatten.

Klient: Mein Leben ist schrecklich. Ich sehe keinen Sinn, es fortzusetzen. Ich weiß zwar, daß es falsch wäre, mich umzubringen, aber ich halte es einfach für sinnlos weiterzuleben. Mein Leben schleppt sich doch nur so dahin.

Therapeut: Denken Sie einmal an Ihre Kindheit zurück. Können Sie sich noch klar an irgendwelche Ereignisse aus dieser Zeit erinnern?

Klient: Ja, ich weiß noch genau, wie ich mich im dritten Schuljahr einmal verirrt hatte. Es ist, als wäre es gestern gewesen.

Therapeut: Wann war das: vor 35, 40 Jahren?

Klient: Ja.

Therapeut: Und es fühlt sich an wie gestern?

Klient: Ja.

Therapeut: Nehmen wir einmal an – rein hypothetisch –, Sie würden 80 oder 90 Jahre alt. Wenn Sie dann zurückblicken würden, wäre das, was Sie dann sähen, auch so, als wäre es gestern gewesen?

Klient: Ich glaube schon.

Therapeut: Das Leben ist kurz. Uns allen sind nur wenige kurze Blicke in die Ewigkeit vergönnt, einigen mehr, anderen weniger. Wir machen aus unserem Leben, was wir können. Können Sie jetzt ein paar Augenbewegungen ausführen?

Abschließende Bemerkungen

In diesem Kapitel ging es um die Bedeutung der negativen und positiven Kognition im Rahmen der EMDR-Arbeit. Da diese Konzepte von Francine Shapiro eingeführt wurden, sind sie feste Bestandteile einer standardisierten psychotherapeutischen Methode. (Der Begriff »standardisiert« ist hier im Sinne einer verbindlichen Struktur gemeint, leider nicht im Sinne einer allgemein gebräuchlichen Anwendung.) Ich habe versucht, mit Hilfe meiner persönlichen klinischen Erfahrung die Bedeutung der Kognition für die Psychotherapie verständlicher zu machen. Natürlich ist es schwierig, die Bedeutung des Inhalts der kognitiven Komponente für den Erfolg der Verarbeitung adäquat einzuschätzen. Vielleicht hat der Therapeut dem Klienten durch das Elizitieren oder Vorschlagen eines kognitiven Inhalts geholfen; vielleicht wurde aber auch durch die Neueinführung kognitiven Materials anderes Material zugänglich gemacht, und dies ermöglichte dann den Abschluß der Verarbeitung. Beispielsweise kann der Klient aus der Tatsache, daß der Therapeut auf Beispiele aus der Literatur wie *1984* eingeht, den Schluß ziehen, daß er ein sehr schlauer Bursche sein muß, und die Tatsache, daß dieser vermeintlich schlaue Bursche sich für den Klienten interessiert, kann weiteres positives Material evozieren, das die Fortsetzung und den erfolgreichen Abschluß der Verarbeitung ermöglicht.

5

Kategorie-3-Aktivitäten und Möglichkeiten ihrer Abwandlung

Desensibilisierung: Anfang, Vorbereitung und Wirkungsweise

FRANCINE SHAPIRO BEZEICHNETE diese nächste Phase ihrer Arbeit, in der die Kategorie-3-Aktivität initiiert wird, als *Desensibilisierung*, was darauf hinweist, daß sich die Arbeit zunächst auf die Auflösung des negativen Aspekts der Erfahrung konzentriert. In späteren Beschreibungen heißt es, in dieser Behandlungsphase trete als Nebenprodukt der Verarbeitung die Desensibilisierung ein.[1] In ihrer einfachsten Form besteht die Desensibilisierungsphase darin, daß der Klient durch mehrere Serien von Augenbewegungen geleitet wird. Dadurch entsteht in seiner Psyche eine Bewegung, die so lange aufrechterhalten wird, bis die Verarbeitung abgeschlossen ist. Ich werde die Fortsetzung der Verarbeitung im folgenden als *Bewegung* bezeichnen; dies beinhaltet, daß sich ein Aspekt der Erfahrung auf nichtzirkuläre Weise verändert. Nach den EMDR-Richtlinien wird dem Klienten gesagt, daß es sich dabei um Emotionen, Körperempfindungen, Gedanken oder andere Aspekte der Erfahrung handeln kann. Er kann die Bewegung als positiv oder als negativ erfahren – als angenehm oder schmerzhaft.

Ich möchte nun über einige klinische Beobachtungen zu diesem Thema berichten. Wenn die Klienten in der Vorbereitungsphase darüber informiert werden, daß der Behandlungsverlauf völlig in ihrer Hand liegt, weise ich sie stets ausdrücklich darauf hin, daß sie mich nicht nur auffordern können, die Anleitung zu den Augenbewegungen zu beenden, sondern auch dazu, damit fortzufahren. Manchmal muß ein Klient daran erinnert werden: Es kam vor, daß ich die Augenbewegungen abbrach, erkannte, daß die Verarbeitung bei ihm noch im Gang war, ihn fragte, ob er mit den Augenbewegungen fortfahren wolle und auf die bejahende Antwort hin mit den Augenbewegungen fortfuhr.

Die Entscheidung darüber, welche Kategorie-3-Aktivität man einem bestimmten Klienten am besten anbieten sollte, ist noch nicht grundsätzlich im Rahmen wissenschaftlicher Studien geklärt. Ich empfehle, generell mit Augenbewegungen zu beginnen. Dabei berufe ich mich auf die zahlreichen positiven Forschungsergebnisse über die klinische Wirksamkeit dieser Methode. Ebenfalls für die Augenbewegungen spricht das Feedback, das der Therapeut dabei vom Klienten durch dessen Reaktion erhält. Ein weiterer Vorteil dieser Art von Stimulation ist, daß sie sehr leicht automatisiert werden kann und daß dabei alle Probleme vermieden werden, die durch Körperkontakt zwischen Therapeut und Klient entstehen können. Wenn der Klient die Augenbewegungen kennenlernt, sollte der Therapeut seine Handbewegungen in einem Abstand von den Augen des Klienten ausführen, den dieser als angenehm empfindet. In dieser Phase des Kennenlernens lasse ich mich noch nicht auf Verhandlungen über Geschwindigkeit, Richtung oder Weite der Handbewegungen ein, weil solche Diskussionen meiner Meinung nach vom Prozeß ablenken und der eigentlichen Arbeit auch nicht gerecht werden, wenn die Verhandlung über diese Details außerhalb der Desensibilisierungsphase stattfindet.[2] Außerdem sollte man die Klienten im voraus darauf hinweisen, daß man sie während der Augenbewegungen möglicherweise ermutigen oder anspornen wird.

Beklagen Klienten sich über die Frequenz oder Amplitude der Augenbewegungen, gehe ich auf ihre Wünsche umgehend ein. Wenn sie sagen: »Ich mache es nicht richtig«, fordere ich die Betreffenden oft auf, sich diesen Satz zu vergegenwärtigen und gleichzeitig eine Serie von Augenbewegungen auszuführen. (Ich bin mir dabei darüber im klaren, daß sich in dieser Äußerung ein Selbst-Schema der Inkompetenz spiegeln kann oder aber die Gewohnheit, Inkompetenz vorsichtshalber für sich zu reklamieren, auch wenn man von der eigenen angeblichen Unzulänglichkeit gar nicht unbedingt überzeugt ist.) Doch um den Rapport aufrechtzuerhalten, muß man Klienten manchmal durch eine entsprechende Bemerkung bestätigen, daß sie die Augenbewegungen korrekt ausführen (wodurch möglicherweise positive Emotionen aktiviert werden oder auch der Gedanke, daß der Therapeut um das Wohl des Klienten besorgt ist), bevor wieder mit den Augenbewegungen begonnen wird. Auf den Umgang mit hartnäckigen Problemen werden wir im folgenden ausführlicher zu sprechen kommen.

Wird die Verarbeitung aus Gründen unterbrochen, die nicht mit dem Erleben des Klienten oder mit der vom Therapeuten gelenkten Fokussierung zusammenhängen – beispielsweise weil jemand das »Bitte nicht stören«-Zeichen an der Tür ignoriert und angeklopft hat –, besteht meiner Erfahrung nach die beste Möglichkeit, die Arbeit möglichst ohne größere Störung wiederaufzunehmen, darin, daß man den Klienten bittet, sich zunächst des noch verbliebenen Unbehagens bewußt zu werden und in diesem Bewußtsein dann erneut mit einer Serie von Augenbewegungen zu beginnen. Behauptet der Klient, er empfinde kein Unbehagen, kann der Therapeut ihn auffordern, sich auf die ursprünglich als Ziel gewählte Szene zu konzentrieren und den Erfolg der bisherigen Verarbeitung zu bewerten.

Ich beginne gewöhnlich nicht mit den in den EMDR-Richtlinien vorgeschriebenen 25 Hinundherbewegungen der Augen, sondern meist mit mindestens 50. Ich würde mir wünschen, es gäbe eine empirische Unterstützung für diese Präferenz, doch da sie nicht existiert, nehme ich an, daß meine Vorliebe auf der primitiven Vorstellung basiert, wenn ein wenig gut sei, müsse mehr besser sein. Damit stellt sich natürlich auch die Frage, wann man aufhören sollte. Eine verbindliche Aussage ist dazu zwar nicht möglich, es gibt aber ein paar zuverlässige, klinisch unterstützte Anhaltspunkte dafür, wann man *nicht* aufhören sollte. Erstens sollte man *nicht* mit den Augenbewegungen aufhören, wenn die Augen des Klienten den Handbewegungen des Therapeuten nicht mehr folgen oder wenn die Augenbewegungen spontan langsamer werden. Auf ein Langsamerwerden der Augen sollten Sie reagieren, indem Sie die stimulierenden Handbewegungen im gleichen Maße verlangsamen. Gleichzeitig sollten Sie den Klienten verbal zur Fortsetzung der Augenbewegungen anspornen. Kommen die Augenbewegungen völlig zum Stillstand und hat der Klient nicht offensichtlich deshalb aufgehört, die Augen zu bewegen, weil er reden möchte, sollten die Augenbewegungen unbedingt fortgesetzt werden. Achten Sie dann ganz besonders darauf, daß Sie Ihre Hand auf eine nichtbedrohliche Weise bewegen, geben Sie einfache Anweisungen, und lassen Sie Ihre Stimme dabei allmählich lauter werden. Da der Klient in solch einem Fall mit hoher Wahrscheinlichkeit zu dissoziieren beginnt, sollten Sie ihm helfen, sich seiner Umgebung wieder bewußt zu werden. Gewöhnlich nenne ich zu diesem Zweck seinen Namen und stelle ihm einfache Fragen, die ihm helfen, sich wieder auf seine Umgebung hin zu orientieren.

Zeigt sich beim Klienten eine Emotion, sollten die Augenbewegungen bis zum Abklingen der Emotion fortgesetzt werden. Dies kann einige Minuten oder auch länger dauern. Gleichzeitig sollten Sie ihn durch besänftigende Kommentare unterstützen. Francine Shapiro empfiehlt, den Klienten in der Vorbereitungsphase mit einer Metapher bekanntzumachen, auf die in Situationen dieser Art zurückgegriffen werden kann. Es liegt nahe, zu einem Klienten, der eine starke Emotion erlebt, etwas wie »Gut, machen Sie weiter so« zu sagen. Dies kann allerdings im Fall von Mißbrauchsopfern, denen während des Mißbrauchs versichert wurde, sie seien »gut«, ebenso problematisch sein wie im Fall von Klienten, die besonders empfindlich auf Beurteilungen von außen reagieren. Gewöhnlich berichten meine Klienten, meine Bemerkungen hätten ihnen geholfen, obwohl sie sich nicht mehr genau daran erinnern könnten, was ich gesagt hätte. Ich sage meist etwas Unterstützendes und gleichzeitig Neutrales, das die Anerkennung der fraglichen Ereignisse verstärkt. Hierzu zählen Bemerkungen wie: »Registrieren Sie das einfach« oder: »Lassen Sie einfach zu, daß sich das klärt.« Für Klienten, bei denen die Gefahr besteht, daß sie von ihren Gefühlen überwältigt werden, und für solche, die Trost benötigen – insbesondere für Opfer sexuellen Mißbrauchs in der Kindheit – hat Francine Shapiro empfohlen, Bemerkungen zu wählen, die positiven Kognitionen ähnlicher sind, beispielsweise: »Es ist jetzt vorbei.«[3] Dabei sollten die gewählten Äußerungen dem entsprechen, was über die Vorgeschichte des Betreffenden bekannt ist.

Gelegentlich (ich kann mich an drei Fälle erinnern) erheben sich Klienten von ihren Sitzen und erleben das Trauma teilweise wieder. Setzt ein Klient in dieser Situation die Augenbewegungen fort – oder kann er schnell dazu gebracht werden, sie fortzusetzen –, sollte der Therapeut mit dieser Arbeit fortfahren. Hat er die Augenbewegungen unterbrochen, muß der Therapeut daran arbeiten, den Klienten wieder auf die Verarbeitung hinzuorientieren.

In den seltenen Fällen, in denen sehr starke Emotionen durch Weinen oder schweres Atmen zum Ausdruck gebracht werden, kann die Länge einer Stimulationsserie auf eine bestimmte Zahl von Wiederholungen beschränkt werden. Wenn bei Klienten die Atmung ins Stocken gerät, beende ich die Stimulationsserie erst, wenn sie ausatmen. Ähnlich kann bei der Arbeit mit Lichtsignalen, Handtippen und auditiver Stimulation vorgegangen werden. Wenn ich mit Augenbewegungen arbeite, wechsle ich gewöhnlich jeweils nach einigen Serien die Richtung, es sei denn, der Klient widersetzt sich einer solchen Veränderung. Ich sage bei diesem Anlaß etwa: »Probieren wir es doch einmal mit dieser Richtung« und beginne dann mit einer diagonalen Bewegung oder mit dem Muster einer liegenden Acht. Francine Shapiro hat empfohlen, die Richtung der Augenbewegungen zu ändern, wenn im Bewußtsein des Klienten keine Veränderungen mehr stattfinden. Klagt der Klient über Kopfschmerzen, kann durch eine Richtungsänderung die Blockierung der Bewegung verhindert und außerdem möglicherweise die optimale Bewegungsrichtung entdeckt werden. Bei taktiler Stimulation verändere ich manchmal den Rhythmus. Auch der von mir bevorzugten regelmäßigen Veränderung der Bewegungsrichtung liegt eine unüberprüfte theoretische Vorstellung zugrunde, nämlich die, daß die Verarbeitung manchmal durch Gewöhnung an den Stimulus (vielleicht aufgrund eines Versagens der Orientierungsreaktion?) zum Stillstand kommt.

Am Ende einer Serie von Augenbewegungen gibt der Therapeut nach den EMDR-Richtlinien die Anweisung: »Ruhen Sie sich nun aus / Lassen Sie nun all das los / Blenden Sie das jetzt aus, und atmen Sie tief durch.« Allerdings erscheint mir eine gewisse Flexibilität hinsichtlich der Formulierung solcher Aufforderungen sinnvoll. Als ich mit der EMDR-Arbeit begann, merkte ich bald, daß einige Klienten sich nicht in der Lage fühlten, Aufforderungen zum »Loslassen« und »Ausblenden« nachzukommen, was sogar zu einer Störung der Verarbeitung führte. Deshalb fordere ich Klienten in dieser Situation gewöhnlich einfach auf, tief zu atmen (was ich selbst ebenfalls tue), und frage sie dann nach einer kurzen Pause: »Was taucht jetzt in Ihrem Bewußtsein auf?« Nach einigen Augenbewegungsserien brauche ich die meisten Klienten nicht einmal mehr zum tiefen Durchatmen aufzufordern, weil sie dies dann ohnehin spontan tun.

Manchmal berichten Klienten ausführlich über alles, was sie während der gesamten Serie von Augenbewegungen erlebt haben. Am Anfang ist es wichtig, ihrem Bericht aufmerksam zuzuhören, ohne sie zu unterbrechen. Doch wenn ich den Eindruck gewinne, daß ein Klient glaubt, er *müsse* seine Erlebnisse so ausführlich beschreiben, oder daß die ausführliche Darstellung für ihn eine Methode des Vermeidens ist, erkläre ich ihm manchmal, am wichtigsten sei, was unmittelbar bei Beendigung der Augenbewegungen geschehe. Manchmal sprechen Klienten auch während der Verarbeitung. Anfangs glaubte ich, dies wirke sich nicht negativ aus. Mittlerweile haben meine eigene Erfahrung und Gespräche mit anderen Klinikern bestätigt, daß laufende Kommentare von Klienten während des Verarbeitungsprozesses nicht beeinträchtigen solange gleichzeitig starke Emotionen auftreten. Manifestieren sich während der laufenden Kommentierung des Geschehens jedoch *keine* Emotionen, so verläuft die Verarbeitung bei den Betreffenden gewöhnlich effektiver, wenn sie erst nach den Stimulationsserien reden. Manchmal erkläre ich solchen Klienten, daß das Reden während der Augenbewegungen es ihnen meiner Meinung nach erschwert, auf die nonverbalen Aspekte des Prozesses zu achten. In Fällen, in denen ich die Aufforderung, mit dem Reden bis nach den Augenbewegungen zu warten, auf diese Weise begründete, wurde der Rapport dadurch nicht gestört.

Es kann entscheidend sein, mit welcher Formulierung man den Beginn einer Augenbewegungsserie einleitet. Will ich unmittelbar nach dem Bericht des Klienten mit einer neuen Serie von Augenbewegungen beginnen, sage ich gewöhnlich einfach: »Beginnen Sie damit.« Bei Klienten, deren Verarbeitung leicht zum Stillstand kommt, füge ich dem noch hinzu: »Und achten Sie darauf, was geschieht.« Und wenn ich vermute, daß die Betreffenden meinen, sie müßten unbedingt auf das ursprüngliche Ziel fokussiert bleiben, fordere ich sie manchmal zusätzlich auf: »Achten Sie auf alles, was auftaucht: Bilder, Gedanken, Emotionen, Gefühle. Beobachten Sie einfach, was passiert.« Auch wenn Klienten vor Beginn der Kategorie-3-Aktivität klare Anweisungen erhalten, vergessen sie häufig, daß sie die Fokussierung auf das Ziel-Ereignis nicht um jeden Preis aufrechtzuerhalten brauchen, sondern »geschehen lassen sollen, was geschehen mag«. Die Schwierigkeiten, die Therapeuten oft mit der korrekten Umsetzung dieser Anweisungen haben, machen deutlich, welche Probleme auf seiten der Klienten selbst bei der Umsetzung derselben auftreten können.

Manchmal berichten Klienten, daß sie die Augenbewegungen gezählt haben, statt auf einen anderen Bewußtseinsinhalt zu fokussieren. Auch in diesem Fall kann man sie auffordern, zu Beginn erst einmal dabei zu bleiben. Einige meiner Kollegen schlagen vor, die Augenbewegungsserien in solchen Fällen zu verlängern. Man kann dem Klienten aber auch versichern, daß es in Ordnung ist, die Augenbewegungen zu zählen, und ihn auffordern, einfach zu registrieren, was als nächstes geschieht. Eine weitere Möglichkeit ist, die Augenbewegungsserien zu verkürzen und den Fokus wieder auf einen Aspekt des Ziel-Netzwerks zu richten. Marcia Whisman (persönliche Mitteilung im September 1997) hat sich damit beschäftigt, ob Klienten, die unter einer Zwangsstörung leiden, das Mitzählen der Augenbewegungen als Methode der Ritualisierung verwenden könnten, und sie hat verschiedene Strategien zur Unterbrechung einer solchen Tendenz empfohlen, unter anderem eine Verstärkung des verbalen Kontakts während der Verarbeitung.

Ich halte es für nützlich, die Augenbewegungen nicht mit meinen Fingern sondern mit einem Stab oder einem *Light-bar*[4] auszuführen. Die meisten Klienten haben gegen die Verwendung eines solchen Hilfsmittels bei der EMDR-Arbeit nichts einzuwenden, und ich halte dies für sinnvoll, weil Therapeuten sich dadurch vor einer Überanstrengung ihrer Arme schützen können. Auf Anraten meines Kollegen Jim Moore benutze ich dazu das Endstück eines Pfeils – den Teil mit der Feder. Der Pfeil, den ich benutze, ist von einem indianischen Handwerker hergestellt worden, und einige meiner Klienten empfinden ihn als positives Symbol. Beim Festhalten des Pfeils halte ich meinen Daumen oben, so daß ich Handgelenk, Ellbogen und Schultergelenke entweder separat oder zusammen benutzen kann, um den Pfeil zu bewegen. Dieses Variieren der Bewegung verringert die Gefahr von Ermüdungserscheinungen. Natürlich ist dies nichts weiter als eine Beschreibung meiner eigenen Erfahrungen, und ich möchte keineswegs medizinisches oder kinesiologisches Expertenwissen für mich in Anspruch nehmen. Seit neuestem fällt mir auf, daß mindestens 75 Prozent meiner Klienten es vorziehen, wenn ich ihre Augenbewegungen mit Hilfe eines *Light-bar* steuere. Sie sagen, daß es ihnen leichter fällt, diesem zu folgen.

Wenn die Bewegung zum Stillstand kommt: Beispieldialoge

Francine Shapiro gibt in ihrem Buch und in ihren EMDR-Ausbildungskursen zahlreiche Anregungen für den Fall, daß die Bewegung zum Stillstand kommt. Ich werde auf ihre diesbezüglichen Bemerkungen möglichst wenig eingehen, muß allerdings in manchen Fällen die Grundlagen erklären. Mein Ziel ist, ihre Vorschläge zu ergänzen, zusätzliche klinische Beispiele anzuführen und ihre Empfehlungen in den Kontext des Vier-Aktivitäten-Modells zu stellen.

»Es funktioniert nicht!«

Die meiner Meinung nach drei wichtigsten Situationen, in denen die Verarbeitung zum Stillstand kommen kann, werden in den folgenden Abschnitten beschrieben.

Oft beharrt der Klient von der zweiten Serie von Augenbewegungen an darauf, daß »es« nicht funktioniert, oft mit dem Zusatz, daß er wohl etwas falsch mache, oder einer ähnlichen Bemerkung.

Diese Reaktion spiegelt möglicherweise die ambivalente Haltung des Klienten gegenüber einer Veränderung, was einer Erweiterung eines allgemeinen Schemas, sich unzulänglich oder inkompetent zu fühlen, gleichkommt. Als erstes fordere ich solche Klienten auf: »Beginnen Sie damit.«

Klient: Ich mache es nicht richtig. Es passiert einfach nichts.
Therapeut: Beginnen Sie damit. *(Fortsetzung der Augenbewegungen)*
Klient: Ich bewege meine Augen nicht richtig. Ich bin ein hoffnungsloser Fall.

Unter dieser Voraussetzung bleiben weitere Versuche, mit Kategorie-3-Aktivität etwas zu erreichen, meist erfolglos. Befürchtet der Therapeut, eine Fortsetzung der Kategorie-3-Aktivität könne den Rapport gefährden, empfehle ich, zur Phase der Erklärungen und Anweisungen zurückzukehren, in der die Theorie erklärt wird, die der EMDR-Behandlung zugrunde liegt, und positive Elemente kontaktiert werden. Die Unterbrechung der »eigentlich anstehenden Aktivität« und die Rückkehr zu einer früheren Phase können Assoziationsnetzwerke erschließen, in denen angenehmere, mit der Wahrnehmung des bereits erreichten Maßes an Kontrolle verbundene Emotionen gespeichert sind, und außerdem wird neues Material eingeführt, das möglicherweise für die Verarbeitung erforderlich ist.

Ich habe zu diesem Zweck Diagramme benutzt, die ich – ohne besonderen Anspruch auf Originalität – als Landkarten der Netzwerke bezeichne. Seit neuestem beginnt die Entwicklung dieser Landkarten mit dem Aufschreiben der Geistes- bzw. Gehirninhalte, die wir zuerst anvisiert haben, wobei die spezifischen Elemente beschrieben werden – das visuelle Bild, Gedanken, Gefühle, Empfindungen – und durch Verbindungslinien zwischen ihnen und Einkreisung deren Verbindung miteinander veranschaulicht wird. Über das Blatt Papier verstreut füge ich anschließend weitere spezifische Elemente hinzu, sowohl negative (die sich auf das betreffende Ereignis beziehen) als auch positive (Überzeugungen und Bilder). Durch Einzeichnen eines größeren »Kreises«, der eines der neuen Elemente umfaßt, erkläre ich anschließend, daß die »Lösungen« nicht stark genug mit dem Ziel-Netzwerk verbunden sind und daß der verbundene Bereich durch die Augenbewegungen vergrößert und so die Verbindung optimiert wird. (Sofern es mir sinnvoll erscheint, erkläre ich dem Klienten, wie sich die Verarbeitung im Bereich des deklarativen und des nichtdeklarativen Gedächtnisses unterscheidet.) Durch das Zeichnen weiterer, immer umfassenderer Einschließungen[5] zeige ich, daß der Therapeut die Richtung, in die sich der verbundene Bereich ausdehnt, zwar mit Hilfe verschiedener Interventionen der Kategorie 1 und 2 beeinflussen, aber nicht völlig nach seinen Vorstellungen gestalten kann.

Zur Illustration möchte ich das Beispiel eines Klienten anführen, dessen Therapieziel ist, eine Angst zu überwinden, die sich auf seinen beruflichen Vorgesetzten bezieht. Obwohl er seine beruflichen Aufgaben generell gut erfüllt und sein Vorgesetzter seine Leistungen bisher immer positiv beurteilt hat, hat er ihn, wie auch schon alle anderen Untergebenen, als inkompetent bezeichnet und öffentlich kritisiert. Außerdem berichtet der Klient, er habe in der Schule meist schlechte Noten bekommen, obwohl er allem Anschein nach begabt genug war, um gut abschneiden zu können. Er erinnert sich daran, daß andere Kinder sich über ihn lustig gemacht und daß einer seiner Lehrer und auch sein Vater ihm seine Dummheit vorgeworfen haben. Schon diese wenigen Informationen enthalten zahlreiche Ansatzpunkte, denen die Anhänger vieler therapeutischer Ansätze nachgehen könnten. Doch werden wir der Einfachheit halber und dem Prinzip folgend, daß der Klient das Recht hat, die Ziele der Arbeit selbst festzulegen, uns nicht mit den Hintergründen dieses Falls auseinandersetzen, sondern bei dem beginnen, was der Klient als sein Problem bezeichnet.

Die erste Phase der Entwicklung einer Landkarte für einen Klienten umfaßt die Elemente, die der Klient in der Bewertungsphase des EMDR-Standardprotokolls identifiziert hat. Die Verbindungslinien zwischen den negativen Elementen werden schnell skizziert, und anschließend wird ein Kreis um sie gezogen, der das positive Element ausschließt. Während ich den Klienten auf unsere vorangegangenen Gespräche verweise, schreibe ich andere Elemente auf, negative und positive, verborgene und bekannte, und ich erkläre, wie Lösungsmöglichkeiten blockiert und vom Rest abgeschnitten werden können, weil der Verbindungsprozeß häufig schmerzhaft ist. Ich erkläre, wie der Geist bzw. das Gehirn sich gegen den Prozeß der Einbeziehung wehrt und ihn gleichzeitig anstrebt. Nach dem Hinzufügen der neuen Elemente zeichne ich eine Reihe unterschiedlicher Einschließungen, die zeigen, daß der Verbindungsprozeß entweder mit positiven, beruhigend wirkenden oder mit schmerzhaften Elementen beginnen kann. Nimmt er jedoch ungehindert seinen Lauf, wird die »Lösung« meiner Erfahrung nach eingeschlossen, und es kommt zum Abschluß der Verarbeitung, was bedeutet, daß dysfunktionale negative Emotionen »verdaut« und oft auch die sensorischen Stimuli in das simple Wissen verwandelt werden, daß eine Aktivität stattgefunden hat.

In diese Erklärung können auch die Widerstandsäußerungen des Klienten einbezogen werden, so daß er sie mit Hilfe der graphischen Darstellung als ein Teil des negativen Assoziationsnetzwerks zu verstehen vermag, der die Funktion hat, den Schmerz zu unterbinden, der bei der Arbeit an der Herstellung dieser Verbindungen entstehen würde. Außerdem kann diese Art von Landkarte bei Klienten manchmal auch benutzt werden, bevor die Verarbeitung zu stagnieren beginnt. Von besonderem Nutzen kann sie sein, wenn der Therapeut glaubt, daß einfachere Erklärungsmöglichkeiten nicht zu einem hinreichenden Verständnis führen.

Falls diese Vorgehensweise den Adaptationsprozeß nicht fördert, sollten Sie sich mit den Vorschlägen zur Lösung der nächsten beiden Arten von Problemen befassen.

Keine Veränderung

Der Klient berichtet, daß alle Erfahrungsaspekte während der vorangegangenen Serie von Kategorie-3-Aktivität unverändert geblieben sind, ohne sich unaufgefordert pessimistisch über die gesamte Prozedur zu äußern.

In solchen Fällen hat der Therapeut die Wahl zwischen drei Kategorien von Interventionen: Er kann dem Klienten helfen, einen anderen Aspekt der bereits gespeicherten Information zu erschließen, er kann neue Information einführen, oder er kann eine andere Art von Kategorie-3-Aktivität wählen. Nach Francine Shapiros Ansicht ist es bei Ausbleiben von Veränderungen am erfolgversprechendsten, die Kategorie-3-Aktivität zu wechseln, die Zahl der Augenbewegungen zu erhöhen und ihre Richtung und/oder die Art der Aktivität zu verändern, beispielsweise durch einen Wechsel von den Augenbewegungen zum Handtippen. Läßt sich durch die Wahl einer anderen Kategorie-3-Aktivität die Verarbeitung nicht verbessern, ist dies oft erreichbar, indem man den Klienten einfach zu den spezifischen Aspekten des Assoziationsnetzwerk geleitet – zum visuellen Bild oder zu mit dem Ziel verbundenen Geräuschen und Gefühlen. Ziehen weder eine Veränderung der Kategorie-3-Aktivät noch Bemühungen um die Erschließung spezifischer Aspekte des Assoziationsnetzwerks eine Bewegung nach sich, sollten Sie sich mit den Vorschlägen beschäftigen, die für den Umgang mit der im folgenden beschriebenen Art von Problemen empfohlen werden.

Veränderung führt nirgendwohin

Aspekte der Erfahrung verändern sich zwar ständig, doch findet keine Entwicklung, sondern eine Kreisbewegung statt, und die Belastung bleibt. Der Therapeut muß dem Klienten helfen, einen anderen Aspekt seiner Assoziationsnetzwerke zu erschließen, oder er muß neue Information einführen. Die Wahl zwischen den hier möglichen Interventionen ist eine klinische Entscheidung, die der Therapeut aufgrund seines Urteils über die Situation des Klienten fällen muß.

Meine Rat für die erste Intervention lautet, sich klarzumachen, daß die therapeutische Arbeit auf Basis einer Partnerschaft erfolgt, und den Klienten einfach zu fragen, was seiner Meinung nach die weitere Verarbeitung behindern könnte. (Dies gehört zu den einfachsten Formen dessen, was Francine Shapiro als kognitives Einweben bezeichnet.) Nachdem ich mir die Antwort des Klienten angehört habe, beginne ich im allgemeinen mit einer Kategorie-3-Aktivität.

Therapeut: Was hält Sie Ihrer Meinung nach davon ab, weiterzukommen?
Klient: Wenn ich weiter über diese ganze Sache nachdenken würde, müßte ich weinen, und das möchte ich nicht.

Therapeut: Okay, beginnen Sie damit. *(Es folgt nun eine Serie von Augenbewegungen.)*

Eine weitere einfache Möglichkeit besteht darin, den Klienten aufzufordern, sich vorzustellen, was schlimmstenfalls geschehen könnte, wenn er mit der Verarbeitung des Ziel-Materials fortfahren würde. Eine entsprechende Intervention könnte wie folgt verlaufen:

Klient: Nichts verändert sich. Ich sehe Joe mit abgerissenem Kopf daliegen.
Therapeut: Was meinen Sie, könnte schlimmstenfalls geschehen, wenn die Verarbeitung dieses Materials fortgesetzt würde?
Klient: Ich könnte weinen.
Therapeut: Weshalb wäre das ein Problem?
Klient: Ich lasse nie zu, daß irgend jemand mich weinen sieht. Es ist ein Zeichen von Schwäche.
Therapeut: Woher haben Sie diese Vorstellung?
Klient: Ich kann mich nicht daran erinnern. Mein Vater hat nie geweint, weil er der Meinung war, Weinen sei nichts für Männer.
Therapeut: Könnten Sie sich nicht vorstellen, daß Weinen für Männer und Frauen eine normale Form des Ausdrucks von Gefühlen ist und daß es manchmal schädlich sein kann, dem Drang zu weinen nicht nachzugeben? Wenn Sie Gefühle zurückhalten, kann ein Stau entstehen, der sich in jener Art von Wut entlädt, die, wie Sie gesagt haben, aus Ihnen hervorbricht, wenn Sie es nicht erwarten, und die Menschen verletzt, die Sie nicht verletzen wollen.
Klient: Vom Kopf her ist mir ja völlig klar, daß es in Ordnung ist zu weinen. Ich kann es nur nicht akzeptieren.
Therapeut: Wären Sie bereit, sich vorzustellen, daß Sie weinen, und dann Augenbewegungen auszuführen?

Man hätte in dieser Situation viele verschiedene Wege einschlagen können. Nachdem der Klient zugegeben hatte, er wolle das Weinen verhindern, entschloß ich mich zu dem Versuch, Erinnerungen und Überzeugungen aus seiner Kindheit zu erschließen und ihm dann Informationen zu vermitteln, die ihm möglicherweise neu waren, um ein positiveres Assoziationsnetzwerk aus mit dem Weinen zusammenhängenden Kognitionen aufzubauen. Statt dessen hätte ich ihn auch auffordern können, zu überlegen, ob es früher in seinem Leben einen Vorfall gab, bei dem Weinen eine Rolle spielte, und diesen hätte ich dann mit Hilfe der üblichen Erschließungsmethoden zu einem völlig neuen Ziel machen können. Alle diese

Interventionen hätten zur schnellen Auflösung des ursprünglichen Problems führen können, ohne daß der Klient die Traurigkeit erlebt hätte; möglicherweise hätte er die Traurigkeit aber auch erlebt und die Verarbeitung trotzdem fortgesetzt.

Weinen und Verletzlichkeit sind nur zwei der vielen Faktoren, die bei Klienten zu einem Stillstand der Verarbeitung führen können. Im folgenden werde ich einige Assoziationsnetzwerke beschreiben, die bei Kriegsveteranen und anderen Klienten oft zu einem Stillstand der Verarbeitung führen und die sich in vielen Fällen nicht durch bloße Veränderung der Kategorie-3-Aktivität auflösen lassen. Die beschriebenen Elemente sind oft eng miteinander verbunden, doch können selbst kleine Unterschiede entscheidend sein. Beispielsweise kann es für einen Veteranen wichtig sein, weiter die Rolle des Kriegsgeschädigten spielen zu können, weil er keinen Zugang zu irgendeinem anderen, positiveren Selbstkonzept hat. Für einen anderen Veteranen ist die Rolle des Geschädigten deshalb wichtig, weil er sich, wenn er sich nicht als selbst durch das, woran er beteiligt war, geschädigt sähe, für böse halten müßte – entsprechend seiner Überzeugung, daß nur ein böser Mensch solche Geschehnisse unbeschadet überleben kann. Zwar halten beide Klienten an der Rolle des geschädigten Veteranen fest, doch ist, wie im folgenden gezeigt wird – in beiden Fällen zur Auflösung des Problems jeweils völlig andere Information erforderlich.

Obwohl den im folgenden beschriebenen Aspekten gewöhnlich erst bei einer Blockierung der Verarbeitung Beachtung geschenkt wird, möchte ich darauf hinweisen, daß sich das Material manchmal auf den Behandlungsbeginn bezieht und sich deshalb teilweise mit der vorangegangenen Darstellung des positiven Schemas überschneidet. Einiges von dem im folgenden Beschriebenen kann den Klienten davon abhalten, mit einer Behandlung zu beginnen, weshalb es möglicherweise nützlich ist, den Klienten zunächst an anderen Problemen arbeiten zu lassen und sich mit denjenigen, die er scheut, erst zu beschäftigen, wenn sie sich bemerkbar machen.

Es sei auch darauf hingewiesen, daß diese Interventionen in Gesprächsform ausgeführt werden, genau so, wie es bei einer Nicht-EMDR-Therapie geschehen würde, nur daß an bestimmten Punkten Augenbewegungen einbezogen werden. Außerdem werden sie nicht isoliert voneinander ausgeführt, sie werden als Hypothesen angeboten, und wenn es aus klinischer Sicht als sinnvoll erscheint, können mehrere gleichzeitig angeboten werden, gefolgt von einer Kategorie-3-Aktivität. Das Anbieten mehrerer Alternativen geschieht in der Hoffnung, die Gefahr zu verringern, daß der Klient durch die falsche Überzeugung[6], der Therapeut versuche, die Kontrolle über ihn zu erlangen, blockiert wird.

Auf der Suche nach einer theoretischen Rechtfertigung für die gleichzeitige Heranziehung mehrerer Interpretationsansätze bin ich auf Kurt Lewins Konzept der *channel factors* und deren Rolle bei Verhaltensveränderungen (Ross & Nisbett 1991) gestoßen. Es handelt sich dabei um Details einer Situation, die, wenn man an ihnen arbeitet, einen Weg zu weitreichenden Veränderungen erschließen können. Möglicherweise erhöht das Angebot verschiedener Hypothesen die Wahrscheinlichkeit, daß ein Kanal zugänglich gemacht wird, was wiederum jene große Veränderung ermöglicht, die mit dem schließlichen Vollziehen der Integration verbunden ist. Rückblickend betrachtet erhöht das für EMDR charakteristische Zugänglichmachen oder Erschließen vieler unterschiedlicher Assoziationsnetzwerke die Wahrscheinlichkeit, daß ein *channel factor* berührt wird, wodurch es dann zu einer jener schnellen Veränderungen kommt, die bei auf ein engeres Hypothesenspektrum beschränkten Methoden nicht vorkommen.

Nun die Beispiele:

Das Bedürfnis, die Kriegsbeschädigten-Identität weiterhin aufrechtzuerhalten

Manche Klienten haben wenig Vertrauen darin, daß die Erlösung von PTBS-Symptomen ihre Lebensumstände verändern wird. Selbst wenn sie von ihren Alpträumen oder ähnlichen Symptomen erlöst werden, müssen sie weiterhin mit den Konsequenzen ihrer Reaktion auf den Krieg leben, beispielsweise mit ihren Problemen bezüglich ihrer Familie, ihrer Ausbildung oder ihres Berufs. Dies kann bewirken, daß die Symptome erstarren, damit die Betroffenen den Status eines »dauerhaft geschädigten Kriegsveteranen« aufrechterhalten können. Obwohl diese Symptome unerklärliche Schmerzen hervorrufen, erdulden solche Klienten lieber diese Schmerzen, als sich mit ihrer desolaten Lebenssituation auseinanderzusetzen, ohne daß intrusive Symptome ihnen ständig vor Augen halten, daß all dies möglicherweise nicht ihre Schuld ist.

In einem gewissen Sinne dient das negative Selbstbild des »dauerhaft geschädigten Kriegsveteranen« in Wahrheit als positives Schema, da es an die Stelle eines schlimmeren – beispielsweise, ein Versager oder der »letzte Dreck« zu sein – ein »besseres« Negativum setzt. Kriegsveteranen, die psychisch noch unter den Nachwirkungen ihrer Kriegserlebnisse leiden, neigen oft in besonderem Maße zur Selbstherabsetzung – nicht zuletzt dies läßt sie so empfindlich auf Kritik und Ablehnung reagieren. Ihre Probleme dieser Kriegsveteranenidentität zuzuschreiben ist ein Versuch, ein »positiveres« Selbstverständnis aufzubauen und ihr eigenes Verhalten als situationsabhängig zu verstehen, weshalb dieses Bemühen Erklärungen, die ausschließlich von einer charakterbedingten Negativität ausgehen, weit überlegen ist.

Wenn sich herausstellt, daß sich ein Klient Sorgen darüber macht, er müsse seine Identität als Kriegsveteran aufgeben, besteht ein möglicher therapeutischer Ansatz in dem Versuch, positive Assoziationsnetzwerke zu erschließen. Erforschen Sie mit dem Klienten jeden positiven oder potentiell positiven Aspekt seines augenblicklichen Lebens und seiner näheren Vergangenheit. Kann oder will der Betreffende die Existenz derartiger Möglichkeiten nicht akzeptieren, fordere ich ihn manchmal auf, sich an etwas Positives zu erinnern, das er vor seinem Militärdienst getan hat. Ein Klient, mit dem ich einmal kurz im Rahmen eines stationären Behandlungsprogramms gearbeitet habe, konnte sich an nichts Positives aus seinem Leben erinnern, außer daß er als Teenager Bowling gespielt hatte. Deshalb machten wir diese Erinnerung zum anfänglichen Ziel für die Augenbewegungen.

Gewöhnlich jedoch – und meist auch mit positiverer Wirkung – helfe ich Klienten, sich an eine Situation zu erinnern, in der sie sich als Angestellte, Eltern, Studenten oder Ehepartner positiv verhalten haben, und während sie sich solche Erinnerungen vergegenwärtigen, lasse ich sie Augenbewegungen ausführen. Im weiteren Gesprächsverlauf kommen wir dann möglicherweise auf Mißerfolge im Erfüllen der betreffenden Funktion. Dabei lege ich generell Wert darauf, diese Mißerfolge genau unter die Lupe zu nehmen, denn fast immer sind sie auf ein Verhalten zurückzuführen, das sich verändern läßt, und oft steht dieses mit einem erlebten Trauma in Zusammenhang. Auf diese Weise führt die Traumaarbeit nicht nur zum Verlust der Rolle des »dauerhaft geschädigten Veteranen«, sondern sie dient auch der Aneignung einer neuen, positiven Rolle. Dabei kann es wichtig sein, auch darauf zu verweisen, daß die im Krieg erworbenen Fähigkeiten einem Menschen erhalten bleiben (auch die, gar nichts zu tun, wenn alles andere zu gefährlich wäre), so selten dieser Fall auch eintreten mag. Die im nächsten Abschnitt behandelten Themen, die sich auf die Verbindung zu lebenden und verstorbenen Kriegskameraden beziehen, können in diesem Zusammenhang bedeutsam sein.

Ein weiterer Faktor, der dem Veteranen hilft, seine negative Identität aufrechtzuerhalten, weil er positive Selbst-Schemata nicht akzeptiert, ist seine Erinnerung an Zurückweisung oder Vernachlässigung bei seiner Rückkehr nach Hause. Dies gilt insbesondere, wenn auch nicht ausschließlich (siehe Severo & Milford 1989), für die Teilnehmer des Vietnam- und Koreakriegs. In den extremsten Fällen dieser Art wurden Vietnam-Veteranen angespuckt oder als »Babymörder« beschimpft. Doch selbst diejenigen, die nicht auf eine so vehemente Ablehnung stießen, wurden durch den eindringlichen Rat schockiert, sich nach ihrer Rückkehr nicht mehr in Uniform in der Öffentlichkeit zu zeigen. Mehrere Veteranen afroamerikanischer Herkunft berichteten mir, man sei ihnen in ihrem sozialen Umfeld mit Verachtung begegnet, weil sie im »Krieg des weißen Mannes« gekämpft hätten. Oft hörte ich auch von solchen Klienten, ihre Familie verhalte sich ihnen gegenüber ablehnend, indem sie ihnen zu verstehen gebe, sie seien nicht mehr die gleichen wie vorher, womit eindeutig gemeint sei, sie hätten sich zum Schlechteren verändert.[7] Oft berichten diese Klienten, ihre Arbeitgeber hätten sie nicht eingestellt, wenn sie über den Militärdienst ihrer Angestellten in Vietnam informiert gewesen wären. Eine weniger schwerwiegende Form dieses Phänomens sind die häufigen Klagen von Veteranen, nach ihrer Rückkehr habe niemand mit ihnen über den Krieg reden wollen. Solche Erlebnisse können natürlich in Zeiten starker emotionaler Belastung leicht zur Entstehung oder Verstärkung von Assoziationsnetzwerken führen, die falsche Informationen wie »Da andere mich zurückweisen, bin ich wohl unakzeptabel bzw. nicht gut« enthalten.

Bei vielen Veteranen ist die Auflösung oder Korrektur solcher Netzwerke nur durch Einführung neuer Information möglich. Auf das Beispiel Vietnam bezogen kann ein Therapeut, der die Situation zu jener Zeit genau kennt, darauf hinweisen, daß die meisten Menschen in den USA und sogar die überwältigende Mehrheit derjenigen, die sich der Protestbewegung gegen den Vietnamkrieg angeschlossen hatten, keineswegs gegen die Soldaten eingestellt waren. Man kann auch erklären, daß für einen Menschen, der so empfindlich ist wie ein aus dem Krieg heimkehrender Soldat, einige wenige Zurückweisungen eine wichtige Rolle spielen und sich so *anfühlen* kann, als sei dies die allgemein akzeptierte Wahrheit. Manchmal ist es auch nützlich, den Veteranen zu fragen, ob er über den Krieg hätte sprechen wollen, und ihm zu erklären, was andere Menschen zu jener Zeit bei Begegnungen mit Kriegsteilnehmern möglicherweise empfanden. Ich glaube, daß es nützlich war, Veteranen zu erklären, weshalb ich, als ich Anfang zwanzig war, Menschen, die gerade aus Vietnam zurückgekehrt waren, nicht nach ihren Erlebnissen fragte. Ich erkläre, daß ich damals, so wie übrigens auch heute noch, der Meinung war, daß die Teilnahme eines Menschen an einem Krieg eines der intimsten und schwierigsten überhaupt vorstellbaren Themen ist. Außerdem verfügte ich in jenem Alter noch nicht über die Lebenserfahrung, die man braucht, um fragen zu können, ohne aufdringlich zu wirken. Deshalb schwieg ich, statt mich der Gefahr auszusetzen, meinem Gegenüber Schmerzen zuzufügen, es sei denn, der Betreffende fing von sich aus an, über seine Erlebnisse im Krieg zu sprechen. Wenn es zu einem Gespräch über diese Dinge kommt, sollte der Therapeut auf Punkte achten, an denen er die Verarbeitung des Gesagten oder Empfundenen unterstützen kann. Der folgende Dialog könnte stattfinden nach einem kurzen Gespräch darüber, wie lange der Klient sich seiner Erinnerung nach schon außerstande sieht, mit anderen Menschen ein entspanntes Gespräch zu führen und friedlich zusammenzusein.

Klient: ... und keiner wollte mit mir darüber reden. Ich blieb ständig in meinem Zimmer, verließ es nur zum Essen und zog mich anschließend wieder dorthin zurück.

Therapeut: Glauben Sie, daß die anderen an dem, was Sie erlebt haben, nicht interessiert waren? Oder meinen Sie, es könnte sein, daß sie nicht wußten, wie sie nach etwas so Schmerzhaftem hätten fragen können?

Klient: Ich weiß nicht.

Therapeut: Schauen Sie, was Ihr Gehirn damit anfängt. *(Beginn der Augenbewegungen)*

Klient: Vielleicht haben sie mich gar nicht abgelehnt, sondern kamen einfach nur nicht damit zurecht, wie ich damals war. (*Fortsetzung der Augenbewegungen*)

... Es tut sich immer noch nichts.

Therapeut: Wenn Sie sich Ihren Mitmenschen gegenüber anders verhalten wollten, wenn Sie mit ihnen reden wollten, wie könnten Sie dies dann auf eine positive Weise tun?

Klient: Was meinen Sie damit? Ich verstehe nicht, was Sie meinen.

Therapeut: Konzentrieren Sie sich auf das, was Sie jetzt empfinden. *(Fortsetzung der Augenbewegungen)*

Klient: Ich habe Angst davor, mit ihnen zu reden. Ich weiß nicht, wie ich das machen soll. Ich habe außer hier eigentlich noch nirgendwo über den Krieg gesprochen.

Nun können viele verschiedene Richtungen eingeschlagen werden. Nach weiteren Serien von Augenbewegungen fällt dem Klienten möglicherweise ein Szenario ein, oder ihm wird klar, daß er immer noch nicht weiß, was er eigentlich sagen wollte, oder der Therapeut könnte mit Hilfe von verdecktem oder offensichtlichem Rollenspiel die Selbstsicherheit des Klienten stärken, wobei immer wieder Serien von Augenbewegungen eingestreut werden. Durch das Üben bestimmter Verhaltensweisen, die um ein nichtnegatives Selbstbild zentriert sind, können leicht generalisierbare Elemente wie allgemeine positive Überzeugungen gestärkt werden, was wiederum die Verarbeitung des negativen Materials erleichtern kann. Schließlich können durch diese Arbeit auch bestimmte Kriegserinnerungen zugänglich gemacht werden, die noch verarbeitet werden müssen. Der Veteran muß mit sich selbst über diese Erlebnisse sprechen, bevor er dies mit irgend jemand anderem kann.

Schmerz und klare Erinnerungen an den Krieg sind die einzige Verbindung des Klienten zu seinen Freunden

Er glaubt, wenn er von seinem Schmerz erlöst würde, würde er auch seine Freunde verlieren und möglicherweise sogar entehren. Diese Verbindung wird auch oft hergestellt, wenn es nicht um kriegsbedingten Schmerz geht. Meine Klienten profitieren in solchen Fällen oft davon, daß ich sie auffordere, ihren verstorbenen Freund, seine Persönlichkeit und was sie an ihm besonders gemocht haben, zu beschreiben. Ich frage sie dann, wie oft sie sich an diese positiven Qualitäten erinnern. Die meisten Klienten geben an, in der Erinnerung an seinen Tod festgefahren zu sein. Ich gehe dann oft wie folgt vor:

Therapeut: Wenn Sie an Joe denken, denken Sie dann an ihn als den Menschen, den Sie mochten und dem Sie sich verbunden fühlten, oder denken Sie daran, wie er gestorben ist?

Klient: Ich denke daran, wie er gestorben ist – das ist so ungefähr alles, woran ich denke.

Therapeut: Wie würden Sie sich gerne an ihn erinnern? Wäre es Ihnen lieber, daß Ihre Erinnerung an ihn von seinem Leben oder von seinem Tod bestimmt wird?

Klient: Von seinem Leben.

Therapeut: Beginnen Sie damit. *(Beginn einer Serie von Augenbewegungen.)*

Wenn ich Klienten zu helfen versuche, mit dem Tod mehrerer gleichaltriger jugendlicher Freunde fertig zu werden, wobei die Betreffenden manchmal glauben, ihre Kameraden seien ums Leben gekommen, weil sie, die Überlebenden, nicht genug getan hätten, um sie zu schützen, greife ich oft auf das zeitlose Konzept des Gedenkens zurück und frage die Klienten, ob sie glauben, daß sie etwas von ihren Freunden in sich haben. Gewöhnlich bestätigen sie dies, und dann sprechen wir darüber.

Therapeut: Was halten Sie von der Vorstellung, daß Ihre Freunde auf eine gewisse Weise in Ihnem weiterexistieren? Sie verkörpern also in einem gewissen Sinne buchstäblich eine Art Denkmal für sie. Glauben Sie, Ihr(e) Freund(e) würde(n) wollen, daß das Angedenken an sie (ihn), das Sie in sich tragen,

Ihnen nur Schmerzen bereitet? Meinen Sie, sie (er) würde(n) von Ihnen ein selbstzerstörerisches Verhalten erwarten, oder glauben Sie, es wäre ihnen (ihm) lieber, wenn Sie ein positives Gefühl des Friedens empfinden?[8]

KLIENT: Ich glaube, sie würden wünschen, daß ich in Frieden leben kann und glücklich bin.

(Je nach Gesprächsverlauf und nonverbalen Hinweisen fordere ich den Klienten dann möglicherweise auf, mit den Augenbewegungen zu beginnen, oder ich sage:)

THERAPEUT: Glauben Sie, ein positiveres Leben wäre ein besseres Angedenken an Ihre Freunde als Ihre augenblickliche Lebensweise?

KLIENT: Ja.

THERAPEUT: Ich möchte Ihnen vorschlagen, nun im Geiste mit Ihren Freunden über all dies zu sprechen und sich anzuhören, was sie dazu sagen. Anschließend werden wir dann Augenbewegungen ausführen.

(Warten Sie dann einige Augenblicke, und geleiten Sie den Klienten anschließend durch eine Serie von Augenbewegungen.)

Eine andere Überzeugung, die zu diesem negativen Netzwerk der Verbitterung gehört und die – teilweise durch Perpetuierung der Wut, die den Zugang zu heilend wirkender Information blockiert – zu seiner Aufrechterhaltung beiträgt, besagt, der Freund des Klienten sei umsonst gestorben, entweder weil der Krieg »verloren« wurde oder aufgrund der speziellen Umstände seines Todes. Ich kann mich dieser Sichtweise nicht anschließen und frage den Betreffenden deshalb, warum er und sein Freund zum Militär gegangen seien. Enthält die Antwort keinen Begriff wie Pflicht- oder Verantwortungsgefühl, frage ich, ob solche Faktoren keine Rolle gespielt hätten. Das kann z.B. in folgender Form geschehen:

THERAPEUT: Glauben Sie, daß Ihr Freund zum Militär gegangen ist, um das Richtige oder das Falsche zu tun?

KLIENT: Natürlich um das Richtige zu tun.

THERAPEUT: Wie hätte er sich wohl gefühlt, wenn er stattdessen nach Kanada gegangen wäre?

KLIENT: Das hätte er niemals getan.

THERAPEUT: Dann kann man also wahrheitsgemäß sagen, daß Ihr Freund gestorben ist, weil er sich dem Militärdienst gestellt hat, und daß er *das* getan hat, weil er es für richtig hielt, es zu tun. Also ist Ihr Freund, ganz unabhängig davon, *wie* er im Krieg gestorben ist, *auch* gestorben, weil er getan hat, was er für richtig hielt, und weil er es für falsch hielt, sich dem Militärdienst zu entziehen. Er ist also keineswegs umsonst gestorben. Achten Sie jetzt darauf, was passiert. *(Beginn der Augenbewegungen.)*

Sieht der Klient ein, daß sein Freund nicht umsonst gestorben ist, wird dadurch ein Teil seines Schmerzes aufgelöst.

Bei der Arbeit an dieser Problematik stelle ich manchmal auch die Frage, wie und wann Menschen darüber entscheiden, welchen Sinn ein bestimmtes Ereignis hat. Mit der Frage, wie wir Sinn schaffen, haben wir uns im vorigen Abschnitt in Zusammenhang mit der Bedeutung des Vietnamkriegs und des Sterbens in diesem Krieg beschäftigt. Ebenso wie die Bedeutung des Krieges sich im Laufe der Zeit verändert, ist auch die Bedeutung aller anderen Ereignisse ständigem Wandel unterworfen. Dies kann der Therapeut anhand eines Ereignisses aus dem Leben des Klienten oder aus der Geschichte veranschaulichen.[9]

Der Klient sieht den Schmerz und das Leiden an seinen PTBS-Symptomen als die Verbindung zu seiner eigenen Menschlichkeit

Dies gilt insbesondere, wenn ein Klient im Krieg etwas getan hat, das nach den allgemeinen ethischen Maßstäben nicht akzeptabel ist – was im Krieg alles mögliche beinhalten kann. In solchen Fällen kann Trost und insbesondere das Annehmen irgendeiner Form von Trost zu einer noch negativeren Selbstbeurteilung führen. Klienten, die diese Probleme haben, fordere ich manchmal auf, sich mit den in Kapitel 4 im Abschnitt über positive Schemata und Spiritualität beschriebenen Gedanken zu beschäftigen. Auch die Beschäftigung mit Ansichten über die menschliche Natur, wie sie beispielsweise im Anschluß an die psychologischen Experimente von Milgram (1974) entstanden sind, ist für solche Klienten manchmal von Nutzen. (Es ging darin um die bereitwillige Anpassung von Untersuchungsteilnehmern an situative Normen und an die von Autoritätspersonen gegebenen Aufträge, selbst wenn dies die Ausführung destruktiver Handlungen beinhaltete, die gegen wichtige Grundüberzeugungen der Betreffenden verstießen.) Die Vorstellung inneren Wachstums und der Entfaltung des menschlichen Potentials kann ebenfalls nützlich sein.

Ein weiterer nützlicher Ansatz besteht darin, sich auf die Ereignisse zu besinnen, die zu dem Ziel-Verhalten geführt haben. Fast immer haben Klienten, die unter Handlungen leiden, die sie nicht aufgrund von Befehlen ausgeführt haben, vor der Tat, die sie nun bereuen, starke Verlustgefühle oder großes Entsetzen erlebt: Beispielsweise wurde ein enger Freund von ihnen umgebracht oder verstümmelt, oder sie haben miterlebt, wie andere Amerikaner Greueltaten zum Opfer fielen. Wenn ich mit einem Klienten an Dingen arbeite, die er in der Vergangenheit getan hat und heute bedauert, und die Verarbeitung kommt zum Stillstand, forsche ich danach, ob er einen Verlust erlitten hat, und versuche dann, diesen mit Hilfe von Augenbewegungen anzuvisieren. Auf diese Weise läßt sich die mit dem ursprünglichen Ziel verbundene Belastung manchmal verringern.

Ein anderer typischer Ereignisverlauf im Krieg besteht darin, daß Soldaten anderen schreckliche Dinge antun, weil sie glauben, sie selbst würden keinesfalls überleben, und sich deshalb zu rächen versuchen, bevor sie aus dem Leben scheiden. Ich vermute, daß die meisten, die sich dies vornahmen, tatsächlich durch Aktivitäten des Gegners umgekommen sind oder selbst dafür gesorgt haben, daß dies geschah, um ihrer Verpflichtung in dem »Handel«, auf den sie sich im Geiste eingelassen haben, nachzukommen. Andere jedoch, die nur verwundet wurden oder aus anderen Gründen dem sicher geglaubten Tod entgingen, entwickelten PTBS-Symptome. Ich hatte allerdings noch keine Gelegenheit, diese von mir vermutete Dynamik direkt mit Kategorie-3-Aktivität zu behandeln.

Ichsyntone Aspekte des Kriegs

Der Krieg hat vielen nicht nur die zweifelhafte Möglichkeit eröffnet, mit PTBS-Symptomen Bekanntschaft zu machen, sondern einigen auch die erste und manchmal einzige Chance, sich selbst als mächtig zu erleben. In vielen Kulturen, und auch in vielen Teilen unserer eigenen, lernen kleine Jungen, daß man wirkliche Macht und wirklichen Respekt nur erlangen kann, wenn man Krieger, Athlet, ein »harter Bursche« oder Gangster wird. Einer meiner Klienten unterbrach plötzlich die Augenbewegungen und verhielt sich, als säße er am Steuer eines Panzers. Als ich daraufhin energisch versuchte, ihn zur Fortsetzung der Augenbewegungen und zur erneuten Fokussierung auf unsere Arbeit zu bringen, unterbrach er das »Panzerfahren« nur kurz, um mir zu sagen, ich solle ihn in Ruhe lassen. Solche Vorfälle kommen während der Augenbewegungen nur äußerst selten vor, doch berichteten mir auch andere Klienten, vor dem Militärdienst hätten sie sich schwächlich und feige gefühlt, und sie hätten keine Lust, sich jemals wieder so zu fühlen.

Die schwächere und weiter verbreitete Form dieser Dynamik tritt oft nach Abschluß eines Teils der Verarbeitung auf, wenn die Belastung zwar schon etwas geringer geworden, aber immer noch ziemlich stark ist. Manchmal sagen die Klienten dann, falls sie die Arbeit fortsetzen und völlig ruhig werden würden, verlören sie den »Schneid«, der sie während des Krieges und in der Zeit danach geschützt habe. Wenn dies zur Sprache kommt, erkläre ich den Betreffenden, daß es verschiedene Grade von *Arousal* gibt und welche davon wann den besten Schutz bieten. Manchmal verleihe ich meinen Ausführungen besondere Autorität, indem ich das sogenannte Yerkes-Dodson-Gesetz erwähne, demzufolge ein niedrigeres Arousal-Niveau für die Leistungsfähigkeit unter Umständen besser ist als ein höheres (Wolman 1977).

Durch Gespräch und Fragen gelangen wir gewöhnlich zu der einvernehmlichen Meinung, daß das augenblickliche Arousal-Niveau des Klienten gefährliche Situationen provoziert und ihn keineswegs so geschützt hat, wie dies bei einem niedrigeren Niveau der Fall wäre. Gewöhnlich komme ich mit dem Klienten überein, daß im Krieg, beispielsweise beim Wachdienst oder beim Patrouillengang, ein wesentlich höheres Arousal erforderlich ist als beim Gang durch ein Einkaufszentrum und daß im letzteren Fall ein geringeres Arousal sogar weniger Gefahren provoziert. (Wenn ich über die Verringerung von Spannungen spreche, mache ich damit nicht automatisch »Entspannung« zum Ziel.) Anschließend frage ich den Klienten, welches Maß an gespannter Wachsamkeit er für optimal hält. Beispielsweise sage ich: »Könnten Sie sich auch sicher fühlen, wenn Sie unter einer geringeren Anspannung als im Augenblick stünden?« Antwortet der Klient darauf mit »Ja«, sage ich anschließend oft einfach: »Beginnen Sie damit«, initiiere dann eine Serie von Augenbewegungen und wende mich so wieder der Verarbeitung und Erschließung zu.

Der Therapeut muß sich darüber im klaren sein, daß der Klient außer dem soeben beschriebenen Arousal-Bedürfnis auch eine Aversion gegenüber Gefühlen der Behaglichkeit oder gegenüber einem entspannten Zustand empfinden kann. Dies ist sogar in weiten Kreisen der allgemeinen Bevölkerung sehr verbreitet. Mehrere Studien haben gezeigt, daß das Belastungsniveau der Klienten bei Anwendung traditioneller Entspannungsübungen anstieg (Heide & Borkovec 1984; einen Überblick gibt Lichstein 1988). Manche Klienten haben im Krieg Schreckliches erlebt, als sie gerade ganz entspannt waren, oder sie haben gehört, daß es anderen Soldaten so ergangen ist. Falls solche Situationen klar identifiziert werden, können sie als Ziele der Verarbeitung gute Dienste leisten.

Die Verarbeitung eines Ziel-Traumas kann zu anderen erinnerten oder »empfundenen« schmerzhaften Ereignissen führen

Blockaden dieser Art sind am schwersten zu überwinden. Eine Möglichkeit, sie zu erkennen, besteht darin, ausdrücklich danach zu fragen. Bestätigt sich die Vermutung, sollte die Kategorie-3-Aktivität unterbrochen und noch einmal über die möglichen Konsequenzen einer Fortsetzung der Arbeit gesprochen werden.

Nach meiner persönlichen Erfahrung und auch der meiner Kollegen enthält das Material, dessen Verarbeitung der Klient verhindert, häufig – wenn auch nicht immer – einen Täter-Aspekt bzw. einen vom Klienten so empfundenen. Manchmal sage ich in solchen Fällen:

Therapeut: Wenn Klienten an diesen Punkt kommen, geht es bei dem, was sie nicht untersuchen wollen, manchmal um etwas, das sie anderen angetan haben oder zumindest angetan zu haben glauben.

Klient: Damit könnte es zusammenhängen.

Therapeut: Wie kann das Leben eines Menschen, der etwas Schreckliches getan hat oder an einer schrecklichen Tat beteiligt war, weitergehen?

(Nun sollte an den Punkten gearbeitet werden, die in den vorangegangenen Abschnitten über positive Schemata und Vergebung beschrieben wurden.)

Der mit dem Trauma verbundene Schmerz hat als Rechtfertigung für späteres ansonsten unakzeptables Verhalten gedient

Deshalb würde die Linderung des Schmerzes die Schuldgefühle des Betreffenden verstärken. Manchmal sehe ich diese Dynamik (dieses Assoziationsmuster) bei Klienten, die drogenabhängig geworden sind oder die sich als Väter oder Ehepartner besonders verantwortungslos oder grausam verhalten haben. Vielleicht wird ihnen im Laufe der Behandlung intellektuell klar, daß ihr Verhalten etwas mit ihrer Reaktion auf den Krieg zu tun hat. Kommt es zur Auflösung ihrer kriegsbezogenen Probleme und insbesondere ihrer intrusiven Erinnerungen, können verstärkt Schuldgefühle auftreten. Es empfiehlt sich, in solchen Fällen an neuerem Material zu arbeiten, das mit den Anpassungsbemühungen nach dem Krieg bzw. deren Fehlschlagen zusammenhängt.

Viele Kriegsveteranen stehen der Bundesregierung und der amerikanischen Nation sehr ambivalent gegenüber

Wenn der Klient seine Wut losläßt, was durch die Verarbeitung des Traumas gefördert wird, reagiert er nicht nur empfindlicher auf schmerzhafte Emotionen, sondern er kann dadurch auch zu einer vergebenden Haltung gebracht werden, die ihm gar nicht recht ist. Klienten, deren Verarbeitung blockiert ist und die im Gespräch vehement ihre Wut auf die Regierung zum Ausdruck gebracht haben, müssen sich, um die Verarbeitung abschließen zu können, möglicherweise mit diesem Thema auseinandersetzen, selbst wenn es zum Zeitpunkt der Blockade nicht zutage tritt.

Manchmal ist es wichtig, die Betreffenden daran zu erinnern, daß Vergeben nicht bedeutet, daß alles wieder in Ordnung ist; es kann vielmehr auch einfach nur bedeuten, daß andere Bereiche der Beziehung wieder in den Mittelpunkt rücken können.

Ebenso nützlich kann es sein, wenn sich Klienten, die dieses Problem haben, Gedanken über das Wesen der Beziehung zwischen der Nation, ihrer Führung und dem Volk machen. Ich fordere sie deshalb auf, darüber nachzudenken, daß unsere Beziehung zur Nation und zur Regierung in unserer Kindheit entsteht und wir die Regierung deshalb als eine Art Eltern sehen, als einen Beschützer, der auch bestrafen kann. Selbst wenn Menschen die Regierungsbehörden ihres Landes in einem negativen Licht sehen (wenn sie beispielsweise einen Polizisten als »den Bullen« statt als »Freund und Helfer« sehen), ist die Assoziation mit der Elternrolle immer noch vorhanden und damit auch die Hoffnung, daß es irgendwann und irgendwie gelingen wird, diese »bösen Eltern« zu guten zu machen. Wenn wir das Gefühl haben, daß unsere Beziehung zu diesen Eltern durch Verrat gekennzeichnet ist, werden wir möglicherweise wütend – und wenn wir diese Wut dann aufgeben, nehmen wir uns damit unsere einzige Möglichkeit, gegen die mächtigen bösen Eltern zu protestieren. Hier geht es auch um emotionale Konflikte, denn Kinder empfinden selbst den schrecklichsten Eltern gegenüber Loyalität und Verbundenheit. Ebenso verhält es sich, wenn Menschen sich von ihrer Regierung verraten fühlen, so wie es insbesondere bei Veteranen des Vietnam- und des Koreakriegs häufig der Fall ist.

Ist der Klient weiterhin bereit, mit mir zusammenzuarbeiten, erkläre ich ihm, daß wir im Normalfall mit zunehmender Reife die Regierung am besten als unser Kind statt als unsere Eltern anzusehen lernen. Im Normalfall (also nicht in einem Kriegsfall) tritt dieser Wandel allmählich ein: Wir lernen mit der Zeit, die Regierung als von uns selbst geschaffen anzusehen – indem wir Steuern zahlen, wählen und uns politisch engagieren. Ebenso wie auf die Kinder, die wir aufziehen, haben wir auch auf die Regierung Einfluß, jedoch keine völlige Kontrolle über sie. Der wichtigste psychologische Aspekt ist vielleicht unsere Hoffnung, daß das Land/die Regierung – ebenso wie ein Kind – nach unserem Tode das Beste, was wir verkörpert haben, in Ehren halten und weiterverfolgen wird. Möglicherweise erkläre ich dann noch, daß es völlig natürlich ist, wenn Eltern ihr Kind mehr lieben, als ihr Kind sie liebt. Normalerweise entwickeln Eltern ihre Bindung an ihr Kind, wenn dieses noch sehr jung ist, und sie brauchen ihre Bindung nicht in der Weise im Hinblick auf die spätere Trennung einzuschränken, wie das Kind sich auf seine bevorstehende Unabhängigkeit und auf den Verlust seiner Eltern vorbereiten muß. Aus diesem Blickwinkel betrachtet verdient die

Nation und ihre Führung auch dann unsere Loyalität, wenn sie uns wie ein auf Abwege geratenes Kind »verrät«. Vielleicht sind wir dann in der Lage, ihm aufgrund dessen, was es, wie wir hoffen, einmal werden kann, zu vergeben.

Wenn ein Mensch die Regierung in der Böse-Eltern-Rolle in ihrer schlimmsten Form sieht, wie es insbesondere während des Vietnam-Kriegs der Fall war, fällt es dem Betreffenden gewöhnlich sehr schwer, seine Beziehung zu dieser Institution zu verändern. Die Partei, die sich verraten fühlt, hat sich in der Position des wütenden Kindes festgefahren. Solche Klienten fordere ich auf, sich über diese Sichtweise einmal Gedanken zu machen, spreche mit ihnen über diese und beginne dann mit Kategorie-3-Aktivität.

Klienten halten an einer sie selbst betreffenden negativen Überzeugung fest
Zwar ist ihnen intellektuell aus verschiedenen Perspektiven klar, daß diese Überzeugung nicht zutrifft, doch in anderer Hinsicht halten sie sie weiterhin für zutreffend. Es ist nicht möglich, sie zum Akzeptieren der veränderten Perspektive zu bringen, weil sie dadurch eine von ihnen hochgeschätzte Weltsicht unterminieren würden. Die negative Kognition »Feigling« ist oft mit Vorfällen verbunden, in denen der Klient zeitweilig »erstarrte«, auch wenn er die biologischen Determinanten der zeitweiligen Inaktivität mittlerweile intellektuell versteht. Ich helfe solchen Klienten zu erkennen, daß die Schwarzweißdarstellungen und die extremen Beschimpfungen, die beim Militär üblich sind und die auch Eltern und andere Autoritätspersonen häufig verwenden, eigentlich nur motivieren sollen und oft gar keinen Anspruch darauf erheben, wirklich zuzutreffen und auf andere Situationen übertragbar zu sein. Eine solche extrem urteilende Sicht des Menschen und der Welt ist für die Bewältigung oder Verhinderung von Krisen gedacht, nicht für das normale menschliche Alltagsleben, und für die nachträgliche Analyse von Situationen ist sie nicht von geringstem Wert. Nach einer Krisensituation verbringen gute Soldaten nicht viel Zeit damit, herumzusitzen und Menschen zu etikettieren, sondern sie versuchen, sich darüber klarzuwerden, wie sie es beim nächsten Mal besser machen können. Sie untersuchen, welche Aspekte ihrer Ausbildung nützlich waren, was daran geändert werden und wie dies geschehen sollte. Besteht der Eindruck, daß die Verarbeitung bei einem Klienten aus den beschriebenen Gründen stagniert, sprechen wir über diese Zusammenhänge und beginnen dann mit Kategorie-3-Aktivität. Diese ist ebenso wie bei anderen Arten des Einwebens, bei denen das Gespräch eine Rolle spielt, in jedem Fall erforderlich, unabhängig davon, ob der Klient die Analyse akzeptiert. Er wird aufgefordert, sich das Besprochene zu Beginn der Kategorie-3-Aktivität zu vergegenwärtigen und dann zu beobachten, was als nächstes geschieht.

Ich verstehe diese Variante der kognitiven Therapie als Kategorie-2-Aktivität, die die Erfahrungen des Klienten beim Militär (bzw. mit den Eltern oder in der Schule) respektiert, es ihm jedoch ermöglicht, ein der Adaptation förderlicheres Element in das Ziel-Netzwerk zu integrieren.

Die Liste der Netzwerkelemente, die die Verarbeitung von Traumata behindern können, läßt erkennen, daß es fast unmöglich ist, schon zu Beginn des Behandlungsprozesses die hervorstechendste negative und positive Kognition für das komplexe und weit entfernte Trauma zu identifizieren, um dessen Verarbeitung es bei der Behandlung von Kriegsveteranen und anderen Traumaopfern geht. Oft können die entscheidenden negativen Elemente erst nach Beginn der Verarbeitung kontaktiert und der »Lösung« förderliche Elemente zugänglich gemacht oder eingeführt werden. Trotzdem ist es ratsam, zu Beginn der intensiven Phase der Traumabehandlung, in der die Kategorie-3-Aktivität initiiert wird, zur Maximierung der Behandlungseffizienz auf die bewährten EMDR-Verfahren der Erschließung von Information zurückzugreifen.

6

Sitzungsende und Behandlungsabschluß

Beendigung einer Sitzung

In Kapitel 5 ging es darum, wie man die therapeutische Verarbeitung verbessern und Blockierungen auflösen kann. Das nächste Problem ist, zu erkennen, ob die Arbeit an einem traumatischen Erlebnis abgeschlossen ist und wie man eine Sitzung beenden kann, wenn die Verarbeitung noch nicht zum Abschluß gekommen ist.

Francine Shapiro (1995) benennt eindeutige Kriterien dafür, ob die Verarbeitung eines bestimmten Ereignisses abgeschlossen ist. Dies ist der Fall, wenn ein Klient nach der Arbeit an einem traumatischen Erlebnis oder an einem anderen Ziel, beispielsweise an einer spezifischen Angst, nachdem er sich die betreffende Situation vollständig vergegenwärtigt hat, in einen entspannten Zustand verfällt, wenn die mit dem Ereignis verbundenen Stimuli keine dysfunktionalen Reaktionen mehr auslösen und wenn der Klient neutrale oder positive Vorstellungen über sich im Kontext des Ereignisses völlig akzeptiert. Obwohl eine Auflösung der Belastung innerhalb einer einzigen Sitzung oder zumindest in wenigen Sitzungen bei vielen Klienten in anderen Zusammenhängen normal ist, gelingt dies bei unter chronischer PTBS leidenden Klienten, die zur ambulanten Behandlung in eine VA-Institution kommen, nur sehr selten.

Ich habe es mittlerweile aufgegeben zu erwarten, daß es mir gelingt, die Verarbeitung in einer einzigen Sitzung so weit voranzutreiben, daß ich den Klienten zum ursprünglichen Ziel zurückkehren lassen kann, um die erste Standardüberprüfung des Ergebnisses durchzuführen. Meist endet die erste Sitzung damit, daß sich der Klient wesentlich wohler fühlt als zu Beginn der Arbeit, diese aber keineswegs abgeschlossen ist. Gewöhnlich verzichte ich darauf, die Sitzung mit einer formellen Beruhigungsübung abzuschließen. Der natürliche Lauf der Dinge scheint zu sein, daß die Klienten sich am Ende der Sitzung besser fühlen als vorher, daß sie neue Einsichten gewonnen haben und daß ihr Engagement für die Lösung des Problems durch die Arbeit so stark aktiviert worden ist, daß die Verarbeitung in der Zeit bis zur nächsten Sitzung automatisch fortgesetzt wird. Ich verstehe die einzelnen Therapiesitzungen nicht als separate Episoden, sondern als Bestandteile der fortgesetzten Bemühung des Klienten um die Integration seiner Erlebnisse sowie als Teile eines anhaltenden Gesprächs zwischen uns. Die einzige Kategorie-4-Aktivität, auf die ich am Ende der meisten Sitzungen zurückgreife, ist eine Unterhaltung darüber, was der Klient im weiteren Tagesverlauf vorhat, oder über ein anderes Thema, das ihn ebenso interessiert wie mich und das mit unserer Arbeit während der Sitzung möglichst wenig zu tun hat.

Nichtabschluß der Verarbeitung

Abgesehen von der Komplexität traumatischer Erlebnisse, mit der wir uns bereits beschäftigt haben, gibt es noch mehrere andere Gründe, deretwegen sich die Verarbeitung nicht in einer – oder auch zwei oder drei – Sitzungen abschließen läßt:

1. Kriegsbedingte Traumata sind oft nicht separat organisiert, sondern ein Ereignis führt zum anderen. Gewöhnlich halte ich mich an die Reihenfolge, in welcher der Klient diese Geschehnisse zutage fördert, weil die meisten Klienten an Punkten, an denen sich ihr Unbehagen manifestiert und eine Unterbrechung der Traumaarbeit sinnvoll ist, eine natürliche Pause eintreten lassen. Obwohl die mit sämtlichen in Frage stehenden Bildern verbundene Belastung beim erneuten Anvisieren einer Ereignisfolge niedriger sein kann, sollte die Arbeit innerhalb einer Sitzung auf einem relativ niedrigen Belastungsniveau

beendet werden. Allerdings kommt es bei manchen Klienten, bei denen besonders viele Ereignisse miteinander verbunden sind, nicht zu einem Absinken der Belastung. Diesen schlage ich dann vor, auf ein bestimmtes Ereignis zu fokussieren, zu dem ich sie zurückführe, falls sie davon abkommen.

2. Die meisten meiner Sitzungen dauern im Gegensatz zu den von Francine Shapiro empfohlenen 90 Minuten höchstens eine Stunde. Für die ersten Sitzungen, in denen ich Kategorie-3-Aktivitäten benutze, setze ich fast immer mindestens 90 Minuten an. Diese Zeitspanne oder eine längere reserviere ich auch für die weitere Arbeit mit Klienten, die in einer kürzeren Zeit nicht zu einem sinnvollen Abschluß gelangen; und am Ende jeder Sitzung führe ich mit ihnen erst einmal ein Gespräch über die geplante Traumaarbeit und deren weiteren Verlauf. Bei Klienten, die in der Lage sind, in einstündigen oder kürzeren Zeitabschnitten zu arbeiten – und das ist die Mehrheit –, plane ich die Traumaarbeit meist nicht im voraus, sondern die Betreffenden entscheiden in jeder Sitzung selbst, woran zu arbeiten ihrer Meinung nach am nützlichsten ist. Damit kommen wir zum nächsten Punkt.

3. Beim überwiegenden Teil meiner Klienten bilden das Trauma und die mit ihm unmittelbar verbundenen Symptome, z.B. Alpträume und intrusive Gedanken, nur einen Teil des Problems. Möglicherweise hätten diese Veteranen einfach auf die Traumaarbeit fokussieren können, wenn sie kurz nach dem Krieg effektiv behandelt worden wären; doch sind inzwischen zahlreiche zusätzliche Probleme entstanden, oft infolge von Bemühungen, die Auswirkungen der ursprünglichen Reaktion auf das Trauma zu verringern. Deshalb müssen nun in Beratungssitzungen Themen wie Suchtmittelabusus, Aggressivitätsmanagement sowie familiäre, berufliche und anderweitige soziale Probleme angesprochen werden. Andernfalls würde die therapeutische Allianz zerbrechen, weil der Klient zu Recht den Eindruck gewinnen würde, daß ich die Hierarchie seiner Bedürfnisse nicht richtig erkenne. Die genannten Probleme können oft mit Hilfe von Kategorie-3-Aktivität behandelt werden, doch kann dies meist erst nach gründlicher Arbeit im Bereich der anderen Kategorien geschehen, z.B. in der Kategorie-2-Aktivität des Vermittelns einer stärkeren Selbstsicherheit (siehe Anhang 1, *Identifizieren von Gefühlen und Einüben von Verhalten*) – oder es kann in diese Arbeit zumindest nur eingestreut werden. Beispielsweise könnte ein Klient in einer Sitzung an einem Trauma arbeiten, in der folgenden über die Auswirkungen dieser Arbeit sprechen und sich dann der Arbeit an familiären oder beruflichen Problemen zuwenden.

Nun besteht die Möglichkeit, mit Augenbewegungen oder anderen Kategorie-3-Aktivitäten an einem Ziel zu arbeiten, das mit diesen Problemen zusammenhängt; es können aber auch konventionellere therapeutische Mittel benutzt werden.

4. Die ambulante Arbeit in einem medizinischen Zentrum des DVA (*Department of Veterans Affairs*) bringt verglichen mit der Arbeit in Privatpraxen oder in gemeinnützigen Einrichtungen sowohl Vorteile als auch Nachteile mit sich. Mit dem Problem, daß Klienten den Betreiber der Institution häufig als eigentlichen Verursacher der Traumatisierung ansehen und dessen Hilfsangebote deshalb mit sehr gemischten Gefühlen aufnehmen, haben wir uns bereits beschäftigt. Andererseits genießen Klienten bei einer Behandlung im Rahmen einer solchen Institution den Vorteil, daß sie nicht auf die Bewilligung durch einen Sachbearbeiter angewiesen sind, wenn sie mehr als ein halbes Dutzend Beratungssitzungen benötigen. Insbesondere bei Klienten, deren Probleme vom DVA als Folge ihres Militärdienstes anerkannt werden, wird das Recht auf eine Behandlung generell nicht angezweifelt. In den meisten Fällen wird die Behandlung dieser Klienten also weder durch bürokratische Hindernisse noch durch die persönliche finanzielle Situation eingeschränkt. Dies bedeutet, daß ihre Probleme nicht besonders genau definiert zu sein brauchen, gründlich durchgearbeitet werden und zusätzlich noch umfassende Beratungsdienste in Anspruch genommen werden können.

Anzahl und Art der Traumata

Auf dieser Liste von Faktoren, die die Wahrscheinlichkeit, daß die Traumaverarbeitung bei einem Kriegsveteranen in einer einzigen Sitzung abgeschlossen werden kann, verglichen mit den meisten anderen Klienten verringern, fehlt die soziale Integration vor der Traumatisierung. Zahlreiche Studien beschäftigen sich damit, weshalb manche Veteranen infolge ihrer Kriegserlebnisse unter stärkeren psychischen Problemen leiden als andere (Goldberg *et al.* *1996*; Lee *et al.* 1995).

Ungeachtet bestehender Meinungsverschiedenheiten sprechen die stärksten Argumente dafür, daß Häufigkeit und Art traumatischer Erlebnisse die wichtigsten Determinanten für die Stärke der Reaktion sind. Falls es zutreffen sollte, daß bereits vor den Kriegserlebnissen bestehende psychische Probleme die unterschiedlichen Reaktionen größtenteils erklären, kennen wir die entscheidenden Faktoren nicht. Dies entspricht auch meinem klinischen Eindruck. Generell scheinen sich diejenigen unter meinen Klienten, die infolge kriegsbedingter PTBS unter schweren Symptomen leiden, hinsichtlich ihrer sozialen Integration vor der Militärdienstzeit von den Klienten, die unter weniger schwerwiegenden Problemen leiden, nicht zu unterscheiden. Generell entsprechen sowohl die unter stärkeren als auch die unter weniger starken Symptomen leidenden Klienten in ihrer sozialen Anpassung vor dem Militärdienst dem Bevölkerungsdurchschnitt. Der wichtigste Unterschied in der Wirkung von Kriegstraumata besteht meiner Meinung nach abgesehen von der Schwere und Häufigkeit der Traumatisierung in der *spezifischen Bedeutung des Traumas* für den jeweiligen Klienten – also in der Art der Netzwerke, die sich bilden, um die Ereignisse und deren Bedeutung zu erklären. Beispielsweise kann schon ein einziges Erlebnis von Grausamkeit durch sozialen Druck im Teenager-Alter in Verbindung mit einem persönlichen Verlusterlebnis ausreichen, um bei einem vor seiner Erkrankung sehr moralischen und im konventionellen Sinne sozial gut angepaßten Veteranen, der sein Handeln im Krieg als ein unentschuldbares Vergehen gegen seine Werte ansieht, schwere Symptome zu verursachen, wohingegen ein ähnlicher Vorfall einen Veteranen mit weniger sozial orientierten Überzeugungen vielleicht viel weniger beeindruckt.

Beendigung der Therapie

Ob eine Psychotherapie mit einem positiven Ergebnis abgeschlossen wird, läßt sich am besten aufgrund dessen beurteilen, ob die gesteckten Ziele erreicht wurden. An früherer Stelle in diesem Buch wurden die allgemeinen Ziele psychotherapeutischer Arbeit aus der Perspektive des Vier-Aktivitäten-Modells (VAM) als erfolgreicher Abschluß der Informationsverarbeitung definiert. Eine Ausnahme bildet das Zwischenziel der Einschränkung des Zugangs zu bestimmten Informationen (z.B. zu Angst- und Wutgefühlen und anderen Emotionen, die unmittelbar destruktiv wirken können). Diese abstrakte Beschreibung von Zielen mag zwar Aufschluß über den allgemeinen Verlauf des Therapieprozesses geben, doch ist damit nicht viel über die Erfüllung irgendeines konkreten Therapievertrags gesagt. Diese Erfüllung oder die klare Entscheidung, von der Erfüllung einvernehmlich Abstand zu nehmen, führt zur formellen Beendigung der Therapie.

Klient und Therapeut können für ihre Arbeit unterschiedliche Arten von Zielen festlegen, eine langfristige unterstützende Beratung ebenso wie eine kurzfristige Linderung von Symptomen. Bei dieser Festlegung kommen Methoden der Verarbeitung und der Zugangsbeschränkung in verschiedenen Kombinationen zum Einsatz.

Für die Klienten, deren Fallgeschichten in diesem Buch beschrieben wurden und die sich einer EMDR-Behandlung unter Einschluß von Kategorie-3-Aktivität unterzogen, war ein Ziel eindeutig die Verarbeitung von Information – oder, aus der Perspektive des Klienten betrachtet, die Linderung von Problemen wie exzessiver Wut oder Alpträumen, was durch Arbeit an den ursächlichen Ereignissen erreicht wurde. Bestätigt ein Klient, daß die genannten Ziele erreicht sind, und entsprechen die Beobachtungen des Therapeuten dem, kann über Ziele gesprochen werden, die zuvor nur implizit diskutiert wurden, beispielsweise familiäre oder berufliche Probleme. Anschließend daran kann entweder an diesen neuen Zielen gearbeitet oder die Beendigung der Therapie eingeleitet werden.

Beurteilung dessen, ob die gesteckten Ziele erreicht wurden

Wie alle Therapeuten wissen, müssen Klienten aufgefordert werden, genau zu überprüfen, ob ihre Symptome wirklich aufgelöst sind, weil eine oberflächliche Linderung verschleiern kann, daß die Arbeit noch nicht abgeschlossen ist. Doch sollten sich insbesondere unerfahrene EMDR-Therapeuten vor dem Trugschluß hüten, schnell erreichte Resultate könnten nur oberflächlich sein. Wie so oft, wäre auch hier eine Betonung des einen oder anderen Extrems kontraproduktiv.

Bei der Überprüfung des Resultats sollte man Francine Shapiros Empfehlung folgend den Klienten die Ziel-Ereignisse so detailliert wie möglich überprüfen und nach eventuell verbliebenen Belastungen und potentiellen künftigen Trigger-Situationen forschen lassen. Die Umfassendheit des Resultats läßt sich zusätzlich überprüfen, indem man mit dem Klienten über Aspekte des Ziel-Problems spricht, an denen gar nicht gearbeitet wurde. Vermag er sich über die Ziel-Ereignisse nicht ebenso unbelastet zu äußern wie über andere Ereignisse, die bei ihm keine Symptome hervorrufen, ist die Arbeit noch nicht abgeschlossen. (Entscheidet sich der Klient trotzdem für den Abschluß der Therapie, wird diese natürlich beendet.)

Es folgt ein Beispiel für die umfassende Evaluation der therapeutischen Arbeit bei einem Klienten, der den Tod eines Freundes im Kampf vollständig verarbeitet hat. Ist der Betreffende in der Lage, sich die Kampfsituation von Anfang bis Ende vorzustellen und dabei ruhig (nicht gefühllos!) zu bleiben, fordere ich ihn auf, über seinen Freund zu sprechen:

THERAPEUT: Erzählen Sie mir etwas über Joe. Was für ein Mensch war er?

KLIENT: Wissen Sie, wir kannten uns eigentlich nicht besonders gut, aber ich erinnere mich noch daran, daß er gern Musik hörte.

THERAPEUT: Was für eine Art von Musik?
KLIENT: Rock'n'Roll.
THERAPEUT: Können Sie sich noch erinnern, welche Songs Sie mit ihm zusammen gehört oder über welche Sie mit ihm gesprochen haben?
KLIENT: Viel Motown, die Temptations und so.
THERAPEUT: Haben Sie schon einmal jemanden getroffen, der ihm ähnlich sah?[1]
KLIENT: Ich weiß nicht, lassen Sie mich nachdenken... Als ich ihn das letzte Mal gesehen habe, sah er überhaupt nicht wie irgend jemand aus ...
THERAPEUT: Wo sind Sie jetzt auf dieser Skala von 0 bis 10?
KLIENT: Da ist wieder viel Angst hochgekommen, 6.

Der an diesem Punkt bestehende Rapport müßte so stark sein, daß man den Klienten auffordern kann, sich sein Erleben erneut zu vergegenwärtigen und gleichzeitig Augenbewegungen auszuführen. Dies wird unter Einbeziehung der auftauchenden Assoziationen so lange fortgesetzt, bis die Verarbeitung abgeschlossen ist. Daraufhin wird erneut mit den Standardprozeduren und einem Gespräch zur Ergebnisbeurteilung begonnen.

Der Maßstab dafür, ob die Verarbeitung eines Ereignisses abgeschlossen ist, kann nicht sein, daß der Klient bei der Erinnerung an Kriegserlebnisse nie mehr irgendwelche Emotionen zeigt. Angemessene emotionale Reaktionen auf solche Erinnerungen sind sogar zu erwarten. Beim Anschauen eines Films über das Kriegsgeschehen ist bei solchen Menschen eine stärkere emotionale Reaktion als bei einem unvorbelasteten Zuschauer normal; allerdings dürfte eine solche Reaktion nach erfolgreicher Behandlung nicht mehr so stark sein, daß der Betreffende völlig aus dem Gleichgewicht gerät. Allerdings ist der Unterschied zwischen einer normalen und einer dysfunktionalen emotionalen Reaktion unter Umständen nicht leicht zu erkennen. Bei der Klärung dieses Sachverhalts können folgende Fragen helfen:

- Reagiert der Klient auf die auftauchende Erinnerung seinem eigenen Empfinden nach mit einer Emotion oder mit einem Symptom?
- Wird die normale Funktionsfähigkeit dadurch gestört?
- Bleibt die Emotion bestehen?
- Führt sie zu negativen Selbsteinschätzungen?
- Erlebt der Klient sie als Reaktion auf eine Erinnerung oder als Bestandteil des Wiedererlebens?
- Hat die Erinnerung eine Erkenntnis oder Verstehen zur Folge?

Fühlt der Klient sich durch mit dem Ziel zusammenhängende Reize nicht mehr belastet, sollte man ihm raten, an Jahrestagen des traumatischen Erlebnisses oder in Urlauben auf Anzeichen für ein Stärkerwerden der Belastungsgefühle zu achten. Manchmal lösen bestimmte Kalendertage oder Jahreszeiten Reaktionen aus, die in der Therapie nicht als Ziele anvisiert werden konnten. (Dan Merlis und Gene Schwartz haben mich darauf hingewiesen, wie wichtig es ist, Klienten daran zu erinnern, daß sie sich auf solche Jahrestage vorbereiten.) Auch andere unbemerkt gebliebene Stimuli können für den Klienten problematisch werden, und es empfiehlt sich der Hinweis, daß ein erneutes Auftreten des Problems nur zeigt, daß die therapeutische Arbeit noch nicht ganz abgeschlossen ist, nicht, daß sie wirkungslos geblieben wäre. Je besser dem Klienten intellektuell klar ist, wie der Geist Probleme erzeugt und löst, um so leichter läßt sich diese Arbeit durchführen und zum Abschluß bringen.

Innerhalb des VA-Systems, in dem ich den weitaus größten Teil meiner klinischen Arbeit getan habe, erwarten Klienten oft, daß eine Therapie zeitlich nicht begrenzt ist und sich nicht auf die Verarbeitung eines einzigen Problems beschränkt. Dies gilt insbesondere, wenn die Betreffenden ungeachtet einer hohen beruflichen und sozialen Funktionsfähigkeit offiziell als »behindert«[2] eingestuft wurden. Diese Klassifikation beinhaltet die Erwartung, daß zwar die Stärke der Behinderung abnehmen kann, sie aber niemals völlig verschwinden wird – daß sie »dauerhaft« ist. In Anbetracht dessen, was bis vor wenigen Jahren über die Erfolgsaussichten einer PTBS-Behandlung bekannt war, war die Erwartung, PTBS-Symptome seien dauerhaft, durchaus realistisch. Und auch nach heutigem Erkenntnisstand ist es als realistisches Urteil anzusehen, daß keine Psychotherapie bei der Mehrzahl der Klienten mit schwerer kriegsbedingter PTBS, die sich im mittleren und vorgerückten Alter befinden, viele Jahre nach dem ersten Auftreten ihrer PTBS-Symptome die berufliche und soziale Situation völlig zu normalisieren vermag, selbst wenn ihre Situation deutlich verbessert werden kann – und ich habe durchaus erlebt, daß Veteranen des Zweiten Weltkrieges und des Koreakrieges, die sich bereits im Pensionsalter befanden, von einer EMDR-Behandlung profitierten.

Klienten, deren anfängliches Behandlungsziel in der Verarbeitung des Traumas besteht, können sich außerdem zum Ziel setzen, möglicherweise auftauchende aktuelle Ereignisse zu verarbeiten. Andere Klienten haben begrenztere Ziele, beispielsweise ebenso eine Verringerung der Auswirkungen früherer Traumata zu verringern, wobei sie aber gewöhnlich auch verhindern wollen, daß während dieser Arbeit ihr Belastungsniveau über einen gefürchteten Punkt hinaus ansteigt.[3] Dies beinhaltet, daß sie ständig das Gefühl haben wollen, die Kontrolle über das Geschehen zu haben – eine durchaus vernünftige Vorbedingung für Menschen, bei denen ein Kontrollverlust Mordtaten oder andere gefährliche Handlungen zur Folge haben kann. Bei dieser Zielsetzung muß die Verarbeitung trotz äußerst eingeschränkten Zugangs zu den traumatischen Ereignissen und unter sehr eingeschränkter Nutzung von Kategorie-3-Aktivität vonstatten gehen, da beide Faktoren das Risiko einer Verstärkung des Belastungsgrades und des gefürchteten Kontrollverlusts erhöhen.

Probleme der Gegenübertragung

Wie alle Therapeuten wissen, können ihre eigenen Ziele manchmal der Therapie hinderlich sein. Die Beendigung einer Therapie zählt zu den Situationen, in denen unsere unausgesprochenen Überzeugungen besonders starken Einfluß auf unseren Standpunkt haben können.

Selbst wenn ich nicht für eine Organisation arbeiten würde, deren Verantwortung ihren Klienten gegenüber meines Erachtens mehr beinhaltet als die Auflösung spezifischer Symptome, würde ich dem Plan eines Klienten zustimmen, seine Therapieziele über die vollständige Traumaverarbeitung hinaus zu erweitern. Meine Überzeugung, daß die Organisation, für die ich arbeite, eine Verpflichtung hat, die erheblich umfassender ist als die von Betreibern einer konventionellen Privatpraxis, ist einer der Gründe, deretwegen ich bei der Festlegung von Behandlungszielen den Aspekt der Gegenübertragung im Auge behalten muß. Der andere ist, daß ich trotz meiner festen Überzeugung, daß die Klienten darüber entscheiden sollten, woran gearbeitet wird und wie die Arbeit verläuft, bei der Arbeit mit ihnen sehr ehrgeizige Ziele verfolge und letztendlich zutiefst wünsche, daß sie alle ein Maß an Integration, Glück und Selbstverwirklichung erreichen, welches trotz meiner Hoffnung, ihnen dazu verhelfen zu können, möglicherweise völlig utopisch ist.[4] An diesem Standard gemessen, können wir unsere Arbeit nie als abgeschlossen bezeichnen, sondern es gibt immer neue potentielle Ursachen des Unbehagens, an denen gearbeitet, und ein positives Schema, das besser integriert werden muß, damit es *jede* Angst abzuwehren vermag. Im Konflikt mit diesem Wunsch befindet sich allerdings die Beobachtung, die ich in bezug auf mich selbst und andere gemacht habe, darunter anerkannte Meister der Psychotherapie und spirituell sehr weit fortgeschrittene Lehrer, und die mit derjenigen von May und Yalom (1995) übereinstimmt: »... Angst gehört zum Dasein, und kein Mensch, der noch wächst und schöpferisch ist, wird jemals frei davon sein.« (S. 286) Insofern könnte ein Klient, der das von uns vorher gemeinsam festgelegte Ziel zwar im großen und ganzen erreicht erreicht hat, aber trotzdem noch eine gewisse Angst empfindet, durchaus die bestmögliche Entscheidung treffen, indem er die Therapie an diesem Punkt beendet.

Wenn ein Klient die regelmäßigen Termine mit mir entweder in beiderseitigem Einvernehmen beendet oder mir mitteilt, er wünsche keine weiteren Sitzungen mehr, kann ich nur hoffen, daß er nicht in Schwierigkeiten gerät, auf deren Bewältigung er nicht vorbereitet ist. Deshalb versichere ich meinen Klienten beim Abschied stets, daß ich gern bereit bin, ihnen zu helfen, falls sie in Zukunft irgendwann einmal auf meine Kenntnisse zurückzugreifen wünschten. Dabei versuche ich ihnen zu vermitteln, daß das Inanspruchnehmen meiner Dienste keineswegs das Eingeständnis einer Krankheit oder Schwäche beinhaltet, sondern daß der Wunsch, diese Möglichkeit zu nutzen, sogar ein Zeichen von Stärke sein kann.

Dieser Sichtweise entspricht ein Hinweis, den ich manchen Klienten zu Beginn der Behandlung gebe, um ihnen das Annehmen der Therapie zu erleichtern: daß alle Menschen das Bedürfnis haben, ihre Erfahrungen anderen, von denen sie sich verstanden fühlen, mitzuteilen – sozusagen Menschen aus ihrer »Nachbarschaft«, Menschen, die vieles ähnlich sehen wie sie selbst. Für jemanden, der im Krieg gewesen ist, ist es schwierig, im Alltagsleben Menschen aus jener »Nachbarschaft« zu finden, und *selbst wenn* er solche Menschen findet, weiß er, daß das Mitteilungsbedürfnis in vielen Fällen als zudringlich empfunden wird. Deshalb müssen Menschen, die solche Erlebnisse hatten, manchmal mit jemandem wie mir zusammenkommen, um dieses grundlegende menschliche Bedürfnis zu erfüllen, jemandem, der – auch wenn er die entsprechenden Erfahrungen nicht selbst gemacht hat – soviel über diese spezielle »Nachbarschaft« weiß, daß er verständnisvoll und verständig zuhören kann.

Behandlungsergebnisse

Ebenso wie die meisten Bücher über Psychotherapie enthält auch das vorliegende Fallstudien, die bestimmte Punkte veranschaulichen sollen, sowie Beschreibungen kontrollierter Untersuchungen, in denen ein therapeutischer Ansatz in einem Zusammenhang getestet wird, der einer authentischen klinischen Situation ähnelt, obwohl es sich um eine »Forschungs«-Beziehung, im Gegensatz zu einer echten therapeutischen Beziehung, handelt. Man gelangt also weder im einen (der Fall-Vignette) noch im anderen Fall (dem des Forschungsberichts) in den Genuß einer wirklich objektiven Darstellung der therapeutischen Ergebnisse des Autors bzw. der Autorin in der eigenen klinischen Praxis.

Ich hatte gehofft, im Rahmen dieses Buches zu einer etwas anderen Form der Evaluation zu gelangen. Deshalb führte ich im April 1997 unter 30 Klienten, mit denen ich im Februar 1995 in mindestens einer Einzelsitzung gearbeitet hatte, eine Umfrage durch. Die Resultate waren generell positiv, jedoch aufgrund der niedrigen Antwortquote (9 Klienten) kaum von wissenschaftlichem Wert. Ich habe mich entschlossen, nicht im einzelnen über die Umfrageergebnisse zu berichten, denn dadurch hätte ich den falschen Eindruck erwecken können, daß mir, im Gegensatz zu Kollegen, die ich an früherer Stelle wegen ihrer Berichte kritisiert habe, eine objektive Evaluation meiner klinischen Praxis gelungen sei. Ich werde es also dem Großteil der Autoren von Büchern über Psychotherapie gleichtun und behaupten, meine Klienten hätten deutlich von meiner Arbeit profitiert, ohne daß ich dafür objektive Beweise anführen kann, und es bei diesem allgemeinen Eindruck belassen müssen.

Die Ergebnisse meiner klinischen Arbeit erscheinen mir generell positiv, und mir scheint außerdem, daß sie im Laufe der Zeit besser geworden sind, was ich darauf zurückführe, daß ich nach und nach die in den vorangegangenen Kapiteln erläuterten Dinge gelernt und meinen Klienten zugute kommen lassen habe. Einige von ihnen berichten über (und zeigen) so positive Entwicklungen wie die Auflösung von »Schreckreaktionen« oder von Reaktivität im Hinblick auf Stimuli (z.B. Hubschrauber), die sie vorher in höchstem Maße provoziert hatten. Einigen meiner Klienten gelang es, wieder eine feste Arbeit anzunehmen und sich über »Rekord«-Zeitspannen des Drogen- und/oder Alkoholkonsums zu enthalten. Andererseits leiden einige meiner Klienten trotz einer Kategorie-3-Aktivitäten umfassenden Behandlung nach wie vor unter Symptomen, die sich trotz meiner intensivsten Bemühungen nicht auflösen ließen. Der Zustand anderer besserte sich zwar, doch weigerten sie sich, die Kategorie-3-Aktivität nach der ersten Sitzung fortzusetzen. Eine kleine Gruppe begann mit der Behandlung, erschloß dadurch weiteres traumatisches Material und weigerte sich dann, mit der Kategorie-3-Aktivität fortzufahren, was zur Folge hatte, daß einige dieser Klienten anschließend unter stärkerer intrusiver Symptomatik litten als vorher. Die meisten von ihnen lassen sich weiterhin behandeln, meiden jedoch Kategorie-3-Aktivitäten. Ich möchte meinen Lesern vermitteln, daß die Empfehlungen und Anregungen, die ich in den Kapiteln dieses Buches gegeben habe, ihren Zweck meist erfüllten, in einigen Fällen jedoch nicht, und daß ich manchmal, wenn dies der Fall war, nicht wußte, auf welche der Maßnahmen der Erfolg letztlich zurückzuführen war.

Mit diesem Eindruck der Ungewißheit zu schließen erscheint mir passend. Wenn meine Behauptung zutrifft, daß es bei der Psychotherapie bestenfalls um eine Verbesserung der Informationsverarbeitung bei unseren Klienten gehen kann, bedeutet dies, daß es dabei weniger um eine Wiederherstellung des Gesundheitszustandes geht, sondern darum, daß wir ihnen helfen, sich besser auf die Unwägbarkeiten der Zukunft vorzubereiten, mit denen wir alle konfrontiert werden.

Anhang 1

Die FIBRe-Group
Identifizieren von Gefühlen und Einüben von Verhalten

Dieser Anhang hat das Klientenhandbuch für eine Anleitungs- und Rollenspielgruppe zum Inhalt, die ich Klienten seit einigen Jahren anbiete. Sie basiert auf der wohlbekannten Ansicht, daß es beim Auftauchen von Wut und emotionaler Taubheit – Gefühlen, die die Bemühungen meiner Klienten, sich nach ihren Kriegserfahrungen wieder in der Friedenssituation zurechtzufinden, oft zunichte machen – darunter meist noch eine andere, ursprünglichere Emotion liegt, beispielsweise Angst, Trauer oder Schuldgefühle. Ich erläutere den Gruppenteilnehmern die gängige therapeutische Vorstellung, daß es im besten Interesse des Klienten liegt, diese untergründigen Emotionen zu identifizieren und, sofern dies nicht mit Gefahren verbunden ist, ihren verbalen Ausdruck zu ermöglichen, und zwar entweder gegenüber dem Menschen, auf den sie sich beziehen, oder gegenüber einer Person, die den Betreffenden unterstützt, oder zumindest in einem Tagebuch.

Ich habe festgestellt, daß manche Klienten die Wut, die sie empfinden, nicht gelten lassen oder nicht zeigen wollen. Diese Wut wird von Therapeuten oft als die einer Depression zugrundeliegende primäre Emotion angesehen. Doch berichten Kollegen, die häufig mit Opfern chronischer Mißhandlungen arbeiten, welche gewöhnlich keine Wut zum Ausdruck bringen, daß bei diesen unter der Wut meist noch eine weitere »Schicht« von Emotionen zu finden ist, beispielsweise Trauer, die erst im Laufe der weiteren Verarbeitung zugänglich werden.

Ich stelle das im folgenden beschriebene Material hier vor, weil es ein Beispiel ist für eine potentiell nützliche, nicht dem EMDR-Format entsprechende Methode der Einführung neuer Information und/oder für Möglichkeiten, bereits bekannte Information besser für die Verarbeitung zu erschließen. Das Verfahren läßt sich für den Gebrauch in Einzelsitzungen, die der Traumaverarbeitung gewidmet sind, abwandeln. Außerdem kann FIBRe als Kategorie-4-Aktivität zur einfachen Verringerung der Belastung in schwierigen Situationen benutzt werden. [*fibre* = Struktur, Kraft; Anm. d. Übers.]

FIBRe Group
Feelings Identification and Behavioral Rehearsal

Howard Lipke, Ph.D.

In unseren Beziehungen zu anderen gibt es Situationen, in denen wir sehr heftig reagieren. Unser Verhalten kann dann drei grundlegende Formen annehmen:

1. **Aggression:** Wir greifen einen anderen Menschen an, um ihn zu besiegen. Dies ist in Kampfsituationen manchmal das Beste, was wir tun können. Verhalten wir uns in anders definierten Situationen so, kann dies problematisch sein, weil diese erst durch unser Verhalten zu Kampfsituationen werden.

2. **Vermeiden:** Körperlicher oder psychischer Rückzug. Dies ist manchmal das Beste, was man in einer Kampfsituation oder wenn eine solche gar nicht erst entstehen soll, tun kann. Vermeidungsverhalten kann viele Formen annehmen, angefangen bei emotionaler Selbstbetäubung und Rückzug von anderen Menschen bis hin zu Meditation und Entspannungsübungen.

3. **Assertivität:** Die eigene Position zum Ausdruck bringen und aktiv vertreten. Das Ziel ist in diesem Fall nicht, einen anderen Menschen zu besiegen[1], sondern dafür zu sorgen, daß die eigene Sichtweise zum Ausdruck gelangt. Es gibt drei Grundarten von assertivem Verhalten:

   Sammeln von Information: Genaues Erforschen der Situation, um den eigenen ursprünglichen Eindruck über das, was geschehen ist, zu überprüfen.

   Eintreten für die eigenen Rechte und Meinungen: Anderen mitteilen, was man denkt.

   Eintreten für die eigenen Emotionen: Anderen mitteilen, was man fühlt. Dies ist wesentlich schwieriger, als für die eigenen Rechte einzutreten. Bei der FIBRe-Arbeit geht es darum, für die eigenen Emotionen einzutreten.

Die Arbeit der FIBRe-Gruppe konzentriert sich also darauf, sich die eigenen Emotionen einzugestehen, und sie besteht aus vielen Teilen, unter denen die drei wichtigsten sind:

1. Das Identifizieren der Emotionen;
2. der Ausdruck der Emotionen, insbesondere der, die zu Wutgefühlen führen;
3. das Üben der beiden erstgenannten Punkte.

Die Arbeit dieser Gruppe läßt sich im einzelnen wahrscheinlich am besten in Dialogform erklären.

Warum sollten wir uns die Mühe machen, uns mit diesen Dingen zu beschäftigen?

Veteranen, die zur Beratung kommen, weigern sich häufig, Dinge zu tun, die ihrer körperlichen Gesundheit, ihrem Geistesfrieden und der Verbesserung ihrer sozialen Beziehungen zugute kommen könnten. Eine dieser Aktivitäten ist das *Zum-Ausdruck-Bringen von Emotionen.* Und Emotionen können natürlich nur ausgedrückt werden, wenn sie zunächst einmal *identifiziert* worden sind. Dabei spielt das Element der Übung eine wichtige Rolle, denn wenn wir irgendeine Fähigkeit erlernen und nutzen wollen – mit einer Waffe zu schießen, Auto zu fahren oder sich auszudrücken –, müssen wir sie *üben und Feedback über unsere Erfolge annehmen, um die betreffende Fähigkeit zu meistern.*

Warum werden Emotionen nicht gleich erkannt?

Dafür gibt es mehrere Gründe. Erstens kann eine Emotion nur erkannt werden, wenn sie erfahren wird; ist sie hingegen blockiert oder betäubt, ist dies nicht möglich. Viele Kriegsveteranen empfinden alle Emotionen außer Wut als äußerst schmerzhaft und lassen sie deshalb nicht an sich heran. Traurigkeit ist für sie oft mit den überwältigenden Ereignissen eines traumatischen Verlustes assoziiert. Verwirrtheit, Unsicherheit, Enttäuschung, Sorgen, Angst und Frustration bringen sie mit dem äußeren Eindruck von Schwäche in Verbindung, der in Kampfsituationen gefährlich sein kann. Angenehmere Emotionen vermeiden sie ebenfalls, weil man in Kampfsituationen lernt, daß man, wenn man sich wohl fühlt, sich anderen Menschen nahe fühlt und Glücksgefühle oder Zuneigung zum Ausdruck bringt, im Fall eines Verlustes verletzlicher ist. (Manche akzeptieren paradoxerweise die angenehmen Gefühle, die durch Suchtmittel aller Art entstehen können, weil in diesem Fall die Bindung zu anderen Menschen kaum eine Rolle spielt, wodurch die Gefahr, sich verletzt zu fühlen, geringer ist.) Obwohl viele PTBS-Klienten berichten, daß sie außer Wut keine Emotionen empfinden, weiß ich aufgrund meiner Erfahrung mit Kriegsveteranen sowie der mir bekannten Untersuchungen über physiologische Reaktionen, daß bei solchen Menschen durchaus auch andere Emotionen existieren, wenn auch im Verborgenen.

Zwar kann Wut ein schwerwiegendes Problem sein, doch ist es manchmal von Nutzen, *Wut als Lösung statt als Problem anzusehen.* Die Häufigkeit von Wutanfällen kann nur dann abnehmen, wenn der Betreffende bereit ist, Gefühle wie Traurigkeit oder Ängstlichkeit zuzulassen. Dieser Emotionen gewahr zu sein hat den Vorteil, daß man dann mit den Dingen, die sie verursachen, Frieden schließen kann oder daß man zumindest von der Wut, die entsteht, um sie zu blockieren, nicht mehr überfallen wird. Außerdem sollte erwähnt werden, daß viele Menschen Emotionen mit »Kampf oder Flucht« gleichsetzen: Sie setzen »Flucht« mit Angst und »Kampf« mit Wut gleich. In Wahrheit jedoch sind *sowohl* Kampf *als auch* Flucht *Angstreaktionen*, was dann entweder als Wut erlebt werden und seinen Ausdruck im Kampf finden kann oder, wenn es Angst bleibt, zur Flucht führt.

Wie unterscheidet sich FIBRe von anderen Selbstbehauptungstrainings?
Die meisten anderen Gruppenprozesse, die der Stärkung der Selbstsicherheit dienen, konzentrieren sich auf das Eintreten für Rechte oder Meinungen, wohingegen FIBRe sich auf das Eintreten für Emotionen konzentriert. Zwar mögen die in dieser Gruppe geübten Verhaltensweisen einigen helfen, von anderen zu bekommen, was sie wollen, doch ist dies für die Arbeit von sekundärer Bedeutung. Die Gründe für das Fokussieren auf Emotionen sind:

1. Wenn Emotionen nicht zum Zeitpunkt ihres Entstehens adäquat zum Ausdruck gebracht werden, so führt dies zu »Explosionen«, die das Erreichen wichtiger Ziele erschweren oder unmöglich machen.
2. Unausgedrückte Emotionen können zu körperlichen Erkrankungen führen.
3. Emotionen auszudrücken trägt zur Klärung von Gedanken und Situationen bei.
4. Ob es Menschen gelingt, ihre Emotionen zum Ausdruck zu bringen, hängt nicht unbedingt von der Kooperation anderer ab.

Zwar beschäftigt sich diese Gruppe auch damit, wie man andere zu bestimmten Verhaltensweisen bewegen kann, doch ist dies für die eigentliche FIBRe-Arbeit sekundär, und es sollte in anderen Therapiesituationen daran gearbeitet werden. Man kann FIBRe auch im Sinne von Reinhold Niebuhrs *Gebet um die Fähigkeit zur Gelassenheit* betrachten, in dem es heißt: »Gib mir die Gelassenheit, die Dinge zu akzeptieren, die ich nicht ändern kann, den Mut, die Dinge zu ändern, die sich ändern lassen, und die Weisheit, den Unterschied zwischen beidem zu erkennen...« FIBRe ist eine Möglichkeit, auf das erstgenannte Ziel hinzuarbeiten: zu akzeptieren, was sich nicht ändern läßt.

Warum üben?

FIBRe betont die Bedeutung des Übens, weil dieser Ansatz das Erkennen und Ausdrücken von Emotionen als Fähigkeit versteht. Wie für das Autofahren oder Schießen mit einer Waffe ist auch hierfür Übung unverzichtbar. In der »nicht-realen« Situation des Rollenspiels zu üben ist besonders wichtig, weil die geübten Fähigkeiten später in belastenden Situationen genutzt werden sollen. Deshalb muß wie in den ersten Fahrstunden oder beim Waffentraining zunächst in einer vorstrukturierten Situation geübt werden. Man übt nicht unter »Ernstfallbedingungen«.

Wenn jemand mir wirklich Schwierigkeiten macht, wird mir dies doch wohl nicht helfen, oder?

Ein häufig gegen die Vermittlung dieser Fähigkeit vorgebrachter Einwand lautet, daß sie einem »auf der Straße« ohnehin nicht helfe. Falls mit »Straße« kriegsähnliche Umstände gemeint sind, ist das richtig. Die VA bietet keine Kampfausbildung an. Unsere Veteranen sind in dieser Hinsicht ohnehin besser gewappnet als Klinikmitarbeiter, die selbst nie im Krieg waren. Doch wissen Berater aus langjähriger Erfahrung, daß sich die meisten problematischen Situationen im zwischenmenschlichen Kontakt nicht »auf der Straße« ereignen, sondern im Umgang mit Familienmitgliedern, Freunden, Angestellten und Vorgesetzten (darunter auch Ärzten, Pflegern und Seelsorgern).

Was passiert nun in dieser Gruppe tatsächlich?

Wir gehen bei unserer Arbeit von einem festen Schema aus, welches das Erlernen und die Anwendung der angestrebten Fähigkeiten fördert. Zunächst ist es äußerst wichtig, *den Zuhörer höflich* zu *fragen*, ob er oder sie bereit ist, sich zu unterhalten. Anschließend werden die Gruppenmitglieder den Regeln des Ansatzes gemäß aufgefordert, in der Übungssituation *ehrlich über Emotionen* (und Gedanken) *zu sprechen, die sich auf ein Ver-*

halten oder eine Situation beziehen, so daß andere uns zuhören können oder wollen, und sie (nötigenfalls) *um eine Verhaltensänderung zu bitten. Hören Sie sich die Reaktion genau an.*

Den Zuhörer höflich um seine Aufmerksamkeit bitten

Dieser Schritt löst gewöhnlich die heftigsten Kontroversen aus. Manche halten ihn für unnötig und glauben, er werde als Zeichen von Schwäche interpretiert. Ich empfehle ihn jedoch aus mindestens drei Gründen:

1. Wenn jemand Ihnen etwas Wichtiges zu sagen hätte, würden Sie sich wahrscheinlich wünschen, daß er Sie höflich um Ihre Aufmerksamkeit bittet. Dies macht dem Betreffenden deutlich, mit wieviel Respekt Sie selbst behandelt zu werden wünschen.
2. Kann Ihnen der Angesprochene im Moment nicht zuhören, weil er auf etwas anderes achten muß, gibt Ihnen Ihr Verhalten bei der Herstellung des Kontakts die Möglichkeit, das Gespräch auf einen späteren Zeitpunkt zu verschieben oder auf andere Weise mit der Situation umzugehen.
3. Die meisten Menschen befinden sich fast ständig in einem Zustand der Halbtrance. Oft hören wir Dinge nicht, die zu hören wir nicht erwarten. Wahrscheinlich erinnern Sie sich an Situationen, in denen jemand etwas zu Ihnen sagte und Sie dies nicht bemerkten; anderen geht es genauso. Wenn Sie also jemanden fragen, ob er bereit ist zuzuhören, und Sie dann auf die Reaktion des Betreffenden warten, wird durch die Reaktion des anderen seine Trance unterbrochen. (Vielleicht ist Ihnen schon einmal aufgefallen, daß Sie manchmal, wenn Sie etwas durch aggressives Verhalten erreicht haben, Ihnen dies nicht unbedingt aufgrund der Angstreaktion Ihres Gegenübers gelungen ist, sondern weil Ihre Aggressivität die Trance des anderen durchbrochen hat.)

Ehrlich über Emotionen sprechen

Ehrlich: Ohne Ehrlichkeit ist es unmöglich, Gefühle zum Ausdruck zu bringen. Doch beinhaltet Ehrlichkeit nicht, daß Sie alles, was Sie für wahr und richtig halten, zum Ausdruck bringen müssen. Insbesondere gilt dies für Wut generell. Gewöhnlich handelt es sich dabei um sekundäre Emotionen, die ein Gefühl der Angst oder Enttäuschung überdecken. Es ist wichtig, diese untergründigen, überdeckten Emotionen zu erkennen und sie in ihrem ursprünglichen Zustand auszudrücken.

Sprechen: Menschen glauben oft, andere könnten erraten, wie sie sich fühlen, und halten es deshalb für unnötig, ihre Emotionen auszudrücken. Doch gibt es viele Gründe, aus denen sich andere über unsere Emotionen nicht im klaren sind. Es ist für uns Menschen ein großer Segen, daß wir sprechen können. Eine der Grundideen dieser Gruppe ist, daß sie Menschen helfen will, ihre Fähigkeit zu sprechen auf konstruktive Weise zu nutzen.

Emotionen: Wenn wir unsere Emotionen ausdrücken, lenken wir die Aufmerksamkeit auf das, was uns mit allen anderen Menschen verbindet. Wir haben andere Gedanken und verfügen über andere Fähigkeiten oder sehen anders aus als andere, doch unsere Emotionen sind etwas, das wir mit allen Menschen gemeinsam haben. Wenn wir über unsere Emotionen sprechen, vermögen andere uns besser zu verstehen.

Fokus, Aufforderung (Bitte), Reaktion (Antwort)

... die sich auf ein Verhalten oder eine Situation beziehen: Wenn wir uns über unser Gegenüber äußern, wird das, was wir mitteilen, oft als Urteil verstanden, und der Betreffende hört uns dann entweder nicht mehr zu oder versucht, sich zu verteidigen. Außerdem sind solche Urteile oft falsch. Es ist unmöglich, so komplexe Wesen, wie Menschen es sind, einfach in bestimmte Schubladen einzuordnen.

... so daß andere uns zuhören können oder wollen: Dies hängt mit vielen Faktoren zusammen, beispielsweise der Wortfolge, der Körperhaltung und der Nähe zum Gesprächspartner. Wenn man sich direkt vor jemandem aufbaut, macht man es dem Betreffenden schwer, sich selbst die angenehmsten Dinge anzuhören; die gleiche Wirkung hat ein unfreundlicher Tonfall. In diesen Zusammenhang ist es auch wichtig, sich relativ kurz zu fassen und eine auftauchende Emotion möglichst frühzeitig und verständlich auszudrücken.

Bitten Sie um eine Änderung des Verhaltens (wenn nötig): Wenn es Ihnen erforderlich erscheint, jemanden um eine Verhaltensänderung zu bitten, sollten Sie die obigen Prinzipien ebenfalls anwenden.

Hören Sie sich die Reaktion genau an: Dies ist möglicherweise das Allerschwierigste. Wenn Menschen starke Emotionen empfinden, können diese, selbst wenn sie zum Ausdruck gebracht werden, leicht alles andere blockieren. Das Anhören der Reaktion vermittelt neue Information und ermöglicht es Emotionen, sich zu verändern, was manchmal eine Entwicklung zum Positiven zur Folge hat.

Was tun Sie, wenn dies zu nichts führt?

Manchmal führen all diese Bemühungen ebensowenig zum Ziel wie irgendwelche anderen. Wie man mit solchen Situationen am besten umgeht, hängt vom Grund des Versagens der Assertivität im betreffenden Fall ab. Eine Reaktionsweise, die sich in Ihrem Repertoire befinden sollte, besteht in der Wiederholung des Prozesses und im Fokussieren auf die Emotion, die neu auftaucht, wenn Ihr erster Versuch, Ihre aktuelle Emotion auszudrücken, nicht »funktioniert« hat. Bedenken Sie aber: Selbst wenn die andere Person nicht so reagiert, wie Sie es sich wünschen, haben Sie zumindest Ihre Emotion zum Ausdruck gebracht. Außerdem können Sie gar nicht wissen, ob es »funktioniert« hat, wenn Sie nicht sowohl der anderen Person als auch sich selbst sorgsam zuhören.

Ein weiterer Grund, der verhindern kann, daß es »funktioniert«, ist, daß Ihr Gegenüber nicht bereit ist zuzuhören. In diesem Fall führen Sie möglicherweise besser eine beruhigende Übung aus (um nicht in reaktives Verhalten zu verfallen) und suchen sich später jemanden, der in der Lage ist, Ihnen zuzuhören, während Sie über Ihre Emotion sprechen. FIBRe ist oft nach der Situation, in der die Emotion aufgetreten ist, von Nutzen.

Mache ich mich nicht verletzlich, wenn ich sage, wie ich mich fühle?

Möglicherweise, in gewisser Hinsicht und in einigen Situationen ist das so. Doch macht das krampfhafte Bedürfnis, die eigenen Gefühle zu verbergen, meist noch viel verletzlicher. Wenn Menschen etwas zu verbergen haben, empfinden sie ständig Angst oder Wut, weil sie fürchten, daß irgend jemand ihr Geheimnis aufdecken könnte. Wenn Sie Ihre Gefühle zum Ausdruck bringen, brauchen Sie sich nicht alles mögliche auszudenken, um sie zu verbergen. Außerdem merken die anderen Menschen sowieso meist, daß Sie Emotionen haben; insofern halten Sie vor allem sich selbst zum Narren.

Ziel dieser Gruppe ist, mit dem vorhandenen Material die angestrebten Fähigkeiten in realistischen Situationen zu üben, damit die Teilnehmer sie fortan jederzeit nutzen können. In der Gruppe wird über verschiedenartige Situationen gesprochen, und es werden Übungsmöglichkeiten angeboten. Außerdem erhalten Sie im Laufe der Woche die Möglichkeit zu individuellem Üben, so daß Sie lernen können, mit verschiedenen Arten von

Situationen (und verschiedenen Arten von Reaktionen anderer Menschen) umzugehen.

Es gibt viele Situationen, in denen Sie FIBRe nicht benutzen können, weil es sich um potentielle Kampfsituationen handelt oder weil Sie zum betreffenden Zeitpunkt nicht bereit dazu sind. Nachdem eine solche Situation vorüber ist, kann es nützlich sein, jemandem, dem Sie vertrauen, Ihre Gefühle mitzuteilen. Dies ist zwar nicht so effektiv, als wenn Sie die Gefühle in der aktuellen Situation mitteilen, aber es kann ebenfalls zum Erfolg führen.

Ich kenne jemanden, der FIBRe einmal ausprobiert hat. Er hat alles getan, was Sie ihm gesagt haben, aber die Betreffende reagierte einfach stocksauer und hat sich verdrückt.

Ich weiß, wen Sie meinen. Ich weiß auch, was damals passiert ist: Die Betreffende sagte ihm später, er verhalte sich so anders als gewöhnlich, daß sie ihm dies einfach nicht abnehme. Das kann passieren, und manchmal ist die Kritik sogar berechtigt, nämlich dann, wenn derjenige, der FIBRe benutzt, nur ein Spiel spielt. Wenn Sie lange genug üben und es wirklich ehrlich meinen, werden die meisten Menschen meiner Meinung nach positiv reagieren. Aber ob das stimmt, können Sie nur herausfinden, indem Sie es ausprobieren.

Können Sie noch irgend etwas über sekundäre Ziele oder andere Motive sagen?

Ja, aber dazu muß ich eine Geschichte erzählen. Minnie sagte zu Joe, sie käme um zehn Uhr nach Hause. Um elf Uhr kommt sie schließlich an und wirkt sehr müde. Er sagt: »Ich mache mir wirklich Sorgen, wenn du mir sagst, du bist um zehn zu Hause und kommst dann erst um elf zurück.« Minnie entgegnet: »Du Arschloch! *Du* kommst doch *ständig* zu spät!«

Menschliche Kommunikation ist nur selten einfach, und unser aller Handeln basiert gewöhnlich auf mehr als einer Motivation oder einem Ziel. Selbst wenn unser *primäres Ziel* ist, Emotionen auszudrücken, kann diese – bzw. jede – Kommunikation noch andere, manchmal verborgene Ziele beinhalten. Im Fall dieser Geschichte könnte Joe behaupten, sein primäres Ziel sei gewesen, Minnie seine Besorgnis mitzuteilen. Doch selbst wenn wir dies als wahr akzeptieren, sieht es ganz so aus, als hätte Joe gleichzeitig noch etwas anderes mitteilen wollen, und dieses Etwas bezeichnen wir in Zusammenhang mit FIBRe als *sekundäre Ziele*.

Einige sekundäre Ziele unterstützen das Erreichen des primären Ziels, während andere dies verhindern. Eines der sekundären Ziele, die sich häufig sehr negativ auf den Ausdruck von Emotionen auswirken, ist der *Ausdruck von Werturteilen.* Joes sekundäres Ziel ist offenbar, Minnie wegen ihres Zuspätkommens zu kritisieren. Minnie hört diese hintergründige Absicht, ein Urteil über sie zu fällen, heraus, und ihr entgeht deshalb, daß Joe sich Sorgen macht. Wenn Sie in den Ausdruck einer Emotion ein Urteil einbetten, sollten Sie nicht erwarten, daß andere genauso auf Ihre Kommunikation reagieren, wie wenn Sie kein Urteil übermittelt hätten.

Hingegen gibt es ein anderes sekundäres Ziel, das den Ausdruck von Emotionen unterstützt, nämlich *größeres Verständnis* oder, anders ausgedrückt, das *Sammeln von Beweismaterial.* Wenn Sie Ihre Emotion einfach ausdrücken und die Reaktion Ihres Gegenübers abwarten, können Sie viel über diesen anderen Menschen und die Situation herausfinden. Wenn Joe einfach gesagt hätte: »Ich bin froh, daß du wieder da bist. Ich habe mir deinetwegen Sorgen gemacht«, hätte Minnie möglicherweise geantwortet (und dies auch so gemeint): »Danke, Liebling, ich bin auch froh, daß ich wieder hier bin. Ich habe diesen schrecklichen Nate getroffen, den du nicht magst, und er hat gesagt, er wolle uns besuchen. Ich mußte eine Weile mit ihm reden, um ihn davon abzubringen. Nachdem mir das endlich gelungen war, hatte die Rush-hour angefangen; deshalb bin ich so spät. Wie wäre es, wenn ich dir einen Kuß gebe, einen von den ganz besonderen?«

Das Erlangen von Erkenntnissen und das Ausdrücken von Urteilen sind miteinander verwandte Aktivitäten, die sich jedoch gegenseitig ausschließen. Man kann nicht beides gleichzeitig tun. Um dies zu verstehen, muß man sich einmal vergegenwärtigen, daß wir bei allem, was wir tun, auf irgendeiner Ebene Urteile fällen. Selbst wenn Joe zu Minnie sagt, er habe sich Sorgen gemacht, verhält er sich auf einer bestimmten Ebene wie ein Richter, der Beweismaterial sammelt. Indem Joe zu Minnie sagte, sie sei eine Stunde zu spät, verhielt er sich ebenfalls wie ein Richter – er urteilte über sie und beschuldigte sie. Er verhielt sich, als würde er über Beweise verfügen, die sein Urteil rechtfertigten. Richter können nicht gleichzeitig Beweismaterial sammeln und ein Urteil fällen. Akzeptieren Sie sich also als Richter, der über alles, was in seiner Umgebung geschieht, urteilt, und machen Sie sich klar, daß es zu einem bestimmten Zeitpunkt darum geht, Zeugen anzuhören und Beweismaterial zu sichten (Verständnis zu entwickeln), und zu einem anderen Zeitpunkt darum, ein Urteil zu fällen und eine Strafe zu verhängen.

Zwischen Kampfsituationen und dem Abwägen unterschiedlicher Ziele – dem Erlangen von Erkenntnissen und dem Ausdruck von Urteilen – besteht eine Beziehung, die bei der Anwendung von FIBRe Probleme verursachen kann. In Kampfsituationen müssen Ad-hoc-Entscheidungen getroffen werden, bei denen es oft um Leben oder Tod geht. Diese Entscheidungen werden aufgrund von Faktoren getroffen, die im normalen Alltagsleben relativ unbedeutend sind, beispielsweise aufgrund der Kleidung eines Menschen. Die Gewohnheit, schnell Urteile zu fällen, ist in einer Situation entstanden, in der es um Leben und Tod ging; deshalb ist sie meist sehr hartnäckig. Aus diesem Grund ist es besonders wichtig, neue Gewohnheiten, die in diesem Bereich entwickelt werden sollen, so intensiv wie möglich zu üben. Kriegserlebnisse können die Fähigkeit, ausgewogen zu urteilen, auch in anderer Hinsicht beeinträchtigen. Sie bringen Menschen dazu, den mit Angst und Traurigkeit verbundenen Schmerz mit Hilfe der Wut zu vermeiden. Menschen, die andere aus ihrer Wut heraus richten, verwenden zuviel Zeit darauf, andere Menschen (einschließlich ihrer selbst) für schuldig zu befinden und Urteile über sie zu fällen, und nicht genug Zeit auf das Sammeln von Beweismaterial.

Manche Menschen setzen sich gegen die Vorstellung, sie seien Richter, zur Wehr. Oft behaupten die Betreffenden, sie hätten ein »schwaches Selbstwertgefühl«, hielten sich für dumm und würden über nichts urteilen (bzw. keine Beweise sammeln und keine Entscheidungen treffen). Eigenartig ist, daß sie selbst dann, wenn jemand, den sie für intelligent halten, ihnen versichert, sie seien intelligent genug, um zu urteilen, über jenen Intelligenten *urteilen*, er habe Unrecht, und an ihren bisherigen Überzeugungen festhalten.

Ein weiteres verborgenes Ziel, das hinderlich werden kann, ist das Bedürfnis zu dominieren. Interaktionen zwischen Menschen lassen sich oft im Hinblick auf die Parameter *Affiliation* und *Dominanz* beurteilen. Dies bedeutet, daß das sekundäre Ziel einer Kommunikation sein kann, zu demonstrieren, daß Sie ein *Top-Dog* sind, oder aber zu zeigen, daß Sie als Partner zusammenarbeiten. Gewinnt das Ziel der Dominanz die Oberhand, wird es für die andere Seite schwieriger, Ihre primäre Kommunikation zu empfangen. Als Joe auf seine Uhr deutete und zu Minnie sagte: »... schau her, es ist elf Uhr, und du kommst jetzt erst durch die Tür«, übermittelte er ihr die Botschaft, daß er der Herr im Haus sei, der darüber zu bestimmen habe, wer wann nach Hause kommen müsse, und sogar darüber, wer wann wohin (auf die Uhr) zu schauen habe. In solchen

Fällen hat das Vermitteln des vermeintlichen Dominanzanspruchs gewöhnlich zur Folge, daß ein Mensch wie Minnie wütend wird und nicht mehr bereit ist, sich freundlich oder kooperativ zu verhalten, möglicherweise nicht einmal mehr bereit, nach Hause zu kommen. Vielleicht werden Sie nun merken, daß auch Sie gelegentlich einen solchen Dominanzanspruch unabsichtlich oder gewohnheitsmäßig vermitteln oder daß Sie manchmal versuchen, andere Menschen durch entsprechendes Verhalten dazu zu bringen, Sie in Ruhe zu lassen. Das Üben von FIBRe könnte Ihnen helfen, nicht unabsichtlich in einen solchen Kommunikationsstil zu verfallen, und auf diese Weise eine Verbesserung Ihrer Beziehungen zu anderen Menschen zu bewirken.

Schließlich können Joe und Minnie FIBRe auch üben, um zu lernen, Nate gegenüber so direkt zu sein, daß sie keine Ausflüchte mehr zu benutzen brauchen und dies auch gar nicht mehr wollen.

Anhang 2
Suchtmittelmißbrauch

Wenn ich in meiner Privatpraxis Klienten behandle, die unter Suchtmittelmißbrauch leiden, und ich sie auffordere, sich auf ihr Verlangen nach einem bestimmten Suchtmittel zu konzentrieren und gleichzeitig Augenbewegungen auszuführen, löst sich dieses Verlangen oft einfach auf. Manchmal tritt dabei während der Augenbewegungen das Gefühl auf, sie hätten den betreffenden Stoff konsumiert, sie erleben die durch ihn verursachte Euphorie und die anschließenden Entzugserscheinungen, verspüren aber danach keinerlei Bedürfnis mehr, den Stoff zu konsumieren. Berichte von Klienten und Beobachtungen von Therapeuten über körperliche Vorgänge und Ausdrucksformen, die dem realen Geschehen entsprechen, ähneln dem, was bei Klienten zu beobachten ist, die traumatische Erlebnisse durcharbeiten. Die Ansicht, daß die verschiedenen Aspekte der Drogenerfahrung in Erinnerungsnetzwerken gespeichert werden, wird auch durch die Berichte[1] von Drogenkonsumenten gestützt, aus denen hervorgeht, daß die Betreffenden manchmal Träume haben, in denen sie das »High« erleben.

Diese Phänomene und meine eigene klinische Erfahrung sowie auch die anderer Therapeuten (siehe die folgende Erörterung der Behandlung) stützen die Hypothese, daß Suchtverhalten in seinen zahlreichen Aspekten auf die gleiche Weise in Assoziationsnetzwerken gespeichert wird und genauso verarbeitet werden kann wie Traumata. So wie die Reaktivierung von Erinnerungen an traumatische Erlebnisse zur teilweisen aktiven Wiederholung des Traumaverhaltens führen kann – entweder in Form von Wiedererleben oder von symbolischer Wiederholung (beispielsweise eines Wutausbruchs, der der Traumasituation angemessen wäre, aber als Reaktion auf einen aktuellen Übergriff unverhältnismäßig ist) –, können zahlreiche Stimuli das Assoziationsnetzwerk, in dem die Suchterfahrung gespeichert ist, aktivieren und dadurch Suchtverhalten auslösen. Es wird angenommen, daß die automatische Herstellung von Verbindungen zwischen den zum Substanzmißbrauch anregenden Stimuli und der Erwartung der betreffenden Substanz durch die Verarbeitung unterbrochen wird. Wird der Suchtmittelmißbrauch teilweise durch Ereignisse determiniert, die das Assoziationsnetzwerk aktivieren, das die entsprechende Information enthält, kann die Behandlung aus der Perspektive des Vier-Aktivitäten-Modells erfolgen.

Um diese Darstellung des Suchtmittelmißbrauchs und seiner Behandlung mit den Themen dieses Buches noch weiterzuführen, können wir feststellen, daß die Unterscheidung zwischen deklarativem und nichtdeklarativem Gedächtnis auch für die mit Suchtverhalten zusammenhängenden Reize und Reaktionen relevant ist. Substanzenmißbrauch bzw. Suchtverhalten kann zumindest teilweise als eine Reihe von Verhaltensmustern verstanden werden, die in nichtdeklarativen Systemen gespeichert und durch verschiedene innere und äußere Signale aktiviert werden. (Ginge dem Drogenkonsum eine völlig rationale, bewußte, deklarative Entscheidung des Informationsverarbeitungssystems voran, würde wohl niemand riskieren, durch den Konsum suchterzeugender Substanzen die Entstehung einer »unkontrollierbaren«, selbstzerstörerischen Sucht zu provozieren.) EMDR-Arbeit an Assoziationsnetzwerken, in denen die den Suchtmittelmißbrauch betreffende Information gespeichert ist, kann als Versuch verstanden werden, die deklarative Vorstellung zu integrieren, daß die betreffende Substanz nicht verfügbar sein wird. Daraufhin wird die konditionierte Erwartung der Substanz in der erschlossenen Situation gelöscht, genauso wie bei der Verarbeitung traumatischer Erlebnisse konditionierte Angst eliminiert wird, die sich auf kontaktierte Trigger bezieht.

Bei der Beschäftigung mit Klienten, deren primäres Problem entweder eine Traumareaktion oder Drogenmißbrauch ist, ist von Interesse, daß in mehreren Studien eine starke Beziehung zwischen frühen Traumata und Suchtentstehung nachgewiesen wurde (Cohen & Densen-Gerber 1982; Grice *et al.* 1995; Hyer *et al.* 1991). Dies läßt die Vermutung als gerechtfertigt erscheinen, daß bei Klienten, deren Behandlungsziele sich auf PTBS-Symptome beziehen, möglicherweise auch auf Probleme des Suchtmittelmißbrauchs eingegangen werden muß. Ebenso wichtig ist, sich darüber im klaren zu sein, daß bei einem Klienten, der sich wegen Suchtmittelmißbrauchs um eine EMDR-Behandlung bemüht, auch Traumanetzwerke existieren können, die oft durch die Verarbeitung aktiviert werden. Shapiro, Sine-Vogel & Sine (1994) sowie Popkey (1995) haben sich intensiv mit der Anwendung von EMDR bei Suchtproblemen befaßt. Leser, die abhängige Klienten behandeln oder solche, deren Genesung noch nicht stabil ist, seien auf diese Untersuchungen verwiesen.

Ich selbst möchte an dieser Stelle nur auf einige Punkte hinweisen, die bei der Behandlung von Klienten mit Suchtproblemen zu beachten sind.

1. Die Klienten müssen unbedingt darüber informiert werden, daß durch die psychotherapeutische Behandlung von Traumata oder Suchtmittelmißbrauch (insbesondere wenn dabei Kategorie-3-Aktivität angewandt wird) das Verlan-

gen nach der Droge zeitweilig verstärkt werden kann. Wird dies nicht ausdrücklich erwähnt, ist der betreffende Klient über die Behandlung nicht ausreichend informiert worden und kann infolgedessen nicht verantwortlich in die Behandlung einwilligen.

2. Je stärker das Suchtnetzwerk ist, um so wichtiger ist, daß der Klient in der Lage ist, Kategorie-4-Hemmungsaktivitäten anzuwenden. Dies trägt dazu bei, zu verhindern, daß seine Nüchternheitsnetzwerke durch Netzwerke außer Funktion gesetzt werden, in denen das durch die Behandlung aktivierte, noch nicht vollständig verarbeitete Suchtverhalten gespeichert ist. In diesem Zusammenhang kann der Teil des Zwölf-Schritte-Programms, der für die Bewältigung von Krisen gedacht ist, als Kategorie-4-Aktivität verstanden werden.
3. Die Arbeit an Problemen des Suchtmittelmißbrauchs ähnelt der Arbeit an Traumata oder anderen aufgrund bestimmter Erfahrungen entstandenen Problemen. Um ein möglichst dauerhaftes Ergebnis zu erzielen, müssen Assoziationsnetzwerke einschließlich einer gedanklichen Vorwegnahme zukünftiger Situationen, die den Drang zum Drogenkonsum aktivieren können, sorgfältig verarbeitet werden. Damit der Klient sich nicht erneut für einen letztendlich zum Suchtmittelmißbrauch führenden Konsum entscheidet, so wie er sich vor der Entstehung seiner Abhängigkeit für den Substanzgebrauch entschied, muß an der Entwicklung neuer Reaktionsweisen auf schwierige Situationen gearbeitet werden.

Anmerkungen

Einleitung

1 Mittlerweile gilt als erwiesen, daß die ursprünglich konzipierten Programme für die stationäre Behandlung von PTBS-Patienten klinisch als Fehlschlag anzusehen sind (Johnson 1997). Zur Entstehungszeit dieses Buches jedoch liegen Hinweise vor, denen zufolge selbst die Teilnehmer von Behandlungsprogrammen, in denen EMDR nur in einem beschränkten Rahmen eingesetzt wird, über Zustandsverbesserungen berichten (Silver, Brooks & Obenchain 1995) und die Erfolge bei intensiver Anwendung dieser Methode sogar beachtlich sein können (Botkin et al. 1998).

Kapitel 1

1 Dies könnte zur Entstehung eines empirisch fundierten klinischen Wissensschatzes beitragen, der im Gegensatz zu den traditionellen Überlieferungen steht, die häufig auf Informationen beruhen, die weniger realitätskonform sind.

2 Der große Unterschied zwischen der EMDR-Gruppe und der Wartelistengruppe bezüglich der ersten *Beck-Depressions-Inventar*-Messungen (vor der Behandlung) legt die Vermutung nahe, daß die Angehörigen der beiden Gruppen grundverschieden waren. Wäre dies der Fall, müßte die Interpretation der Behandlungsauswirkung modifiziert werden. Doch nachdem schließlich auch die Wartelisten-Kontrollgruppe eine EMDR-Behandlung erhalten hatte, sanken die BDI-Werte auch bei diesen Teilnehmerinnen. Dies zeigt, daß die Wirksamkeit von EMDR nicht beeinträchtigt wird, wenn vor Behandlungsbeginn hohe BDI-Werte vorliegen.

Kapitel 2

1 Kürzlich haben Lang, Craske & Bjork (1999) eine Position beschrieben, die, wie sie erklären, auf der Arbeit von Bouton und den Theorien von Bjork & Bjork basiert, die auch von Foa & McNally diskutiert werden. Ihr zufolge werden Angstnetzwerke nicht modifiziert. Vielmehr tritt beim Löschungsprozeß ein neues, nicht von Angst bestimmtes Netzwerk an die Stelle des ursprünglichen, sofern es leichter erinnerbar ist. Dieser Sichtweise zufolge ist eine Behandlung in dem Maße erfolgreich, wie die neuen Assoziationen verankert worden und so leicht zugänglich sind, daß die neue Reaktionsweise zur vorherrschenden wird. Dies erklärt, weshalb bereits gelöschte Reaktionen sich in bestimmten Situationen wieder mit voller Kraft manifestieren können. Ob die Verbindungen innerhalb eines »alten« Angstnetzwerks jemals wirklich zerstört werden, ist eine wichtige Frage, die sich noch nicht klären läßt. Die übliche Praxis der EMDR-Anwendung wird durch die Implikationen der beiden beschriebenen Modelle jedoch nicht in Frage gestellt.

2 Da die psychotherapeutische Arbeit bei Traumata diesem Modell zufolge hauptsächlich darin besteht, Material von nichtdeklarativen in deklarative Systeme zu befördern, könnte man den Eindruck gewinnen, daß das nichtdeklaratives Erinnern grundsätzlich dysfunktional und die Bewegung vom nichtdeklarativen zum deklarativen Gedächtnis die Norm ist. Wie das obige Beispiel des Erlernens eines Klavierstücks zeigt, hängt es von der jeweiligen Aufgabe und von

der konkreten Situation ab, welche Richtung der Gedächtnisbewegung der Anpassung jeweils förderlich ist.

Kapitel 3

1 Im weiteren Sinne umfaßt der Begriff Kognition auch das visuelle Bild. Hier, wie generell in Francine Shapiros Werk und im Sprachgebrauch der kognitiven Therapien, wird das Wort *kognitiv* ausschließlich im Hinblick auf Überzeugungen verwendet.

2 Als Therapeut kann man sich im Grunde niemals sicher sein, ob Information, von der man annimmt, sie sei für einen Klienten neu, auch tatsächlich neu ist. Dies spielt jedoch für den Fortschritt der Informationsverarbeitung nicht unbedingt eine entscheidende Rolle. Wieviel Erklärung erforderlich ist, damit die Information auf eine Weise gespeichert und/oder erschlossen wird, die ihre Integration im Laufe der weiteren Arbeit ermöglicht, kann der Therapeut an der Reaktion des Klienten selbst ablesen.

3 Nichtdeklarative Gedächtnissysteme enthalten hauptsächlich nonverbal erlerntes Material wie beispielsweise konditionierte Reaktionen, Habituation und komplexe motorische Muster (Squire 1986).

4 Daß ein Mensch, der sich infolge eines traumatischen Erlebnisses lange als Opfer gesehen hat, lernen kann, sich als Überlebenden zu verstehen, der das Erlebte bezeugt, hat mittlerweile eine gewisse Popularität erlangt. Der nächste Schritt besteht meiner Meinung nach im Übergang von dieser Zeugenrolle zu der eines Lehrers, ob im formellen Sinne oder nur im Hinblick auf die Menschen, mit denen der Betreffende in alltäglichem Kontakt steht. Jeder dieser Schritte ist mit dem Aufgeben von etwas verbunden. Wir werden uns mit diesem Aspekt später in den Abschnitten über die Behandlung und über Gründe, aus denen der therapeutische Fortschritt behindert werden kann, befassen.

5 Rodriguez & Craske (1993) kommentieren die Literatur über die Behandlung von Phobien mit Expositionsverfahren wie folgt: »Alle Theorien, die eine potentielle Wirkung von Ablenkung während der Angstreduktion behaupten, lassen in Wirklichkeit auf eine negative Wirkung dieses Faktors schließen.« (S. 550)

6 Diese Schlußfolgerung, zu der ich aufgrund meiner persönlichen Beobachtung praktizierender Kliniker gelangt bin, wird gestützt durch eine Umfrage, die ich unter den Teilnehmern stationärer PTBS-Behandlungsprogramme durchführte, welche für die intensive Traumaarbeit mit Kriegsveteranen innerhalb des medizinischen Betreuungssystems der DVA entwickelt wurden. Im Rahmen dieser Umfrage kontaktierte ich die Leiter von 17 der insgesamt 21 Programme. In 6 dieser Programme, in denen insgesamt 18 Kliniker mitarbeiteten, wurden Expositionsmethoden angewandt, wie Keane, Boudewyns und andere Forscher berichten. In 13 Programmen mit insgesamt 32 beteiligten Klinikern wurde mit EMDR gearbeitet.

7 Auf eine Kritik von Herbert & Meuser Bezug nehmend gelangen Andrade *et al.* ironischerweise zu dem Schluß, daß EMDR selbst möglicherweise keine wirksame Psychotherapie ist, befürworten aber, die EMDR-Komponente der Augenbewegungen als möglicherweise wirksame Ergänzung anderer wirksamer psychotherapeutischer Methoden zu »retten«.

8 Da ich an der Studie von Pitman *et al.* (1996) als Berater beteiligt war, muß ich mir die Verantwortung für ihre problematischen Aspekte teilweise selbst anlasten.

9 Tallis & Smith (1994) referieren eine Studie über »rapid eye movement desensitization«, die ich kaum einzuordnen vermag. Bei dem Versuch, die Wirkung schneller Augenbewegungen, lang-

samerer Augenbewegungen und des Fehlens von Augenbewegungen auf die Desensibilisierung gegenüber einer Fotografie von einer Verstümmelung zu untersuchen, stellten die Forscher fest, daß eine an die Teilnehmer gerichtete Aufforderung, ihre geschlossenen Augen im Rhythmus mit Tippimpulsen auf ihren Schultern zu bewegen, die Belastung kaum veränderte, wohingegen dies bei langsamem Tippen (Augenbewegungen) und bei fehlender Beeinflussung der Augenbewegungen der Fall war. Die Resultate dieser Studie würden der Nutzung von Augenbewegungen als Kategorie-3-Aktivität geradezu widersprechen, stünden dem nicht zwei Punkte entgegen: (1) Die Teilnehmer hielten ihre Augen geschlossen, und es liegen keinerlei Beweise dafür vor, daß sich die geschlossenen Augen der Klienten tatsächlich bewegten. (2) Noch interessanter ist, daß die Forscher nicht, wie bei der EMDR-Behandlung üblich, die Augenbewegungen der Klienten mit ihren Fingern leiteten, und zwar mit der Begründung, eine vom ersten Autor durchgeführte Pilotstudie deute darauf hin, daß es vielen Patienten schwerfällt, sich ein Bild vorzustellen, während man in ihrem Sehfeld einen Finger von Seite zu Seite hin- und herbewegt.« (S. 459) Die Entscheidung, in diesem Zusammenhang nicht mit Augenbewegungen nach dem EMDR-Standardverfahren zu arbeiten, kann geradezu als Anerkennung der extremen Wirksamkeit der Augenbewegungen in einer EMDR-Standardbehandlung verstanden werden. Deshalb könnte man diese Studie im Gegensatz zu den Schlußfolgerungen ihrer Autoren als Bestätigung dessen verstehen, daß Augenbewegungen als Kategorie-3-Aktivität geeignet sind, wohingegen dies für die als Ersatz für erstere benutzten Aktivitäten nicht gilt.

Wir können diesen Anlaß nutzen, um uns mit den Voreingenommenheiten von Tallis & Smith zu beschäftigen. In ihrer Kritik der Ausbreitung von »REMD« vor einer ausreichenden Validierung der Methode zitieren mich die beiden Autoren – nachdem sie ihre Voreingenommenheit gegen den »Augenbewegungs-Effekt« bereits in ihrer Versuchsanlage unter Beweis gestellt hatten –, ohne den Zusammenhang meiner Äußerung zu berücksichtigen, offenbar um auf diese Weise den Eindruck zu erwecken, ich hätte voreilige, globale und übertriebene Behauptungen über »REMD« in die Welt gesetzt. Sie zitieren mich so, als hätte ich gesagt: »... REMD (sic!) ist bei weitem die effektivste und effizienteste Behandlung für die posttraumatische Belastungsstörung.« (S. 460) Meine tatsächliche Aussage lautete in ihrem Kontext: »EMDR ist bei weitem die effektivste und effizienteste Behandlung, die wir bei dissoziativen Episoden, intrusiven Erinnerungen und Alpträumen von Vietnam-Veteranen jemals benutzt haben.« Zu erwähnen ist auch, daß ich als früherer Leiter eines PTBS-Behandlungszentrums zitiert wurde. Meine tatsächliche Aussage beschränkt sich, obwohl sie sehr positiv ist, auf die Wirkung von EMDR auf spezifische Symptome, und sie basiert auf klinischen Beobachtungen in einer spezifischen Umgebung. Natürlich unterstützen aktuelle Studien mittlerweile eine wesentlich stärkere Position.

Kapitel 4

1 Dollard & Miller (1950) haben zwischen dem Zweiten Weltkrieg und dem Korea-Krieg geschrieben: »Im Krieg und in der Kindheit entstehen die Extremerfahrungen des Hungers, der Angst, der Hilflosigkeit, der Verwirrung und der nicht endenden Anspannung. Nur in der Kindheit und im Krieg haben Menschen so geringen Einfluß auf die Gestaltung ihres eigenen Lebens.« (S. 130) Man könnte mit Recht die Beschränkung dieser Aussage auf Kindheit und Krieg kritisieren, doch die inhaltliche Beschreibung menschlicher Erfahrungen in extrem schwierigen Situationen läßt sich meiner Meinung nach kaum anzweifeln.

2 In Francine Shapiros *Second Level Training* wird einerseits auf den Nutzen der diagnostischen Kategorien hingewiesen, andererseits aber auch darauf aufmerksam gemacht, wie wichtig es ist, über diese Kategorien hinauszudenken. Sowohl in der ersten als auch in der zweiten Ausbildungsstufe werden Behandlungsprotokolle für bestimmte diagnostische Kategorien angeboten, die so aufgebaut sind, daß mit hoher Wahrscheinlichkeit jeweils relevante Information zugänglich gemacht wird.

3 Um die Vertraulichkeit zu wahren, habe ich alle klinischen Beispiele stark verändert, die Namen der Klienten ebenso wie die Einzelheiten der geschilderten Situationen, so daß sie sich nicht identifizieren lassen.

4 Eine östliche Meditationsmethode, bei welcher der Meditierende die linke Nasenöffnung verschließt, tief durch die rechte einatmet, dann die rechte Nasenöffnung verschließt und durch die linke ausatmet. Anschließend atmet er durch die linke Nasenöffnung ein und durch die rechte aus. Die Übung wird fortgesetzt, indem nach jedem Einatmen die zuvor offene Nasenöffnung verschlossen und die zuvor verschlossene geöffnet wird.

5 Die Kategorie-3-Aktivität beginnt *nur dann* in Reaktion auf die Erschließung starker Emotionen, wenn sie in dieser Behandlungsphase auftreten, also nach der Anamnese, der edukativen Information des Klienten usw.

6 Manche Therapeuten sagen, sie würden nur wenig mit EMDR arbeiten, weil sie gern mit ihren Klienten reden. Ich habe in EMDR-Ausbildungssitzungen Therapeuten beobachtet, die die Arbeit mit Kategorie-3-Aktivitäten hinauszögerten, weil sie offensichtlich eine Diskussion fortsetzen und unbedingt noch einen ihnen wichtigen Punkt klarstellen wollten.

7 Ich möchte hier nicht diskutieren, ob die Emotion oder die Kognition zuerst da ist; in jedem Fall beeinflussen sie einander.

8 Die Bezeichnung für den jeweiligen Gegenpol kann auch je nach Situation variieren.

9 Da diese Intervention in der Mitte der Sitzung, nach Beginn der Kategorie-3-Aktivität, begonnen hatte, würde man sie normalerweise als kognitives Einweben verstehen, nicht als Etablieren einer negativen Kognition. Doch glich die Art der Durchführung so sehr der des Etablierens einer negativen Kognition, daß ich dieses Verfahren benutzte.

10 Mit dem Gebrauch der »mein Bestes getan«-Lösung muß man sehr vorsichtig sein, denn der Klient kann diesbezüglich Gedanken hegen, über die er nicht spricht. Zu beachten ist auch, daß dies ein Beispiel für eine die frühere Situation betreffende »weniger positive« – also keine die Gegenwart betreffende – Kognition ist, die später, nachdem durch die Verarbeitung gewisse Fortschritte erzielt wurden, ersetzt werden kann.

11 Damit möchte ich nicht den Eindruck erwecken, es habe abgesehen von den augenblicklich akuten Problemen keinerlei frühe Lebenserfahrungen und erlernte Anpassungsmuster gegeben, die zur völligen Auflösung der Belastung des Klienten noch hätten bearbeitet werden müssen.

12 Paradoxe Interventionen sollten nur mit Vorsicht eingesetzt werden. Der Rapport zum Klienten muß dabei sehr stark sein, damit nicht so viel negatives Material aktiviert wird – z.B. der Gedanke, daß der Therapeut kein Verbündeter mehr ist –, daß der Betreffende aufgibt und die Arbeit abbricht. Nehmen wir einmal an, der Klient selbst ist ein kompetenter Therapeut und arbeitet an belastenden Gefühlen und Gedanken, die nach der Dekompensation eines Klienten aufgetreten sind. Dabei hat er sich auf die Vorstellung fixiert, er habe keine besonders gute Arbeit geleistet und sei deshalb inkompetent. Ich könnte in solch einem Fall in Erwägung ziehen, den Therapeuten aufzufordern, einen übertriebenen Gedanken wie »Ich bin ein erbärmlicher

Therapeut« oder »Ich bin der schlechteste Therapeut im ganzen Land« zum Ziel der Kategorie-3-Aktivität zu machen. Wenn kein ausreichender Rapport besteht, könnte der Klient die paradoxe Intervention für eine wahrheitsgemäße Aussage des Therapeuten über seine tatsächliche Ansicht halten – und dadurch jede weitere therapeutische Arbeit unmöglich machen.

Außerdem ist zu bedenken, daß eine paradoxe Aussage das positive Material auf unterschiedliche Weisen zugänglich machen kann. Zwei dieser Möglichkeiten sind, das Gegenteil zu evozieren, womit wir uns bereits an früherer Stelle beschäftigt haben, und den Klienten zu der Erkenntnis zu führen, daß solche Bewertungen generell absurd sind und deshalb nicht ernst genommen werden sollten.

13 Vielleicht wird die Spiritualität einmal unter der Bezeichnung *Humanismus*, einem Begriff, den viele mit starken religiösen Überzeugungen verbinden, auf eine aus wissenschaftlicher Sicht akzeptablere Weise in die Psychologie zurückkehren.

14 Während ich mir zusammen mit dem Klienten das Geschehene vergegenwärtige, empfinde ich meist selbst starke Traurigkeit und ebenso starkes Mitgefühl. Ich bin fest davon überzeugt, daß der Klient dies auf irgendeiner Ebene wahrnimmt und daß es ihn dazu anregt, nützliches Material innerhalb des Netzwerks zu erschließen. Würde ich kein Mitgefühl empfinden, würde der Klient wahrscheinlich eher unzuträgliches Material zutage fördern. (Mir ist völlig klar, daß dies Spekulationen sind.)

15 *Wenn* es für den Therapeuten eine Rolle spielt, wer diese Gestalt ist, muß er sich darauf beschränken, mit Klienten zu arbeiten, die ähnliche Überzeugungen haben.

16 Mein Kollege Al Botkin hat diesen Ansatz weiterentwickelt und zusammen mit Karen Paddock im Rahmen eines Unterstützungsprogramms für Patienten in stationärer Behandlung sehr gute Resultate damit erzielt.

17 Die positive Kognition »Ich habe die Situation jetzt unter Kontrolle« enthält besonders häufig perfektionistische Implikationen, die den vollständigen Abschluß der Verarbeitung verhindern können. Wählt ein Klient diese Kognition aus, überprüfe ich sorgfältig, ob eine solche perfektionistische Implikation gegeben ist.

18 Das berühmte *Gebet um die Fähigkeit zur Gelassenheit* (vgl. Anhang 1, A. d. Ü.) bringt diesen Aspekt sehr treffend zum Ausdruck.

Kapitel 5

1 Auf dem Weg zur vollständigen Verarbeitung kann es Zeiten geben, in denen Klienten im Hinblick auf das Ziel-Ereignis kein Unbehagen empfinden. Dennoch kann sich bei einer umfassenderen Erschließung des zu verarbeitenden Materials (zu der es manchmal auf natürliche Weise, beispielsweise ausgelöst durch den Jahrestag des Geschehens, kommt) zeigen, daß die Desensibilisierung erst teilweise eingetreten ist.

2 Ich möchte Therapeuten generell raten, meinen Empfehlungen bezüglich technischer Präferenzen *nicht* zu folgen, wenn sie anderer Meinung sind. Klienten spüren oft, wenn ihnen etwas angeboten wird, wovon ihr Therapeut eigentlich selbst nicht völlig überzeugt ist. Dadurch kann bei ihnen Material aktiviert werden, das die Fortsetzung der Verarbeitung verhindert.

3 Francine Shapiro empfiehlt, bei den unterstützenden Bemerkungen die auch für das Einweben geltenden Prinzipien der persönlichen Sicherheit, der Verantwortung und der Wahlmöglichkeiten anzuwenden.

4 Ein *Light-bar* ist ein elektronisches Gerät, das aus kleinen Glühbirnen besteht, die in einer

Reihe angeordnet sind. Mit ihm kann man Richtung und Geschwindigkeit der Augenbewegungen eines Klienten steuern.

5 Auf dem Papier entsteht zwar ein ziemliches Durcheinander, aber das stört nicht. Außerdem ist die Karte nur zweidimensional, und die geistigen Assoziationen erstrecken sich in alle Richtungen. Deshalb gebe ich mir keine besondere Mühe, die einzelnen Elemente irgendwie realitätsgetreu zu plazieren. Ein Versuch, hierarchische Landkarten zu erstellen, so wie Chemtob *et al.* (1988) ihn unternommen haben, ist anerkennenswert, jedoch auch leicht irreführend.

6 Wie die meisten Therapeuten wissen und wie fast keinem Klienten zu Beginn einer Therapie klar ist, hat ein Therapeut fast keinerlei Kontrolle über das, worauf es in einer Therapie wirklich ankommt: daß der Klient sich innerlich verändert. Zwar kann er auf eine solche Veränderung hinwirken, aber er kann sie keinesfalls erzwingen.

7 Ebenso häufig wurden Veteranen herzlich aufgenommen und/oder hatten Menschen, die ihnen zuhörten, sahen sich jedoch nicht in der Lage, diese positive Aufnahme zu akzeptieren. Derartige Zusammenhänge werden manchmal im Laufe einer Therapie erkannt.

8 Manche Klienten verstehen in dieser Situation unter *Frieden* den Frieden, den Selbstmord oder Tod bringen. Deshalb füge ich das Attribut *positiv* hinzu. Doch obwohl die hier gemeinten Klienten in einem selbstzerstörerischen Sinne über Frieden nachgedacht und bei anderen Anlässen mit mir über ihre Selbstmordgedanken gesprochen haben mögen, ist das in diesem Kontext nicht vorgekommen. Vielleicht haben diejenigen, die bis zu diesem Punkt der Therapie durchhalten, Freunde, die nicht wollen würden, daß sich jemand ihretwegen umbringt.

Bei einigen meiner Klienten tauchten während einer solchen Diskussion plötzlich »Freunde« auf, die Gewalttätigkeit befürwortet hätten. Im Laufe des Gesprächs wird den Betreffenden dann manchmal klar, daß sie jenen »Freunden« eigentlich nicht besonders nahestanden. In anderen Fällen frage ich die Klienten, ob ihre Freunde, wenn sie noch leben würden, das Leben nicht vielleicht anders sähen, als sie dies nun tun. Nützlich ist auch, sie darauf hinzuweisen, daß sie wohl kaum bei mir um Hilfe ersucht hätten, wenn Gewalttätigkeit sie von ihrem Schmerz befreien könnte – sie ist im Gegenteil die Ursache ihrer Probleme. Menschen, die mit Gewalttätigkeit Erfolg haben, bemühen sich nicht um eine Therapie.

9 Einige Lehrer psychotherapeutischer Methoden werden möglicherweise einwenden, politische Diskussionen dieser Art hätten in einer psychotherapeutischen Behandlung nichts zu suchen. Dieser Meinung kann ich mich nicht anschließen. Der beste Rat, den ich zu Beginn meiner Arbeit mit Kriegsveteranen erhielt, war, daß ich einige der normalerweise zwischen Klienten und Therapeuten bestehenden Barrieren abbauen müßte, wenn ich mit dieser Arbeit auch nur ein paar Schritte vorankommen wollte.

Kapitel 6

1 Bei gutem Rapport kommt es häufig zu solchen plötzlichen Richtungsänderungen. Meist wirken sie im Rahmen des realen Gesprächs fließender und plausibler, als sie sich hier lesen mögen.

2 Das Ausmaß der Arbeitsunfähigkeit wird im DVA-System bei durch den Militärdienst verursachten Problemen durch einen Prozentwert des Behinderungsgrades gekennzeichnet. Die Richtlinien, nach denen diese Beurteilung erfolgt, sind zu kompliziert, als daß sie hier erklärt werden könnten. Leidet ein Veteran unter Symptomen, die auf ein Problem wie PTBS hindeuten, hat er jedoch ansonsten in vielen Bereichen keine Probleme, wird er zwar als »behindert« beurteilt, doch beträgt sein Behinderungsgrad nur 0 bis 10 Prozent. Aufgrund dieser Beurteilung wird dem

Betreffenden gewöhnlich eine Behandlung möglicherweise auftretender psychischer Probleme bewilligt.

3 Diese Sorge ist bei Veteranen, die auf traumabezogene Stimuli mit Gewaltausbrüchen reagiert haben, durchaus berechtigt.

4 Mir ist klar, daß ich selbst diesen Anspruch bei weitem nicht erfülle, wobei es aus mindestens zwei Gründen besser wäre, wenn ich dies täte. Der erste Grund liegt auf der Hand: reiner Egoismus. Der zweite ist: Aufgrund der EMDR-Kurse, die ich bisher geleitet und in denen ich mich intensiv mit der Ausbildung von Hunderten von Therapeuten befaßt habe, die durch gemeinsame Praxisübungen die Anwendung der EMDR-Methode erlernen, habe ich den Eindruck gewonnen, daß wir als Therapeuten unter Umständen *dazu neigen*, von unseren Klienten nicht zu erwarten, daß es ihnen psychisch »besser« geht als uns selbst, und daß wir auf dieses Ziel auch nicht hinarbeiten. In meinen EMDR-Ausbildungen habe ich viele Male erlebt, daß Teilnehmer in der Therapeutenrolle die Neigung hatten, den Therapieprozeß zu beenden, sobald der Teilnehmer in der Klientenrolle bezüglich des Zielmaterials ein Angstniveau erreicht hatte, das er als »Therapeut« für das bestmögliche Resultat hielt, das der betreffende »Klient« erreichen könne. Oft konnte in solchen Fällen durch eine kurze supervisorische Empfehlung, die Augenbewegungen fortzusetzen, ein geringeres Angstniveau und sogar eine positive Neueinschätzung des Ziel-Ereignisses erreicht werden. Dies bedeutet: Je »besser« es *mir* geht, um so geringer ist die Gefahr, daß ich unabsichtlich die Entwicklung meines Klienten auf das Niveau begrenze, mit dem ich mich im Hinblick auf mich selbst zufrieden gebe.

Anhang 1

1 Einige Leser werden dies vielleicht als »Verlierer«-Methode bezeichnen, doch habe ich beobachtet, daß sich Ziele sicherer erreichen lassen, wenn wir uns bemühen, das Beste zu tun, was wir tun können, nicht wenn wir versuchen, jemand anderen zu besiegen.

Anhang 2

1 Dies bestätigten alle zwölf Teilnehmer einer informellen Umfrage, die ich kürzlich im Rahmen eines Programms zur Behandlung von Suchterkrankungen durchführte.

Literatur

Amadeo, Marco; Shangass, C. M. (1963). Eye movements, attention and hypnosis. *Journal of Nervous and Mental Disease, 136*, 139-145

American Psychatric Association (1987). *Diagnostic and Statistical Manual of Mental Disordes*, 3rd ed.; revised. Washington D. C.: American Psychatric Association.

Anch, A. M.; Brownman, C. P.; Mitler, M.M.; Walsh, J. K. (1988). *Sleep, A Scientific Perspective*. Englewood Cliffs, N. J.: Prentice-Hall.

Andrade, J.; Kavanaugh, D; Baddelely, A. (1997). Eye movement and visual imagery: A working memory approach to the treatment of post-traumatic stress disorder. *British Journal of Clinical Psychology, 36*, 209-223.

Antrobus, John S.; Antrobus, Judith S.; Singer, Jerome L. (1964). Eye movements accompanying daydreaming, visual imagery, and thougt suppression. *Journal of Abnormal and Social Psychology, 69*, 244-252.

Armstrong, M.S.; Vaughn, K. (1996). An orienting response model of eye movement desensitization. *Journal of Behavior Therapie and Experimental Psychiatry, 27*, 21-32.

Aserinsky, E.; Kleitman, N. (1953). Regularly occuring periods of eye motility and concomitant phenomena during sleep. *Science, 118*, 273.

Assagioli, Roberto (1992). *Psychosynthese*. Paderborn: Junfermann.

Baer, L.; Hurley, J. D.; Minichiello, W. E.; Ott, B.D.; Penzel, F.; Ricciardi; J. (1992). EMDR workshop: Disturbing issues? *The Behavior Therapist, 15*, 110-111.

Bandura, Albert (1989). Human agency in social cognitive theory. *American Psychologist, 44*, 1175-1184.

Barnard, P. J.; Teasdale, J. D. (1991). Interacting cognitive subsystems: a systematic approach to cognitive-affective interaction and change. *Cognition and Emotion, 5*, 1-39.

Botkin, A.; Paddock, K.; Mounton, D.; Lipke, H. (1998). The Intensive Trauma Program (ITP) at the North Chicago VA Medical Center: A new approach to the treatment of traumatic memories. PTSD Outcome Studies Symposium, Hines VA Medical Center, Hines, Ill.; Sept. 24-25.

Boudewyns, P. A.; Hyer, L. (1990). Physiological response to combat memories and preliminary treatment outcome in Vietnam veteran PTSD patients treated with direct therapeutic exposure. *Behavior Therapy, 21*, 63-87.

— (1996). Eye movement desensitization and reprocessing (EMDR) as treatment for post traumatic stress disorder (PTSD). *Clinical Psychology and Psychotherapy, 3*, 185-195.

—; Swertka, S. A.; Hyer, L. A.; Albrecht, J. W.; Sperr, E.V. (1993). Eye movement desensitization and reprocessing: a pilot study. *The Behavior Therapist, 16*, 30-33.

Brom, D.; Kleber, R. J.; Defares, P. B. (1989). Brief psychotherapy for posttraumatic stress disorder. *Journal of Consulting and Clinical Psychology, 57*, 607-612.

Brooks, J. S.; Scarano, T. (1985). Transcendental Meditation in the treatment of post-Vietnam adjustment. *Journal of Counseling and Development, 64*, 212-215.

Callahan, R.J. (1995). A Thought Field Therapy (TFT) algorithm for trauma. *Traumatology, 1*, 11-17.

Callahan, R.; Perry, R. (1992). *Why Do I Eat When I Am Not Hungry?* N.Y.: Doubleday.

Carlson, J. G.; Chemtob, C.; Rusnak, K.; Hedlund, N.; Muraoka, M. (1998) Eye Movement Desensitization and Reprocessing (EMDR) treatment for combat-related posttraumatic stress disorder. *Journal of Traumatic Stress, 11*, 3-24.

Cartwright, R. D. (1993). Rapid eye movement sleep characteristics during and after mood-disturbing events. *Archives of General Psychiatry, 40*, 197-201.

— (1991). Dreams that work: the relation of dream incorporation to adaption to stressful events. *Dreaming 1*, 3-9.

Chemtob, C.; Roitblat, H. L.; Hamada, R. S.; Carlson, J. G.; Twentyman, C. T. (1988). *Journal of Anxiety Disorders, 2*, 253-275.

Cohen, D. B.; Cox, Charles (1975). Neuroticism in the sleep laboratory: Implications for representational and adaptive properies of dreaming. *Journal of Abnormal Psychology, 84*, 91-108.

Cohen, F.; Densen-Gerber, J. (1982). A study of the relationship between child abuse and drug addiction in 178 patients: Preliminary results. *Child Abuse and Neglect, 6*, 383-387.

Compact Edition of the Oxford English Dictionary (1983). London: Oxford University Press, p. 47.

Cooper, N. A.; Clum, G. A. Imaginal flooding as a supplementary treatment for PTSD in combat veterans: A controlled study. *Behavior Therapy, 20*, 381-391.

Cox, W. M.; Klinger, E. (1988). A motivational model of a alcohol use. *Journal of Abnormal Psychology, 97*, 168-180.

Crick, F.; Mitchison, G. (1983). The function of dream sleep. *Nature, 304*, 111-114.

DeBell, C.; Jones, R. D. (1997). As good as it seems? A review of EMDR experimental research. *Professional Psychology: Research and Practice, 28*, 153-162.

Denny, N. R. (1995). An orienting reflex/external inhibition model of EMDR and Thougt Field Therapy. *Traumatology, 1*, 1.

Devilly, G.; Spence, S.; Rapee, R. (1998). Statistical and reliable change with Eye Movement Desensitization and Reprocessing: Treating trauma within a veteran population. *Behavior Therapy, 29*, 435-455.

Dollard, J.; Miller, N. E. (1950). *Personality and Psychotherapy*. N.Y.: McGraw-Hill.

Dunn, T. M.; Schwartz, M.; Hatfield, R.W.; Wiegele, M.(1996). Measuring effectiveness of Eye Movement Desensitization and Reprocessing (EMDR) in non-clinical anxiety: a multi-subject, yoked-control design. *Journal of Behavior Therapy and Experimental Psychiatry, 27*, 231-239.

Echeburua, E.; Paz de Corral; Sarasua, B.; Zubizarreta, I. (1996) Treatment of acute posttraumatic stress disorder in rape victims: an experimental study. *Journal of Anxiety Disorder, 10*, 185-199.

Ehrlichman, H.; Barrett, J. (1983). ›Random‹ saccadic eye movements during verbal-linguistic and visual-imaginal tasks. *Acta Psychologica, 53*, 9-26.

Ekman, P.; Levenson, R.W.; Freisen, W.V. (1983). Autonomic nervous system activity distinguishes between emotions. *Science, 221*, 1208-1210.

Ellis, A. (1995). Rational Emotive Behavior Therapy. In: Corsisni, R. and Wedding, D. (eds.), *Current Psychotherapies*. Itasca, Ill.: F E Peacock, 162-196.

Empson, J.A.; Clarke, P.R.F. (1970). Rapid eye movements and remembering. *Nature, 227*, 287-288.

Feske, U.; Goldstein, A.J. (1997). Eye movement desensitization and reprocessing (EMDR) treatment for panic disorder: A controlled outcome and partial dismantling study. *Journal of Consulting and Clinical Psychology, 25*, 1026-1035.

Figley, C.; Carbonell, J. (1995) Symposium: Innovations in short term treatment for traumatic stress. 103rd Annual Convention of the American Psychological Association, August 11-15.

Foa, E.B.; Rothbaum, B.O.; Riggs, D.S.; Murdock, T.B. (1991). Treatment of posttraumatic stress disorder in rape victims: A comparison between cognitive-behavioral procedures and counseling. *Journal of Consulting and Clinical Psychology, 59*, 715-723.

—; Steketee, G. (1989). Behavioral/cognitive conceptualizations of post-traumatic stress disorder. *Behavior Therapy* 20, 155-176.

Frank, J.D.; Frank, J.B.(1991). *Persuasion and Healing: A Comparative Study of Psychotherapy*, 3rd ed. Baltimore: Johns Hopkins University Press.

Frankl, Viktor (1959). *Man's Search for Meaning.* New York: Washington Square Press.

Freidmann, M.J. (1990). Biological aspects of PTSD: Laboratory and clinical research. *PTSD Quarterly 1*(2), 1-2.

Freud, S. (1991). *Neue Folge der Vorlesungen zur Einführung in die Psychoanalyse.* Frankfurt a.M.: Fischer-Taschenbuch-Verlag.

Frueh, B.C.; Mirabella, R.F.; Turner, S.M. (1995). Exposure therapy for combat-related PTSD: Some practical considerations regarding patient exclusion. *The Behavior Therapist, 18*, 190-191.

—; Beidel, D.C.; Jones, W.J. (1996). Trauma Management Therapy: A preliminary evaluation of a multicomponent behavioral treatment for chronic combat-related PTSD. *Behavior Research and Therapy, 34*, 533-543.

Gaarder, K. (1966). A conceptual model of sleep. *Archives of General Psychiatry, 14*, 253-260.

Glaubman, H.; Mikulinuar, M.; Porat, A.; Wasserman, O.; Berger, M. (1990). Sleep of chronic post-traumatic patients. *Journal of Traumatic Stress, 3*, 255-264.

Goldberg, J.; True, W.R.; Eisen, S.A.; Henderson, W.G. (1990). A twin study of the effects of the vietnam war on posttraumatic stress disorder. *Journal of the American Medical Association, 263*, 1227-1232.

Gosselin, P.; Matthews, W.J.(1995). Eye Movement Desensitization and Reprocessing in the treatment of test anxiety: A study of the effects of expectancy and eye movement. *Journal of Behavior Therapy and Experimental Psychiatry, 26*, 331-337

Grayson, J.B.; Foa, E.B.; Steketee, G. (1982). Habituation during exposure treatment: Distraction vs attention-focusing. *Behavior Research and Therapy* 20, 323-328.

Grice, D.; Brady, K.; Dustan, L; Malcom, R.; Kilpatrick, D. (1995). Sexual and physical assault history and posttraumatic stress disorder in substance-dependent individuals. *The American Journal on Addictions*, 4, 297-305.

Greenberg, R.; Pearlman, C.(1974). Cutting the REM nerve: An approach to the adaptive role of REM sleep. *Perspectives in Biology and Medicine*, 17, 513-521.

Hayes, S.C.(1987). A contextual approach to therapeutic change. In: Jacobson, N.(ed.), *Psychotherapists in Clinical Practice: Cognitive and Behavioral Perspectives*. New York: Guilford Press, 327-387.

Hefez, A.; Metz, L; Lavie, P. (1987). Long term effects of extreme situational stress on sleep and dreaming. *American Journal of Psychiatry*, 144 (3), 344-347.

Heide, F.J.; Borkovec, T.D. (1984). Relaxation-induced anxiety: Mechanisms and theoretical implications. *Journal of Consulting and Clinical Psychology*, 51, 171-182.

Herbert, J.D.; Mueser, K.T. (1991). Eye Movement Desensitization: A critique of the evidence. *Journal o Behavior Therapy and Experimental Psychiatry* 23, 169-174.

— (1995). What is EMDR? *The Harvard Mental Health Letter* 2 (2).

Herman, J.H.; Erman, M.; Boys, R.; Peiser, L.; Taylor, M.E.; Roffwarg, H.P. (1984). Evidence for a directional correspondence between eye movements and dream imagery in REM sleep. *Sleep*, 7, 52-63.

Hobson J.A.; McCarley, R.W.(1977). The brain as a dream state generator: An activation-synthesis hypothesis of the dream process. *American Journal of Psychiatry*, 134, 1335-1348.

Horowitz, Mardi (1998). *Cognitive Psychodynamics*. New York: Wiley.

Hyer, L.; Leach, P.; Boudewyns, P.; Davis, H. (1991). Hidden PTSD in substance abuse inpatients among Vietnam veterans. *Journal of Substance Abuse Treatment*, 8, 213-219.

Ingram, R.E. (1990). Self-focused attention in clinical disorders: Review and conceptual model. *Psychological Bulletin*, 107, 156-176.

Irwin, D.E.; Carlson-Radvansky, E.A. (1996). Cognitive suppression during saccadic eye movements. *Psychological Science*, 7, 83-88.

James, William (1902, 1958). *The Varieties of Religious Experience*. New York: Mentor.

Jensen, J.A. (1994). An investigation of Eye Movement Desensitization and Reprocessing (EMD/R) as a treatment for posttraumatic stress disorder (PTSD) symptoms of Vietnam combat veterans. *Behavior Therapy*, 25, 311-325.

Johnson, D.R. (1997). Introduction: Inside the specialized inpatient PTSD units of the Departments of Veterans Affairs. *Journal of Traumatis Stress*, 10, 357-360.

Jouvet, M. (1980). Paradoxical sleep and the nature-nurture controversy. *Progress in Brain Research*, 53, 331-346.

Karen, R.M.(1994). Commentary-Koach Project. *Journal of Traumatic Stress*, 7, 135-139.

Keane, T.M.; Fairbank, J.A.; Caddell, J.M.; Zimering, R.T. (1989). Implosive (flooding) therapy reduces symptoms of PTSD in Vietnam combat veterans. *Behavior Therapy, 20*, 245-260.

Kelly, George (1955). *The Psychology of Personal Constructs, vol. 1 and 2*. New York: Norton.

King, D.W.; King, L. A.; Foy, D.W.; Gudanowski, D. M. (1996). Prewar factors in combat-related posttraumatic stress disorder: Structural equation modeling with a national sample of female and male Vietnam veterans. *Journal of Consulting and Clinical Psychology, 64*, 520-531.

Lachman, R.; Lachman, J. L. (1986). Information processing psychology: Origins and extensions. In: Ingram, R. E. (ed.), *Information Processing Approaches to Clinical Psychology*. Orlando: Academic Press.

Lambert, M. J. (1992). Psychotherapy Outcome Research: Implications for Integrative and Eclectic Therapists. In: Norcross, J.C. and Goldfried, M. R. (eds.), *Handbook of Psychotherapy Integration*. New York: Basic Books. pp. 94-129.

Lang, A. J.; Craske, M. G.; Bjork, R. A. (1999). Implications of a new theory of disuse for the treatment of emotional disorders. *Clinical Psychology: Theory and Practice, 6*, 80-94.

Lang, Peter J.; Levin, D.; Miller, G.; Kozak, M. (1983). Fear behavior, fear imagery, and the psychopathology of emotion: the problem of affective response integration. *Journal of Abnormal Psychology, 92:3*, 276-306.

Lazarus, A. (1995). *Praxis der multimodalen Therapie*. Tübingen: dgvt-Verlag.

— (1992). Multimodal Therapy. Technical eclecticism with minimal integration. In: Norcross, J. C.; and Goldfried, M. R., (ed.), *Handbook of Psychotherapy Integration*. New York: Basic Books, pp. 231-263.

LeDoux, J. E. (1992). Emotion as memory: Anatomical systems underlying indelible neural traces. In: Christianson, S. A. (ed.), *The Handbook of Emotion and Memory*. Hillside, N. J.: Erlbaum.

Lee, K. A.; Vaillant, G. E.; Torrey, W. C.; Elder, G. H. (1995). A 50-year prospective study of the psychological sequelea of World War II combat. *American Journal of Psychiatry, 152*, 516-552.

Lichstein, K. (1988). *Clinical Relaxation Strategies*. NewYork: Wiley.

Lipke, H. J. (1995). EMDR clinicians survey. In: Shapiro, F. *Eye Movement Desensitization and Reprocessing: Basic Principles, Protocols and Procedures*. New York: Guilford. (dt.: *EMDR - Grundlagen und Praxis*. Paderborn: Junfermann 1998)

—; Botkin, A. (1993). Case studies of Eye Movement Desensitization and Reprocessing (EMDR) with chronic post-traumatic stress disorder. *Psychotherapy, 29:4*, 591-595.

Litz, B. T.; Blake, D. D.; Gerardi, R.G.; Keane, T. M. (1990). Decision making guidelines for the use of direct therapeutic exposure in the treatment of post-traumatic stress disorder. *The Behavior Therapist, 13*, 91-93.

Lohr, J. M; Tolin, D.; Kleinknecht, D.; Barrett, R.H. (1995). The empirical status of the clinical application of eye movement desensitization and reprocessing. *Journal of Behavior Therapy and Experimental Psychiatry, 26*, 285-302.

— (1995). Eye Movement Desensitization of medical phobias: Two case studies. *Journal of Behavior Therapy and Experimental Psychiatry,* 26, 141-151.

— (1996). An intensive design investigation of Eye Movement Desensitization and Reprocessing of claustrophobia. *Journal of Anxiety Disorders 10*, 73-88.

—; Montgomery, R. (1995). Differing opinios on EMDR. *The APA Monitor*, June, pp. 3-4.

Luborsky, L.; Diguer, L.; Seligman, D.; Rosenthal, R.; Krause, E. D.; Johnson, S.; Halpern, A.; Bishop, M.; Berman, J. S.; and Schweizer, D. (1999). The researcher's own therapy allegiances: A »wild card« in comparisons of treatment efficacy. *Clinical Psychology: Science and Practice*, 95-106.

Lyons, J. A.; Keane, T. A. (1989). Implosive therapy for the treatment of combat-related PTSD. *Journal of Traumatic Stress,* 2, 137-152.

McCann, D. L. (1992). Post-traumatic stress disorder due to devastating burs overcome by a single session of Eye Movement Desensitization. *Journal of Behavior Therapy and Experimental Psychiatry,* 23, 319-323.

McClelland, J. L. (1995). Constructive memory and memory distortions: A parallel distributed processing approach. In: Schacter, D. L., *Memory Distortion*. Cambridge: Harvard University Press, pp. 69-90.

Mandai, O.; Guerrien, A.; Sockeel, P.; Dujardin, K; Leconte, P. (1989). REM sleep modifications following Morse Code learning session in humans. *Physiology and Behavior*, 46, 639-646.

Marcus, S.; Marquis, P.; Sakai, C. (1997). Eye movement desensitization and reprocessing: A clinical study of post-traumatic stress disorder. *Psychotherapy,* 34, 307-315.

Maslow, Abraham (1994). *Psychologie des Seins*. Frankfurt a. M.: Fischer.

— (1999). *Motivation und Persönlichkeit*. Reinbek: Rowohlt.

May, R.; Yalom, I. (1995). Existential psychotherapy. In: Corsini, R. and Wedding, D. (eds.), *Current Psychotherapies*. Itasca, Ill.: F. E. Peacock, pp. 262-292.

Milgram, S. (1995). *Das Milgram-Experiment*. Reinbek: Rowohlt.

Montgomery, R. W.; Ayllon, T. (1994). Eye Movement Desensitization across subjects: Subjective and physiological measures of treatment efficacy. *Journal of Behavior Therapy and Experimental Psychiatry,* 25, 217-230.

Mulholland, T.; Peper, E. (1971). Occipital alpha and accommodative vergence pursuit tracking, and fast eye movement. *Psychophysiology*, 8, 556-575.

Neissen, U.; Harsch, N. (1992). Phantom flashbulbs: False recollections of hearing the news about Challenger. In: Winograd, E. and Neissen, U. (eds.), *Affect and Accuracy in Recall*. Cambridge University Press.

Newman, E. A.; Evans, C. R. (1965). Human dream processes as analogous to computer programme clearance. *Nature,* 206, 534.

Ochenberg, F. (1996). The counting method for ameliorating traumatic memories. *Journal of Traumatic Stress*, 9, 873-880.

Opdyke, D. C. (1995). *Clinical efficacy of Eye Movement Desensitization and Reprocessing (EMDR) in the treatment of posttraumatic stress disorder*, an unpublished doctoral dissertation. Georgia State University.

Pagels, E. (1979). *The Gnostic Gospels.* New York: Vintage.

Peniston, E.G.; Kulkosky, P.J. (1991). Alpha-theta brainwave neuro-feedback therapy for Vietnam veterans with combat-related post-traumatic stress disorder. *Medical Psychotherapy*, 4, 47-60.

Pitman, R.K.; Orr, S.P.; Altman, B.; Longpre, R.; Poiré, R.E.; Macklin, M.L. (1996). *Comprehensive Psychiatry, 37*, 419-429.

Price, D.A. (1996). Inner child work: What is really happening. *Dissociation, 9*, 68-73.

Prochaska, J.O.; DiClemente, C.C. (1992). The transtheoretical approach. In: Norcross, J.C., and Goldfried (eds.), *Handbook of Psychotherapy Integration.* New York: Basic Books, pp. 300-334.

—; Norcross, J.C. (1994). *Changing for Good.* New York: Avon.

Rando, Therese (1993). *Treatment of Complicated Mourning.* Champaign, Ill.: Research Press.

Renfrey, G.; Spates, C.R. (1994). Eye Movement Desensitization: A partial dismatling study. *Journal of Behavior Therapy and Experimental Psychiatry, 25*, 231-239.

Resick, P.A.; Schnicke, M.K. (1992). Cognitive processing therapy for sexual assault victims. *Journal of Consulting and Clinical Psychology, 60*, 748-756.

Rodriguez, B.I.; Craske, M.G. (1993). The effects of distraction during exposure to phobic stimuli. *Behavior Research and Therapy, 31*, 549-558.

Roediger III, H.L. (1990). Implicit memory. Retention without remembering. *American Psychologist, 45* (9), 1043-1056.

Roffwarg, H.P.; Muzio, J.N.; Dement, W.C. (1996). Ontogenic development of the human sleep-dream cycle. *Science, 152*, 604-619.

Rogers, Carl (2000). *Entwicklung der Persönlichkeit.* Stuttgart: Klett-Cotta.

Ross, L.; Nisbett, R. (1991). *The Person and the Situation: Perspectives of Social Psychology.* New York: McGraw-Hill.

Ross, R.J.; Ball, W.A.; Sullivan, K.A.; Caroff, S.N. (1989). Sleep disturbance as a hallmark of posttraumatic stress disorder. *American Journal of Psychiatry, 146*, 697-707.

Rothbaum, B.; Foa, E.; Riggs, D.; Murdock, T.; Walsh, W. (1992). A prospective examination of post-traumatic stress disorder in rape victims. *Journal of Traumatic Stress, 5*, 455-475.

Rothbaum, Barbara O. (1997). A controlled study of Eye Movement Desensitization and Reprocessing in the treatment of posttraumatic stress disorder victims. *Bulletin of the Menninger Clinic, 61*, 317-334.

Sanderson, A.; Carpenter, R.(1992) Eye Movement Desensitization versus image confrontation: A single-session crossover study of 58 phobic subjects. *Journal of Behavior Therapy and Experimental Psychiatry, 23*, 269-275.

Scheck, M.M.; Schaeffer; J.A.; Gillette, C. (1998). Brief psychological intervention with traumatized young woman: The efficacy of eye movement desensitization and reprocessing. *Journal of Traumatic Stress 11*, 25-44.

Seligman, M. (1995). *What You Can Change ... and What You Can't.* New York: Fawcett.

Severo, R.; Milford, L. (1989). *Wages of War.* New York: Simon & Schuster.

Shapiro, F. (1989a). Efficacy of the Eye Movement Desensitization procedure in the treatment of traumatic memories. *Journal of Traumatic Stress,* 2 (2), 199-223.

— (1989b). Eye Movement Desensitization: A new treatment of post-traumatic stress disorder. *Journal of Behavior Therapy and Experimental Psychiatry,* 20(3), 211-217.

— (1991). Eye Movement Desensitization and Reprocessing Procedure: From EMD to EMD/R – a new treatment model for anxiety and related traumata. *The Behavior Therapist,* 14, 5, 133-135.

— (1998). *EMDR - Grundlagen und Praxis.* Paderborn: Junfermann.

Silver, S.; Brooks, A.; Obenchain, J. (1995). Treatment of Vietnam War veterans with PTSD: A comparison of Eye Movement Desensitization and Reprocessing, biofeedback, and relaxation training. *Journal of Traumatic Stress, 8,* 337-342.

Skinner, B. F. (1989). The origins of cognitive thought. *American Psychologist,* 44, 13-18.

— (1990). Can psychology be a science of mind? *American Psychologist, 45,* 206-210.

Spates, C. R.; Burnette, M. M. (1995). Eye Movement Desensitization: Three unusual cases. *Journal of Behavior Therapy and Experimental Psychiatry, 26,* 51-55.

Squire, L. (1986). The mechanismus of memory. *Science,* 27, 1612-1619.

— (1987). *Memory and Brain.* New York: Oxford.

—; Zola-Morgan, S. (1991). The medial temporal lobe memory system. *Science, 253,* 1380-1386.

Stampfl, T. G.; Levis, D. J. (1967). Essentials of implosive therapy: A learning-theory-based psychodynamic behavioral therapy. *Journal of Abnormal Psychology,* 72, 496-503.

Stern, R.; Marks, I. (1972). Brief and prolonged flooding. *Archives of General Psychiatry, 28,* 270-276.

Strupp, H. H. (1996). The tripartite model and the Consumer Report Study. *American Psychologist, 51,* 1017-1024.

—; Hadley, S. (1977). A tripartite model of mental health and therapy outcomes. *American Psychologist, 32,* 187-196.

Tallis, R.; Smith, E. (1994). Does rapid eye movement desensitization facilitate emotional processing? *Behavior Research and Therapy, 32,* 459-461.

Tilly, A. J.; Empson, J. A. (1978). REM sleep and memory consolidation. *Biological Psychology, 6,* 293-300.

van der Kolk, B.; Blitz, R.; Burr, W.; Sherry, S.; Hartmann, E. (1984). Nightmares and trauma: A comparison of nightmares after combat with lifelong nightmares in veterans. *American Journal of Psychiatry, 141* (2), 187-190.

Van Etten, M.; Taylor, Steven (1997). Comparative efficacy of treatments for post-traumatic stress disorder. A meta-analysis. Paper presented in the symposium „Basic and Applied Trauma Research: New Findings“ at the XXVII Congress of the European Association for Cognitive and Behavioral Therapies.

— (1998). Comparative efficacy of treatments for post-traumatic stress disorder: A meta-analysis. *Clinical Psychology and Psychotherapy, 5,* 126-144.

Vaughn, K; Armstrong, M. S.; Gold, R., O'Connor, N.; Jenneke, W.; Tarrier, N. (1994) A trial of Eye Movement Desensitization compared to image habituation training and applied muscle relaxation in post-traumatic stress disorder. *Journal of Behavior Therapy and Experimental Psychiatry, 25*, 283-291.

Watts, Alan (1980). *Psychotherapie und östliche »Befreiungswege«*. München: Kösel.

—; Huang, Al Chung-liang (1994). Der Lauf des Wassers. Frankfurt a. M.: Suhrkamp.

Wilson, D. L.; Silver, S. M.; Covi, W. G.; Foster, S. (1996). Eye movement desensitization and reprocessing: Effictiveness and autonomic correlates. *Journal of Behavior Therapy and Experimental Psychiatry, 27*, 219-29.

Wilson, S. A., Becker, L. A.; Tinker, R.H. (1995). Eye Movement Desensitization and Reprocessing (EMDR) treatment for psychologically traumatized individuals. *Journal of Consulting and Clinical Psychiatry, 63*, 928-937.

— (1997) Fifteen-month follow-up of Eye Movement Desensitization and Reprocessing (EMDR) treatment for posttraumatic stress disorder and psychological trauma. *Journal of Consulting and Clinical Psychiatry, 65*, 1045-1056.

Winget, C.; Kapp, F. T. (1972). The relationship of the manifest content of dreams to duration of childbirth in primiparae. *Psychosomatic Medicine, 34*, 313-320.

Winson, J (1990). The meaning oh dreams. *Scientific American, 263* (5), 86-96.

Wolfe, B. E. (1992). Integrative psychotherapy of the anxiety disorders. In: Norcross, J.C., and Goldfried (eds.), *Handbook of Psychotherapy Integration*. New York: Basic Books. 374-401.

Wolman, B. (ed.) (1977). *International Encyclopedia of Psychiatry, Psychology, Psychoanalysis & Neurology*, vol. 11. New York: Aesculapius Publications.

Wolpe, J. (1972). *Die Praxis der Verhaltenstherapie*. Bern: Huber.

Yalom, Irvin (1999). *Theorie und Praxis der Gruppenpsychotherapie*. München: Pfeiffer.

Young, Jeffrey (1990). Cognitive Therapy for Personality Disorders: A Schema-Focused Approach. Sarasota, Fla.: *Professional Resources Exchange*.

Personen- und Stichwortverzeichnis

U, V

W

Y, Z